日本書紀と東アジア考古学

門田誠一［著］

MONTA Seiichi

East Asian archaeology &
Chronicles of Japan 'NIHON SHOKI'

雄山閣

はしがき

漢の李陵は戦いむなしく匈奴に投じ、再びもどることはなかった。唐代の玄奘は流沙を越え、西天取経の旅に出た。下って、明代の鄭和は南海に船団を進めた。彼らのほかにも多くの人々が砂漠やゴビなどと呼ばれる荒れ地を踏み、船に身を任せ、はるかな地に立った。

彼らの足跡は遠く遥かであるが、東アジアの考古学を学んでいると、こうした陸や海を越えた歴史の時空の一端を垣間見ることがある。そのために筆者は日本列島と朝鮮半島および中国が相互に関連した考古学・歴史に関する地域とその遺跡を歩くとともに関連した報告書や論文にふれ、歴史の具体相について現場で考えることを繰り返してきた。

いっぽう、『古事記』『日本書紀』は大学時代の講義でふれて以来、おりにふれて読み返してきた。『日本書紀』三十巻は奈良時代初めの養老四年（七二〇）に編纂され、同時期の和銅五年（七一二）に編纂された『古事記』三巻（上・中・下）とは神話以外では対象とする時代やもとになった史料・文献も異なる。『日本書紀』は氏族伝承や朝鮮半島系史書などを含む典拠や引用で構成されているという特徴がある。こうした属性をもち、歴史叙述が主体となる『日本書紀』は史書としてのみならず、古代の文化を伝える説話として興味深く、東アジアの遺跡や遺物を知るほどに、考古資料を通して批判的に読むようになった。ここでいう批判的とは、実際の考古資料と史書や説話を対照検討したうえで読解することであり、たんなる否定的な論評ではない。このようないわば『日本書紀』が描き出し、またはそれが編纂されたのと併行する時代を東アジアの考古資料から読み解くことが、筆者の研究の中心であり、主に専門書として成果を問うてきた。

これまでの筆者の研究では、『日本書紀』を主とした日本古代史料の検討や分析はあくまでも考古資料を用いた実証研究の対象の一つであって、それらの記述そのものを直接的に検討したものではなかった。ただし、一編の論考を述作する際には、対象となる課題に関する考古学的事実関係とそれらに関する研究を参照するのは通常の研究活動である。当面の課題周辺の関連する事象や分野に関する研究も参照しており、一つの研究成果には多くの周縁にある関連研究を参照している。このような過程で、直接の研究課題との関係は少なくとも、『日本書紀』に記され、また編纂された時代を考えるうえで重要な研究成果も多く、これらを含めて長く『日本書紀』の記述内容に接してきた。このようにして『日本書紀』に対する際には、多様な関連する知見や研究を参照しつつ読み進めており、いわば東アジアの考古資料よる読解を行ってきた。考古資料を参照することによって、とくに物質的な側面からではあるが、『日本書紀』の内容をより多様に、できれば深く、広がりを目指した読解を重ねてきたつもりである。

こうした考古学的な史料・文献への接近方法の実際を披瀝することにより、考古資料を用いた歴史叙述のもつ論理性の連鎖とその広がりを示すことに意味あると考え、東アジアの考古資料による『日本書紀』に対する読解の一端を示したのが本書である。考古資料によって史料・文献の記述を批判、検討する際に常々念頭においているのは、いずれの時代においても史料や文献の記述は、一義的には編纂者側の認識を示しているということである。『日本書紀』は、記事の示す年代の新古をとわず、そのままで事実記載の是非を論ずるのではなく、八世紀初頭における編纂者側の認識や編纂姿勢の存在を前提とし、考古資料によって検証し、相対化すべき史料であることを常に意識しつづけてきた。

史書や文献に対するこのような考えにもとづき、考古資料による史料の批判的研究としてまとめたのが『魏志倭人伝と東アジア考古学』（吉川弘文館、二〇二一年）である。ここで示した研究と通底する方法によって、すでに発表した課題や内容も含め、あらたに書き起こし、五つの大きな章のもとに、項目ごとに関連する課題をまとめ、東アジア考古学の知見や研究成果を参照して、関連する図・写真を掲げた。各章はテーマで分けたため、分量に多少の長短はあるが、いちおう完結した内容になっており、項目単位であれば、どの部分からでも読めるようにしている。なお、図版に関しては東アジアの考古学的知見の視覚的な一種の索引として、可能なかぎり多数の図・写真を掲載するために判別可能な限度のサイズとした。また、提示した写真・図にはすでに亡失した遺跡や遺構も多く、これらの出典には刊行年次が古く鮮明でない写真・図があるが、この点についても理解されたい。また、本書の読者層を鑑み、ごく基礎的な知見に属する図版・写真は割愛した。このような執筆、編集の方向性により、本書は近年の東アジアの考古学的知見や研究を示すことも意識した。

このような述作の意図から、中国・朝鮮半島・日本列島において重要ではあるが、あまり知られていない遺跡や遺物も含め、それらに関する多様な研究成果を紹介しつつ、考古資料を参照した『日本書紀』の豊かな読み方があることを示すことが本書の主たる目的である。これまでにない試みであり、日本列島外からの視点から、古代史料である『日本書紀』に対する接近方法を示し、主に文化史的な側面について、各々の説話や記述・内容を東アジアの次元で相対的な検討を試みた。本書で論じた内容を整理するならば、『日本書紀』の記述や語句に関して、①同時代の考古資料による批判的検討、②編纂時点を時期的下限とした認識の復原、③東アジアの考古資料からみた文化史的背景、となる。取り上げた説話や記述・内容に対しては、単純に断定的結論を示すことに拘泥せず、むしろ、それらの記述を端緒として日本の考古資料からみた従来の説とは異なる東アジア考古学の視点や立場から具体的な事象を再考する契機を提供することを重視した。『日本書紀』の記述や内容に対して、通説や従来の考え方とは異なり、外的な視点や立場から試みる考察や思考の回路は、たんに考古学や歴史に矮小化されるのではなく、個人の次元からさらには社会や国際的な問題などの人間が引き起こすすべての課題に対処する方法を包摂する可能性が含まれ、本書を通じて、こうした観点を示すことも試図している。

凡例

1　本書は「はしがき」「あとがき」で示した刊行の意図・目的および考古資料の歴史学的位置づけに関する方法により、取り扱った事項について、関連研究を網羅的に示すのではなく、提示した内容に関する主要な論文・書籍等を該当箇所に提示する形式をとった。

2　引用した論文・書籍・報告書等の表記は該当箇所に（　）内に示し、中国語・ハングル文献は書誌事項の末尾に＊を付した。報告書等で編者と出版者が同一な場合は、編者のみを示した。著者表記に関して、複数の組織・機関等が並列されている場合は筆頭者のみを示し、それ以外は「ほか」と表記した。本書の体裁上、類似した内容の研究がある場合は引用内容に最も適する文献を示した。

3　引用・参照文献は本書の内容と体裁に鑑み、報告書などに拘泥せず、引用した論文・著作に図のある場合はそれを示し、また、事実記載原典の報告者やそれに準ずる著編者による入手しやすい著作を示した場合がある。

4　図・写真等の出典について、本文で内容を引用した論文・書籍等の場合は、注と図の出典を兼ねた表記とし、該当箇所に（文献の書誌事項・図〇－〇）とした。図版の典拠のみの場合は（図〇－〇、文献の書誌事項）として区別した。別の章や項に掲載した図・写真を指示する場合は「図〇－〇参照」と示した。出典のないものは、著者撮影・作成などの著作権表示不要の図版である。

5　文化財等のデータベースについては下記のように略記した。

韓国国史編纂委員会編韓国古代金石文データベース→韓国古代金石文データベース
韓国国立中央博物館所蔵品データベース→韓国国立中央博物館データベース
韓国古代史出土資料データベース→韓国出土資料データベース
韓国国家遺産庁国家遺産ポータルサイト→韓国国家遺産庁サイト
国立文化財機構所蔵品統合検索システム ColBase → ColBase

6　『日本書紀』等の史書の引用は「○○紀△△年条」（○○は天皇名、△△は在位年数）とし、元号のある場合は、それを示した。日付の表記は、本文検索に資するために、「壬寅朔丙辰」などのように干支表記とし、判明する場合のみ西暦と日付の数字表記を示した。ただし、史料を（　）内に補助的に引用した場合、日付等は省略した表記とした。

7　『日本書紀』は日本古典文学大系本を底本とした。また、『日本書紀』や『古事記』『万葉集』の大意や現代語訳については、下記を参考にして、筆者による解釈を示した。

井上光貞監訳『日本書紀』上・下（中央公論社、一九八七年）

中村啓信編訳注『新版古事記』（角川文庫、二〇〇九年）

伊藤博『新版万葉集』（角川書店、二〇〇九年）

8　史書・文献の引用は、『日本書紀』、中国史料・文献ともに大意または摘要を基本とし、必要な場合は直接引用としたが、いずれも原則として現代語訳にした。ただし、文章全体の流れが必要な場合や現代語訳することによって意味が変わったり、含意の直接訳が難しい場合は読み下しも示した。

9　遺跡・古墳等の年代については報告書等の記載を優先したため、○○時代、○期と西暦表記が混在しているが、あえて報告時の見解を尊重した。

10　出土文字資料の引用に関して、原則として新字体を用い、／は改行、□は未釈文字、［　］は文字数未確定の未釈文字などの通常用いられる記号を使用した。

11　中国・韓国・北朝鮮の遺跡名については、慣用的に漢字の音読みを用いるため、難読漢字を除き、原則としてルビは付していない。

12　本書には以下に示した筆者の著作に依拠した内容があり、（　）内に該当の論文名と書名を示した。それ以外にも、これらの著作と関連する部分がある。ただし、これらは『日本書紀』の記述との関連を扱ったものではないため本書では原載の著作や論考またはそれらで用いた考古資料・史料等を参照して叙述した。また、下記の著作で用いた史料・文献について再掲する際、要約、略述した場合がある。

『古代東アジア地域相の考古学的研究』（学生社、二〇〇六年）
『文学のなかの考古学』（思文閣出版、二〇〇八年）
『高句麗壁画古墳と東アジア』（思文閣出版、二〇一一年）
『東アジア古代金石文研究』（法藏館、二〇一六年）
『海からみた日本の古代』〔復刊〕（吉川弘文館、二〇二〇年）
『魏志倭人伝と東アジア考古学』（吉川弘文館、二〇二一年）
『出土文字資料と宗教文化』（思文閣出版、二〇二二年）

■日本書紀と東アジア考古学　目次■

第一章　物質と人の交流と交渉

第一節　文物交流とその背景

運ばれた倭の船

崇神紀十七年秋七月丙午朔条に詔して「船は天下の大切なものである。今、海辺の民は船がなくて、とても運搬に苦しんでいる。そこで諸国に命じて船を造らせよ」と言われた、とあり、続いて「冬十月、初めて船舶を造った」と記される。考古資料としての船はすでに縄文時代の遺跡から多く出土しており、この記述は船そのものの創始を述べたというよりは、建国者たる崇神天皇を際立たせるための記述とする見方がある（森浩一「タケハニヤス彦とミマキイリ彦の戦い」『記紀の考古学』朝日新聞社、二〇〇〇年）。

この説話の肝要な点ともなっており、『日本書紀』に描かれた時代と内容および編纂された八世紀初め頃の東アジアの交渉を考える際に、まず前提となるのは古代の移動手段である。物を運び、人をつなげ、宗教や思想を広げる手段は陸路以外では船に限られる。古代に限らず、近代以前には船が海を越えて先端的な情報をもたらした唯一の手段である。日本全国津々浦々を歩いた民俗学者の宮本常一（一九〇七～一九八一）は未だ戦後の状況にあって、離島文化振興を目的とした刊行物で「島の文化が現今のように進んだ本土の農村に比べておくれて来るようになったのは近い頃のことだと思います。少なくも明治中期以後のことではないでしょうか。それまではかえって島の文化の方が進んでいる点もあったと思うのです」と述べ、その例として江戸時代の帆船が果たした役割を示している（宮本常一「島の文化」『しま』一号、一九五三年）。文化を進歩という尺度でとらえる点は、現在の人文学の考え方とは隔世の感があるが、この言葉は少なくとも船を利用した人や文化の移動や広がりを理解するため一定の意味があろう。飛行機がなく、陸路も整備されていない近代以前には、人や物を運び、情報や文化を伝えるのに船はもっとも有効な交通手段であった。

個人的な経験として船の有効性を知ったのは、縄文時代の独木舟と平安時代頃の製塩遺構などが発見された浦入遺跡（京都府舞鶴市・図1－1〜3・舞鶴市教育委員会編『浦入遺跡群発掘調査報告書』二〇〇一年）に行った際、発掘担当者から最も便利な交通手段は船だと、即座に言われた時である。遺跡は舞鶴湾北部の大浦半島西側にあり、陸路は狭隘なうえ、降り続いた雨によって通行に時間がかかる箇所がある、と説明された。そこで、通学の小学生たちとともに市営の小さな連絡船に乗り、快適にまた、きわめて短時間で遺跡に着いたことを鮮明に覚えている。帰路は船の時間の関係で、車での移動となったが、狭く、曲がりくねり、船の何倍もの時間がかかった。船の便利さだけでなく、その歴史における意味を体感する思い出である。

『日本書紀』には船の記述が散見されるが、そのなかで船そのものの素材や規模を含む伝承として枯野《からの》という名の船の説話がある。すなわち、応神紀五年冬十月条に伊豆国に命じて船を造らせ、その船は長さ十丈（約三十メートル）の船であり、ためしに海に浮かべると、軽く浮かんで船足は走るように速く、その船を名づけて枯野といった、と記されている。応神紀には、これに続けて、船が軽く早く走るのに、枯野と名づけるのは、意義をとりちがえており、もしかすると軽野と言ったのを、後の人が訛ったのかもしれない、とあり、編纂した時代までには、枯野の意味が不詳となっていたとみられる。枯野については、『古事記』仁徳天皇の段でも詳しく述べられており、川のほとりに生えていた大木を用いたが、その高さは朝日に照らされた木の影が淡路島にかかったとされる。また、その速さは仁徳天皇の都である「難波の高津宮」と淡路島の間を朝夕の二度往復したとされる。説話ではあるが、古代における理想の船を述べたものであろう。

また、大型の船を造るための木材に関する記述としては次のような内容がある。仁徳紀六十二年夏五月条に遠江国国司が、大きな樹があり、大井川から流れて、河の曲り角に停まり、その大きさは十囲（一囲は三尺に相当）もあり、根本は一本で、先は二股になっている、と上表した。そこで倭直吾子籠を遣わして、船を造らせ、南海を通って運び、

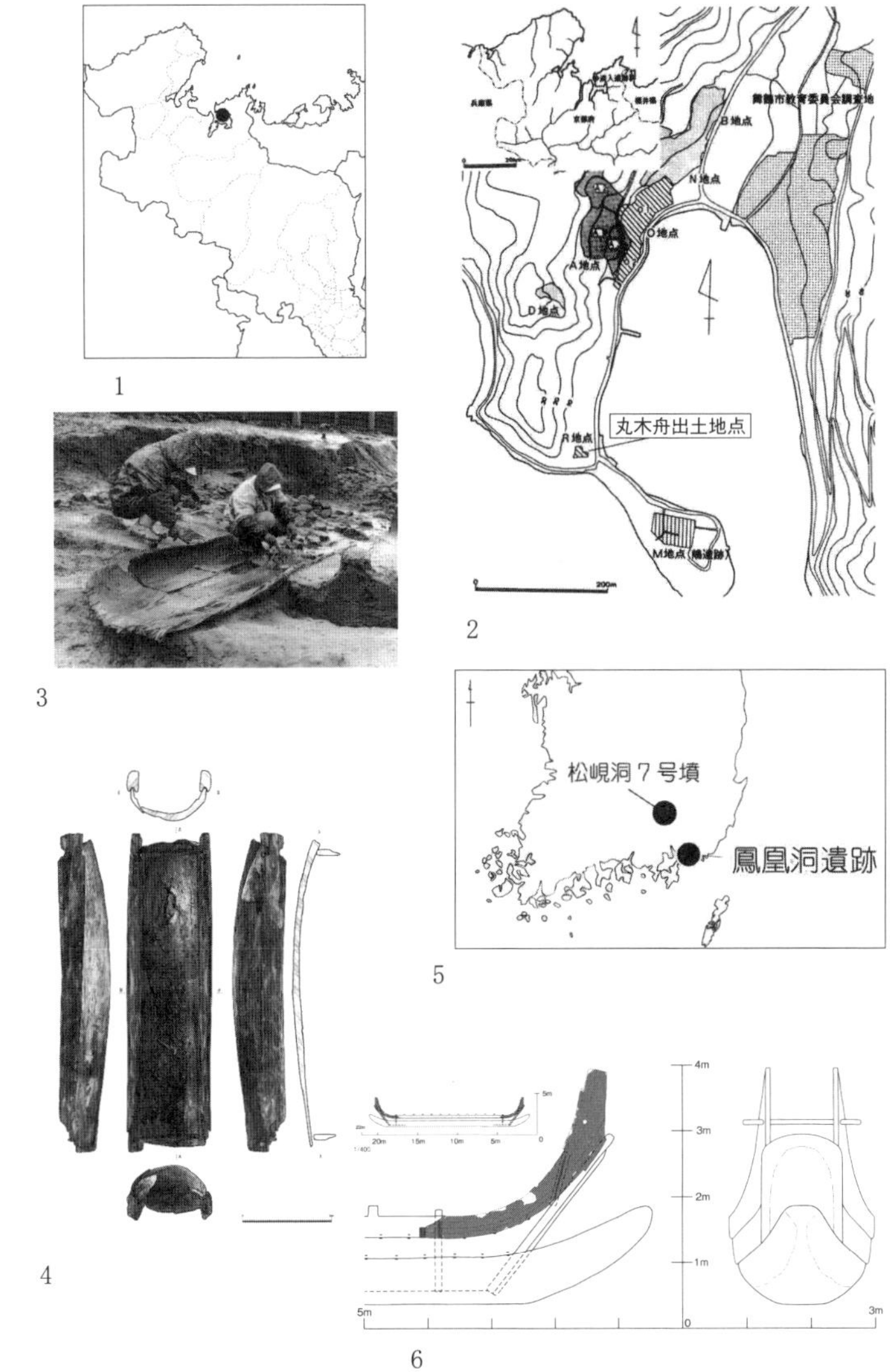

図１

1：浦入遺跡の位置、2：浦入遺跡丸木舟出土地点、3：浦入遺跡の縄文時代の丸木舟、4：昌寧・松峴洞７号墳の船材を用いた木棺、5：松峴洞古墳群と鳳凰台遺跡の位置、6：金海・鳳凰台遺跡丸木舟の復元案難波津にもってきて御船とした、とある。この説話では大船を造る巨木についての認識が題材となっている。

こうした『日本書紀』の記述の背景を考えるに際して、古代において東アジア各地の交渉と交流に関わる考古資料としての船についてふれてみたい。船は縄文時代から出土しているが、いずれも一本の丸木をくり抜いて造った独木船であり、外洋航海に適しているとはいえない。弥生時代以とくに古墳時代になり、倭の五王の南朝への朝貢などに代表されるような大洋を渡る船が必要とされた。このような航海を端的に示す近年の考古資料として、韓国南部の遺跡では日本列島に自生するクスノキ・スギなどの木材が用いられた船の部材が出土した遺跡や古墳が知られている。金海・鳳凰洞遺跡出土の板材（五世紀後半）はクスノキ製であり、準構造船の舷側板などからなるとみられている（図1－5）。また、昌寧・松峴洞七号墳（六世紀前半）では木棺（長さ三・三メートル、幅一メートル、復元した深さ五五センチメートル）に転用された板材はクスノキ製であり、準構造船の船底部と舷側板とみられている（国立加耶文化研究所ほか編『昌寧松峴洞古墳群Ⅰ－6・7号墳発掘調査報告』二〇一一年＊・図1－4）。さらに材質と構造をもとに、これらの船は古代の日本との関係が考えられている（柴田昌児「瀬戸内海の古代木造船と海上活動に関する基礎的研究」福武財団瀬戸内海地域振興助成成果報告アーカイブ、二〇一五年）。クスノキの船材は加美遺跡（大阪市・古墳前期）などが知られ、準構造船としては閏地頭給遺跡（福岡県糸島市・弥生終末～古墳初頭）などで出土している。とくに潤地頭給遺跡では船首や胴部がスギ材、船尾部がクスノキ材で造られており、複数の木材を組み合わせていたことがわかった。

松峴洞七号墳の報告書ではクスノキの分布について、中国・日本とともに韓国の済州島をあげており、内陸部の昌寧地域にクスノキ材が運ばれるには、韓国南海岸地域の海を介した交通の重要性を説いている。金海・鳳凰洞遺跡の船材は日本の船形埴輪とは形状に違いがあり、このことからクスノキ材が持ち込まれ、古金海湾の港湾都市であったこの遺跡で建造された可能性が指摘されている（柴田昌児「朝鮮半島系準構造船（加耶タイプ）の生産と日韓の造船技術」『纒向学研究』一〇、二〇二二年・図1－6）。

いっぽう、『日本書紀』では神代の記述にクスノキを示す「樟」の字が用いられた船が散見される。たとえばイザナギ（伊邪那岐命、伊弉諾尊）・イザナミ（伊邪那美命、伊弉冉尊）の子である蛭児（ヒルコ）は三歳になっても立つことができなかったので、「天磐櫲樟船」にのせて、風のままに捨てられてしまった、とある。また一書に曰く、としてあげられている異伝では、イザナギ・イザナミが「鳥磐櫲樟船」を生み、この船に蛭児をのせて、流れのままに棄てた、とある。ここでは神話の船の材料として「櫲樟」が現れ、クスノキの別称とされており、八世紀初め頃には神話に関係する聖性のたかい船がクスノキ製であったことが認識されていた。このような認識の底流には、古墳時代のクスノキ材の船の存在が想定される。

釜山・金海などの韓国南岸地域ではかつてより弥生・古墳時代の土器や金属器などが多数出土し、近年では韓国南西部では地元の土器とともに日本列島、百済、加耶などの土器が出土する遺跡があることが知られている。クスノキ製の倭で造られた準構造船は、これらの遺物に示される交流に用いられていたのであり、船の実態解明により、そのありさまが徐々に明らかになりつつある。日本列島と朝鮮半島を往来したこうした出土船の資料によって、『日本書紀』の船の記事の背景にある船に対する認識が明らかになってきた。

日本で生まれた百済王の記事

百済の武寧王は倭に仏典などを伝えたとされる聖王（『日本書紀』では聖明王）の父である。武烈紀に引用された『百済新撰』では武寧王の諱は斯麻王であり、現支王子の子で倭の筑紫嶋で生まれ、嶋で生まれたため斯麻と名づけた、とある。また、その嶋は各羅の海中にある主嶋である、とされている。これは現在の加唐島であると考えられている。加唐島（佐賀県唐津市・図2－1）は呼子の沖合にあり、西側には松島、東側には小川島があり、このような島々の位置関係から「各羅の海中にある主嶋」と記されたのであろう。

この記事のみられる『百済新撰』は百済王の系譜を示すことによって、傍系王族の後裔を称する多くの百済貴族たちの共通認識をまとめたものとする見方がある（仁藤敦史「『日本書紀』編纂史料としての百済三書」『国立歴史民俗博物館研究報告』一九四、二〇一五年)。武寧王が実際に加唐島で生まれたかどうかは、この記事以外に証左はないが、百済系の史料に記されていることが重要であるとともに加唐島に象徴される離島に対する古代人の地理的認識に驚かされる。

百済・武寧王陵は一九七一年に発見され、墓誌が出土したことから、武寧王と王妃の墓であることが判明した。墓誌には「斯麻王」とあり、百済系史料と合致した。武寧王陵の墓室(図2‐2・韓国文化財管理局編『武寧王陵：発掘調査報告書』三和出版社、一九七四年＊)の構造は中国的な塼室墳であり、その文様も中国南朝の墓(南京・油坊村宮山大墓など)と類似する(図2‐3・韓国文化財管理局編『武寧王陵：発掘調査報告書』、羅宗真「南京西善橋油坊村南朝大墓的発掘」『考古』一九六三年第六期＊)。墓誌が出土しなければ、中国人の有力者の墓と判断されるような中国的様相の強い墓である。

実際に武寧王陵と構造的にも年代的にも近く、北側に隣接する宋山里六号墳からは「梁官瓦為師矣」(梁の官瓦もて師と為す)とヘラ書きされた塼が出土しており、この墓を築造するに際して、中国南朝の梁の瓦を手本としてつくったと、記されていた。この塼の銘文について、近年では異なる読み方もあり、たとえば南朝の銘文の筆法を参考として「梁宣以為師矣」と釈字を行い、「梁宣(という人物が)師となった」と釈読し、個人名を記すことによって、塼の製作に携わる工人の名を記すことによって責任の所在を明らかにするための文書のような機能を想定する説もある(李炳鎬「公州宋山里古墳群出土銘文塼の再検討」『韓国古代史研究』一〇四、二〇二一年＊・図2‐5)。

その後、二〇二二年に武寧王陵に隣接した宋山里二九号墳から出土した塼に刻字があり、「造此是建業人也」という文章が確認された(韓国文化財庁編「公州武寧王陵と王陵園で新たな銘文塼出土」二〇二二年一月二十七日発表報道資料＊・図2‐6)。その意味はまさしく、この墓を造った人が中国南朝の都であった建業(現在の南京市)の出身であることを示している。宋山里六号墳出土の文字塼の内容は中国南朝の梁の瓦を手本としてつくった、と解釈するのが妥当と思われるが、宋山里二九号墳の文字塼を勘案すると、これらの墓は「梁」の直接の影響を受けて造営されていることが裏づけられることになり、百済と南朝との交渉のあり方を物語っている。

武寧王の子の聖王(聖明王)は倭に仏典等を伝えただけでなく、五四一年には南朝の梁に対し、経巻などとともに

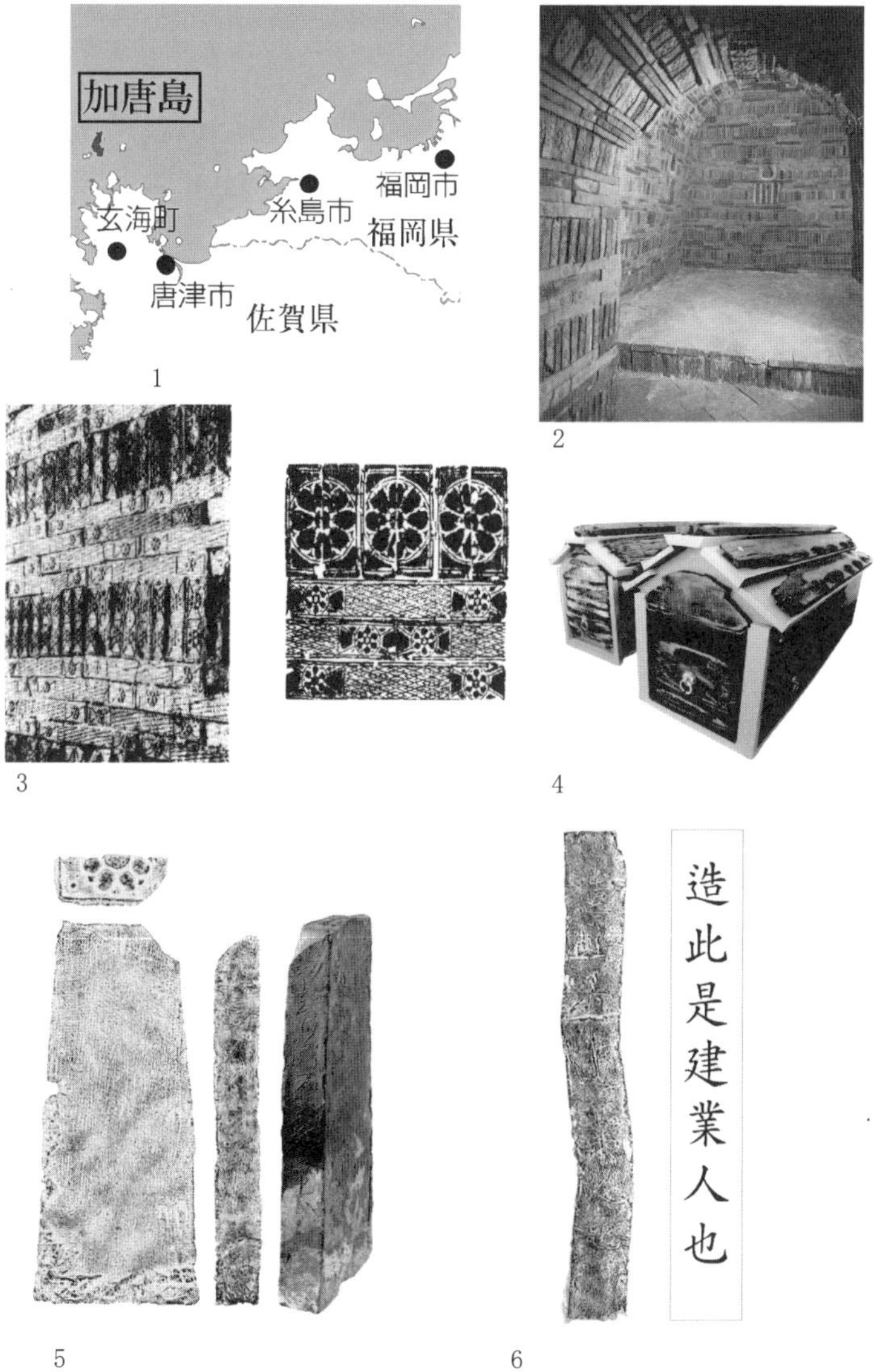

図2

1：加唐島の位置、2：武寧王陵墓室、3：武寧王陵（左）と南朝墓の塼（右・南京油坊村大墓）、4：武寧王木棺（写真奥の棺は王妃木棺）、5：公州・宋山里6号墳文字塼、6：公州・宋山里29号墳文字塼

工匠・画師などを請い、許された、とある（『三国遺事』百済本紀聖王十九年、『梁書』百済伝）。このように外蕃国が工匠や画師、医師などの技術者を請うことはしばしばあり、斉の永明年間（四八三〜四九三）には、モンゴル高原で活動した遊牧民族である柔然が南斉の武帝に、医師・錦職の工匠・指南車・漏刻などを求めるが断られた例がある（『南斉書』芮芮虜伝）。

武寧王が加唐島で生まれたとする説話は、このような同時代の東アジア次元での交渉を背景にしている可能性があるが、『日本書紀』に載せられた意味について、考古資料から直接に議論するのは難しい。いっぽう、考古資料としての武寧王陵は万一、墓誌が出土していなければ被葬者が南朝人士であると考えられるほど、南朝の墓制である塼室墓をそのまま移入している。この点では、五世紀代に南朝に朝貢した倭における中国文化受容の様相とは大きく異なる。いっぽうでは武寧王代の日本列島との実際の交渉を示す考古資料が発見されている。それは武寧王自身が葬られた木棺である。

木棺材と王権

戦前には扶余・陵山里古墳群や益山・大王墓などの木棺がコウヤマキ製とみられてきたが、その後、一九九一年には理科学的調査によって武寧王陵から発見された王と王妃の木棺（図2-4・国立公州博物館データベースによる）に使われた木材をコウヤマキとする分析成果が出されたことが広く知られるにいたっている。その報告によると、コウヤマキは日本特産の常緑針葉喬木として世界的に一科一属一種のみであり、分布は日本の本州低緯度地方、四国、九州などの主に日本南部地方に限られるとされ、こうした植生上の特徴が分析の前提となっている（朴相珍・姜愛慶「百済武寧王陵出土棺材の樹種」『松菊里』Ⅳ、国立中央博物館、一九九一年＊）。

武寧王陵の木棺に使われたコウヤマキは、棺材に加工される前の原木が直径一三〇センチ、長さ三メートル、重さ三・六トンもの巨木で、樹齢は三百年以上と推定されている。この棺材は原木状態、あるいは粗加工した板材状態で日本から運ばれたと考えられている。コウヤマキが、現在の朝鮮半島にはみられなくても、その当時は朝鮮半島にも生育していたのではないかという見方についても、「山林を構成する大きな径の喬木が、わずか千六百余年の間に、氷河期のような極端な気候変動もなく、あとかたもなく消え去ってしまうことは想像することが難しい」として、その可能性がほとんどないことを述べている。武寧王陵には、これまでみてきたような中国直系の文化や技術の他に、木棺材であるコウヤマキが日本列島から移入されたことがわかってきた。

コウヤマキと同じく百済と倭の交渉を示す実物資料を参照すると、石上神宮（奈良県天理市）所蔵の三六九年にあたる紀年銘のある「七支刀」は、百済の王子から倭王に送られたものとみられ、これに代表されるように、百済と倭の間には四世紀ごろから交流があり、とくに、六世紀代には国際的な紛争にも連携してかかわったとされる。継体紀、欽明紀には、百済から知識人や工匠が頻繁に倭にやってきたという記載があり、これが象徴するように六・七世紀代の百済王と倭王との間にも密接な交流があったと思われる。武寧王陵と同時期の日本では近畿地方の主な古墳で石棺が用いられているが、倭王か王の周辺の有力者が、斯麻王のためにコウヤマキの大木を送ったことは十分に考えられる。

古地形と対外交渉

『日本書紀』の時代の対外交渉の背景となる地形は時代によって変化する。古代人たちは私たちと同じ風景や景色をみていたわけではない。かつての歴史的に推移する地形を古地形と呼び、ここまでみてきた百済と倭の交流含め、その時代の地形の復原が歴史を研究する前提となる。現在、人々が行き交う街がかつては海や湖だったことも多い。その代表的な例が大阪平野であることはつとに知られている。大阪平野は縄文時代の平均気温が高い温暖な時期には河内湾と呼ばれる海であり、古墳時代頃には河内湖と呼ばれる湖であったことはよく知られており、近年ではその周辺の遺跡の実態が明らかになり、朝鮮半島の土器や馬の飼育に関する遺跡などの多くの成果が知られている。

このような知見は、広く紹介されており、ここでは河内湖を含む古代の大阪平野の地形環境を端的に示すものとしてタコ壺（図3－2・大阪府堺市四ツ池遺跡、弥生時代中～後期・ColBase）・イイダコ壺をあげたい。戦前の昭和六年（一九三一）には、大阪市の繁華街に位置する難波駅（現・なんば駅、大阪市中央区）の地下鉄工事現場から、漁網の土錘や小型の蛸壺形土器が、魚骨などとともに出土している（『新修大阪市史』第一巻、一九八八年）。タコ壺は弥生・古墳時代から使われていているから、その頃にはここが海底であったことを示している（森浩一「弥生・古墳時代の漁撈・製塩具副葬の意味」『考古学と古代日本』中央公論社、一九九四年）。

現代のタコ壺は樹脂製のものが主体であるが、同様の方法で今もタコ壺漁は行われており、タコを捕る方法は弥生時代から現代までほとんど変わらず、壺を海底に沈めた後に引き上げるため、材質は変わっても同様の機能がもとめられる。

このようなタコ壺の出土を理解するためには、現在の地形ではなく古代の地形を把握していなければならない。前述のように、縄文時代のもっとも海水面が広がった時期には大阪平野のほとんどが海であり、その後も古代においては低地であった。そのなかで大阪城のある上町台地は安定した洪積台地であり、豊臣秀吉がここに築城した理由がわかる。縄文時代、弥生時代の頃は上町台地以外の現在の大阪平野はほとんどが海であり、現在は市街地になっていても、縄文時代とか弥生時代の海の底や浜であった地点が多い。

近年では大阪湾に面した地形とそれに関わる遺物が明らかになっている。たとえば、さきの難波駅の南西側に隣接した難波御蔵・船出遺跡や南側の恵美須遺跡では古墳時代の海岸線や浜堤とみられる砂浜の堆積物が発見されている（大阪文化財研究所編『恵美須遺跡発掘調査報告』二〇一二年・図3－1右、3－1左・大阪市文化財協会編『大阪遺跡：出土品・遺構は語るなにわ発掘物語』創元社、二〇〇八年）。そのうち、難波御蔵・船出遺跡では、朝鮮半島に由来する韓式土器やタコ壺が出土した（大阪市文化財協会編『難波御蔵跡・船出遺跡発掘調査報告』二〇二〇年・図3－3）。これらは住居址からの出土ではないが、近くにはこれらを用いた集落の存在が推定されており、古代の地形とそこに住んだ人々の生業や出自な

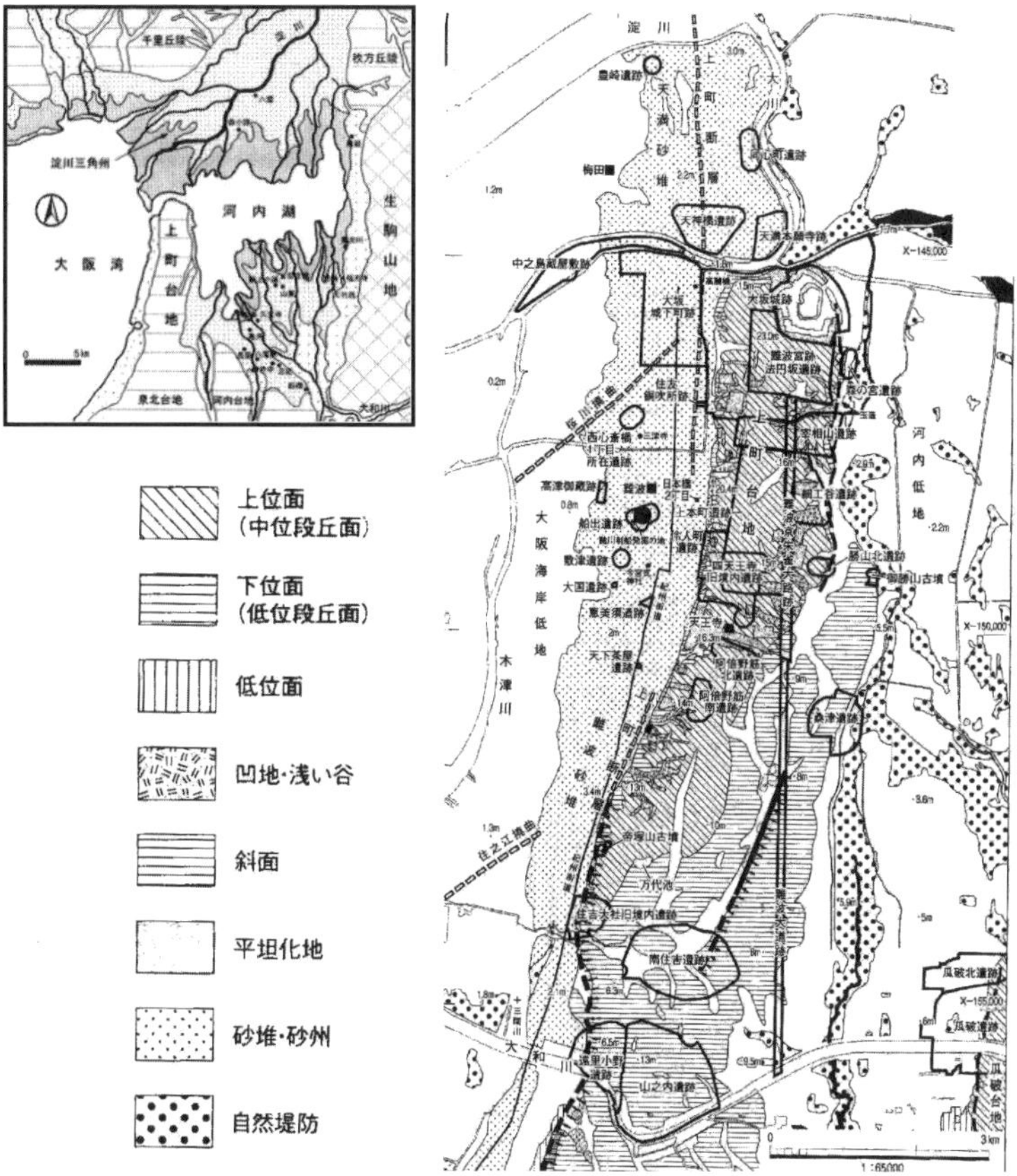

1

2

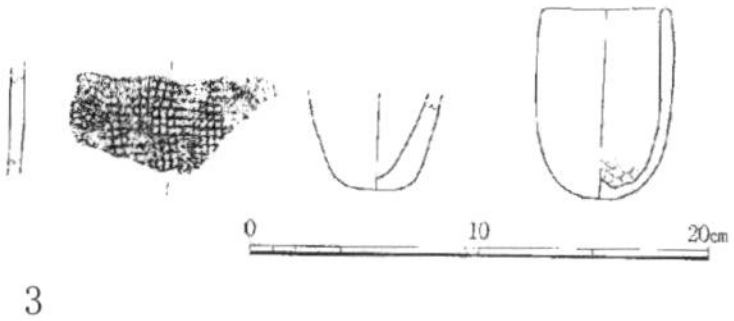

3

図3

1：大阪平野の古地形（左）と難波砂堆と船出遺跡（右）〈●の部分、周辺の網掛け部分は砂堆・砂州〉、2：タコ壺（四ツ池遺跡）、3：船出遺跡遺物（左・韓式系軟質土器、中と右・イイダコ壺）

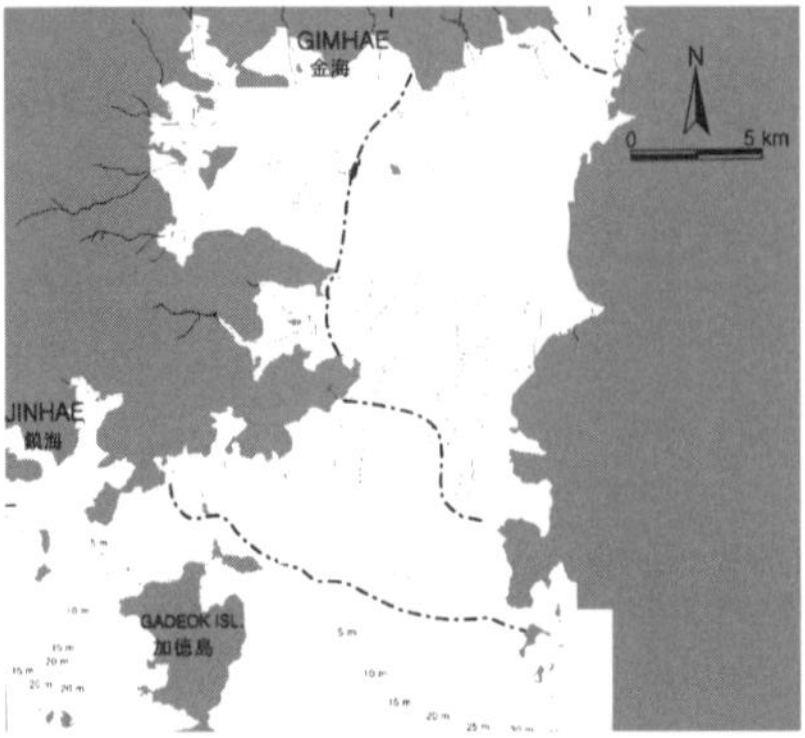

1

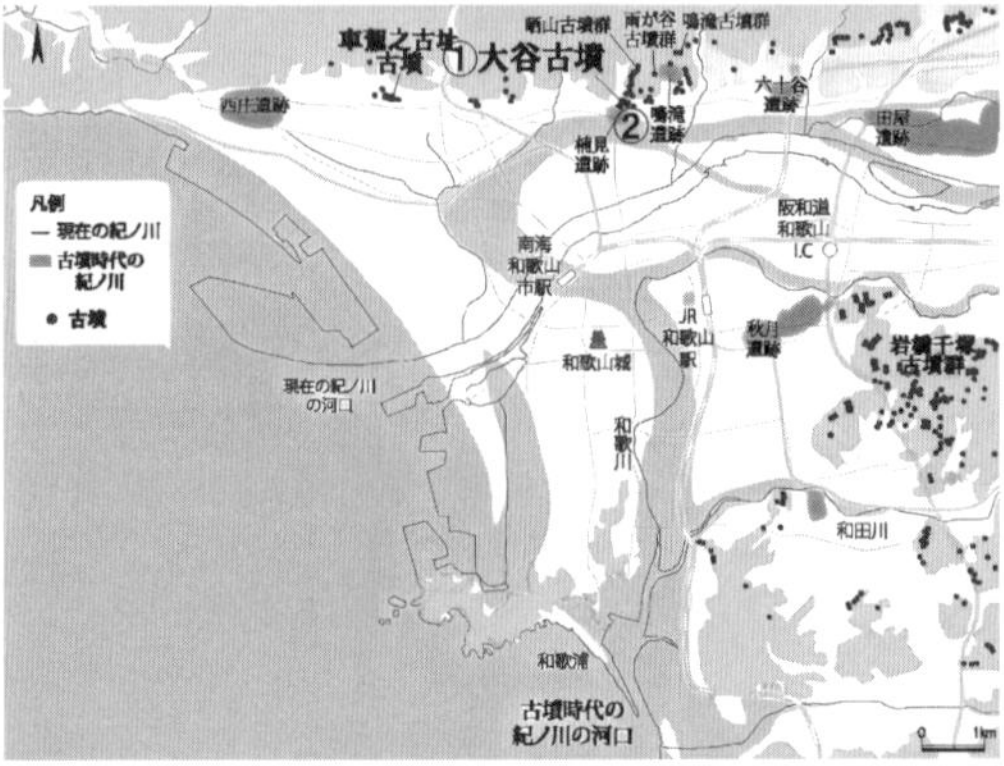

2

3

4

5

図４
1：韓国・洛東江三角州の古地形模式図（白い部分が沖積低地、点線地形は沖積地の相対的高低を示す）、2：大谷古墳（①）・鳴滝遺跡（②）と旧地形、3：大谷古墳馬冑、4：船原古墳馬冑、5：慶州・舎羅里65号墳馬冑（5世紀初頭）

どが推定されている。

いっぽう、同時代の朝鮮半島でも現在とは異なる古地形が復原されている。ここでの話題に直接関連する地域として、韓国南部の金海地域の海岸部は現状では平野に小さな丘陵が点在するが、古代にはこれらの丘陵は島であり、平野の部分は沖積地を基本とするとみられて久しい（曹華龍「韓国洛東江下流沖積平野の地形発達」『東北地理』三七、一九八五年）。金海地域の海水域は古金海湾と呼ばれており、数千年単位での海水面変動の研究が行われている（千羨幸「古金海湾をめぐる海水面変動再考」『考古学広場』六、二〇一〇年＊・図４－１）。ここまでふれたように古地形と考古学の研究は密接に結びつきながら、新たな知見をもたらしている。

第二節　移入された物と地域像

紀路と対外交渉

紀伊は南海道の重要地域で古代氏族として史書にみえる紀臣や他にも紀直の居住地として知られる。紀氏と総称される紀伊の古代氏族は『日本書紀』にも多くみられ、とくに対外交渉の面では、雄略紀に朝鮮半島で活動したとされる将軍として、紀小弓宿禰・紀大磐宿禰・紀崗前来目連などの紀伊に居住したとみられる人々が現れる。また、欽明紀には倭の氏族名と百済の官位をもつ倭系百済官僚と呼ばれる人物がみられ、許勢奈率哥麻・物部奈率哥非・上部徳率科野次酒・上部奈率物部烏などとともに紀臣奈率弥麻沙が記されている。欽明紀二年（五四一）秋七月条の分注には百済の遣いとしての紀臣奈率弥麻沙について、「おそらく紀臣が韓の婦人を娶って生まれ、百済に留まって奈率となった者である」と述べられ、倭と古代の朝鮮半島を行き来した紀臣の一端を示している。

紀伊とくに紀の川流域には、こうした対外関係記事の時代を具体的に示す考古資料が多く知られている。大和から紀伊へ行く道は紀路と呼ばれ、古墳時代には紀路にそって、対外交渉と関わる遺物や遺構が多くみられる。たとえば、紀の川北岸の大谷古墳（和歌山市・五世紀末、図4―2・和歌山市教育委員会『和歌山市の文化財2　国指定史跡大谷古墳』発行年表記なし）では、高句麗古墳壁画にも描かれた馬の甲冑（図4―3・和歌山市立博物館編『紀伊大谷古墳』一九九二年）・馬甲が出土している。馬冑は馬体に着せる馬甲とともに重装騎馬を構成する馬用の武具で、馬冑は国内では三例（和歌山県大谷古墳、福岡県船原古墳、埼玉県将軍山古墳）が出土しており、朝鮮半島の出土例を含めても二〇例ほどしかない。馬冑のなかでも、大谷古墳出の資料は馬の鼻部分の曲線など精細な造りで知られていたが、船原古墳出土資料も同様な特長をもち（古賀市教育委員会編『船原古墳Ⅱ』二〇一九年・図4―4）、韓国でも類似する出土例がある（図4―5・国立慶州文化財研究所ほか編『馬鎧を着る』二〇二〇年＊）。これらにより、朝鮮半島の馬冑・馬甲のなかでも優秀な製品が紀の川流域の首長にもたらされたことがわかる。

大谷古墳の直近には一辺が七～一〇メートルもの大規模な掘立柱建物七棟が並んで建てられ、五世紀代の大型倉庫群として知られる鳴滝遺跡（和歌山市・図4―2・和歌山市教育委員会『和歌山市の文化財2　国指定史跡大谷古墳』発行年標記なし）がある（和歌山県文化財研究会編『鳴滝遺跡発掘調査報告書』和歌山県教育委員会、一九八四年・図5―1）。同様な倉庫群として知られる法円坂遺跡（大阪市・五世紀）と比較されてきたが、その後、日本海側では、より時期のさかのぼる古墳時代初頭の万行遺跡（石川県七尾市・図5―2・七尾市教育委員会文化課編『史跡万行遺跡範囲確認調査報告書』二〇一四年）であわせて六棟の大型倉庫群が発見されている。これらの遺跡は、古墳時代における物資集積と物資流通の拠点とみられることから、その一つである鳴滝遺跡の存在は紀の川流域の重要性を端的に示している。また、大谷古墳のすぐ南側には朝鮮半島の加耶地域との類似性が指摘され、渡来系の人々により製作された初期須恵器が出土した楠見遺跡がある（図4―2）。

紀の川下流域で古く発掘されたが、近年になって、再び注目された遺物としては、丸山古墳（紀の川市・五世紀末～六世紀初め頃）の鉄製釜がある（貴志川町史編纂委員会編『貴志川町史』第三巻、一九八一年・図5―3）。その他古墳時代の例としては行者塚古墳（兵庫県加古川市・五世紀前葉）で破片が出土している。これらと類似する資料は中国東北部の夫余

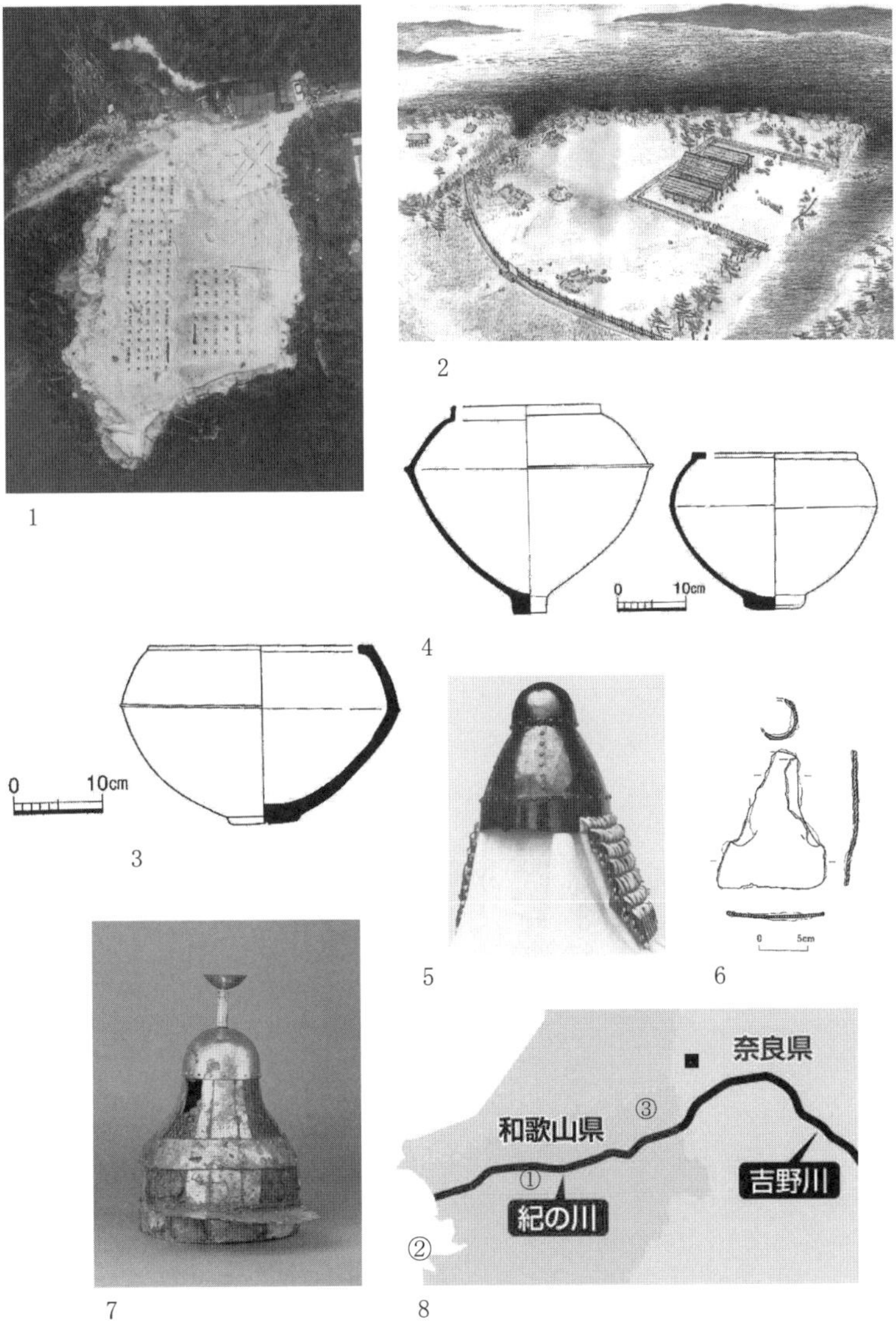

図５
1：鳴滝遺跡の倉庫跡、2：万行遺跡倉庫跡の復原イメージ、3：丸山古墳鉄釜、4：中国出土鉄鍑（左・集安、右・喇嘛洞）、5：復元された椒浜古墳冑、6：陵山古墳サルポ、7：五条・猫塚古墳四方白冑、8：紀の川流域の模式図（①丸山古墳、②椒浜古墳③陵山古墳、■は飛鳥京）

（吉林・帽児山遺跡など）・高句麗（吉林・集安下解放積石塚ほか）・三燕（遼寧・北票喇嘛洞墓群）の地域で出土していることから、丸山古墳や行者塚古墳では朝鮮半島南部で製作されたみられる鉄鋌が共伴していることから、この地を経由して、丸山古墳にもたらされたと推定されている（諫早直人「朝鮮の鍑と日本の鍑」草原考古研究会編『鍑の研究―ユーラシア草原の祭器・什器』雄山閣、二〇一一年・図5－4）。

紀の川を遡った地域では、古くから知られる猫塚古墳（奈良県五條市・五世紀前半）で古墳時代特有の眉庇付冑に朝鮮三国時代の冑の形を取り入れた蒙古鉢形と呼ばれる稀有な形状であり、しかも金銅板と鉄板を組み合わせた四方白と呼ばれる装飾をもつ冑が出土している（図5－7・ColBase）。蒙古鉢形冑は出土例が稀少であるが、紀伊では椒浜（または椒）古墳（有田市・五世紀中頃～後半）で破片が出土しており（西岡巖「砂上の首長古墳―有田市県指定史跡椒古墳―」和歌山県文化財センター編『地宝のひびき―和歌山県内文化財調査報告会資料集―』二〇一三年）、末永正雄氏によって復元製作された（末永正雄『増補　日本上代の甲冑』創元社、一九四四年・図5－5）。

四方白冑と関連する鉄地金銅装甲冑の小片は陵山古墳（和歌山県橋本市・五世紀末～六世紀初め頃）でも出土している。陵山古墳では朝鮮三国時代に特徴的な鉄製農具であるサルポ形鉄器も出土している（橋本市教育委員会編『陵山古墳の研究―和歌山県橋本市』二〇一九年・図5－6）。これらの遺物から、紀の川流域は朝鮮半島と関連し、あるいはそれを媒介とした遺物が豊富にみられる地域であることが、これまでも重要視されてきた。

こうした紀の川を介した人や物の行き来は都のあった飛鳥地域を中心とした大和につながっている（図5－8）。その経路は紀路と呼ばれ、『万葉集』にも詠まれている。名高いものとしては、「勢《せ》の山を越えたまう時、阿閇皇女のよみませる御歌」という題詞で、「これやこの　倭《やまと》にしては我が恋ふる　木（紀）路にありといふ　名に負う背の山」（巻一－三五）と詠まれた歌がある。歌の大意は「これがまあ、大和にあっては常々私が見たいと恋い焦がれていた紀路にあるという、その名にそむかぬ背（夫）の山であるのか」というほどの意味で、木路すなわち大和から紀伊に向かう紀路とそこで知られた背山を詠っている。

紀伊と飛鳥周辺の交流を示す記事として、欽明紀七年（五四六）秋七月条に大和今来郡からの報告として以下の内容が記されている。すなわち、欽明五年（五四四）の春に川原民直宮が、高殿に上って眺めていると、良い馬がいるのを見つけた。その馬は紀伊の国の漁師が貢納品を積んできた牝馬の子であり、馬は人影をみて高く鳴いて、軽く母馬の背を跳び越えた。川原民直宮が出向いてその馬を買い取り、年を経て壮年になると、鴻《おおとり》のように上り、龍のように高く飛んで、並の馬とは違って群を抜いていた。乗り心地に優れ、思う通りに駆けることが出来た。近くの大内丘の広い谷も、軽く越え渡った。川原民直宮は桧隈の里の人である。この説話では飛鳥に隣接した檜前に紀伊の漁師が馬で荷物を運んで来ているとされ、紀伊と飛鳥周辺地域の交通が前提となっている。

陸路のほかにも紀伊と大和の交通を介した記述としては、『日本霊異記』下・第二二「網を用いて漁せし夫の海中の難に値《あ》い、妙見菩薩を憑《たの》み願いて、命を全くすること得し縁」（網を使う漁師が海難にあい、妙見菩薩に祈って助かった話）の説話がある。すなわち、大和国高市郡の漁師・呉原忌寸名妹丸（なぐわしまろ）を含む九人の漁師が、延暦二年（七八三）の秋八月十九日の夜に紀伊国と淡路国の間の海に出漁中に急な大風に遭い漂流し、八人が溺れ死んだ。その時、海に漂った名妹丸は妙見菩薩に対し、もし命助かったならば、自身の身の丈と同じ高さの妙見像を作ると誓願した。その後、名妹丸は意識を失ったが、夜明けになるとも同じ郡内の蚊田（和歌山市加太）の海岸の草の上におり、一人だけ助かったため、自身と同じ大きさの像を造って崇めた、とある。この説話では、奈良時代の初め頃に、現在の奈良県高取町・明日香村などの内陸地域から、漁民の繰る小型の船で紀の川を下って、淡路島の近くまで出漁したことが前提となり、ここで述べた古墳時代の対外交渉を考える際に重要な古代の陸と海をつなぐ交通の実態を示している。

東アジアとつながる鉄器

『日本書紀』には古代の器物や品物の名称や種類が記されている。そのなかで鉄に関連する記述として知られるのが、神功皇后紀四十六年春三月乙亥朔条に斯摩宿禰を卓淳国（加耶諸国の一つ）に遣わし、その後、従者である爾波移《にはや》と卓淳の人である過去《わこ》の二人を百済に遣わした際、百済の肖古王が深く歓喜してあつくもてなし、爾波移に五色の綵絹（色染めの絹）各一匹、角弓箭（角飾りの弓）、鉄鋌四十枚を与えた、という内容がある。

この記述にみえる鉄鋌と関連する遺物が大量に出土したのは戦後まもない頃である。両端が広がった鉄板の形状を呈した遺物が大型の前方後円墳であるウワナベ古墳に近接した円墳である大和六号墳で多数出土し、在留アメリカ軍の工事によって破壊される直前に、考古学者の森浩一氏によって略図として記録され、その後の研究の礎となったことは日本考古学史の一場面として伝えられる（森浩一「古墳時代の鉄鋌について」『古代学研究』一一・一二、一九五五年・図6－1）。これらの鉄板は形状や積み重ねられ、集積された点などから完成された製品そのものではなく、鉄製品を作るための素材とする見方が有力であり、さきの『日本書紀』の記述などから鉄鋌と呼ばれている。

そもそも日本列島で鉄鉱石や砂鉄から鉄が盛んにつくられるのは古墳時代後期の六世紀頃とみられるいっぽうで、朝鮮三国時代の加耶・新羅の古墳からは鉄鋌が出土し、とくに王陵級とされさる新羅の大型古墳では多数出土することなどから、日本の古墳出土の鉄鋌は朝鮮三国から移入されたとする見方が主流である。大和六号墳から出土した鉄鋌を朝鮮半島製とするこれまでの見方のほか、大型品には複数枚の鉄鋌を鍛接した痕跡が観察でき、国内で最終的な製作がおこなわれた可能性とともに（宮内庁書陵部陵墓課編『宇和奈辺陵墓参考地旧陪冢ろ号（大和六号墳）：出土遺物の整理報告』二〇一七年）、洛東江下流域の製作技法とする見方もある（土屋隆史「古墳時代における鉄鋌の技術系譜―朝鮮半島東南部出土一定との比較を中心に―」『日本考古学』四九、二〇一九年）。

四〇枚の鉄鋌の意味

こうした多様な見方がある鉄鋌の語がみられる神功皇后紀四十六年条の記事は百済系史料によっているとされ、一定の信ぴょう性があるとみられているが、この記述の背景を考える際に重要な遺跡が韓国中部地域で発見されている。二〇〇七年に行われた弾琴台土城（韓国忠清北道忠州市）の発掘調査で、三世紀頃と推定される四十枚の棒状の鉄製品（平均寸法は長さ三〇・七、幅四・一、厚さ一・五センチメートル、重さ一・三キログラム）が出土した（中原文化財研究院ほか編『忠州弾琴台土城Ⅰ』二〇〇九年＊・図6－2）。これらは古墳時代の薄く（厚さ〇・二～〇・三センチメートル程度）、両端が広がった鉄鋌とは形態が異なるが、鉄素材の一種として弾琴台型鉄鋌と呼ばれ、古墳時代には類似資料（椿井大塚山古墳出土品）が指摘されるとともに、韓国中部地域にまで鉄素材の入手元が多様化したことが示唆されている（李東冠・武末純一「古墳時代前期鉄輸入ルートの多元化と弾琴台型鉄鋌」『季刊考古学』一六二、二〇二三年）。

これらの遺跡と関連して、百済の肖古王が日本から来た斯摩宿禰の従者の爾波移に鉄鋌四十枚を与えたという神功皇后紀四十六年条の記事があらためて注目された。関連した出土事例としては行者塚古墳（兵庫県加古川市・五世紀前葉）で四十枚の鉄鋌が出土しているが（図6－3・加古川市教育委員会編『行者塚古墳発掘調査概報』一九九七年）、むしろ、形態が金海地域の鉄鋌と類似することや、日本列島では鉄鋌と共伴しない鍛冶具（鉄床）が出土していることが注目される（井上主税「古墳時代中期前半の河内平野における朝鮮半島系遺物の流入に関する考察」『関西大学東西学術研究所紀要』五四、二〇二一年）。

弾琴台遺跡出土鉄鋌の数量の一致のみから、さきの神宮皇后紀の記事そのものの信ぴょう性を論じることは問題の次元が異なる。むしろ、韓国出土品と行者塚古墳出土品の数量が同一なことは直接的に神功皇后紀の記事との関係よりも、小さな単位を複合した場合も含め、『日本書紀』編纂時点を下限とした時期に鉄鋌の単位の一つとして認識されていた可能性を示している。また、考古資料による史料の検討としては飛躍がある見解もみられるいっぽうで、ここでふれたような関連する考古資料との堅実な検討が行われている。こうした新たな鉄素材の知見も参照して、次に

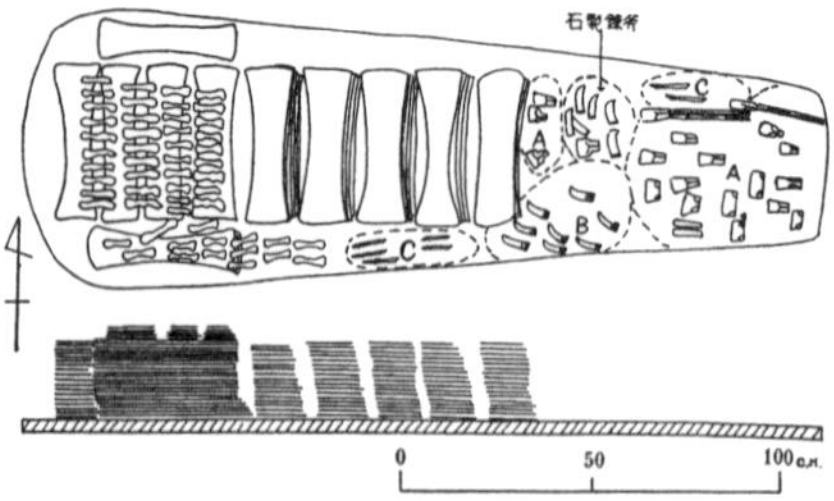

1

2

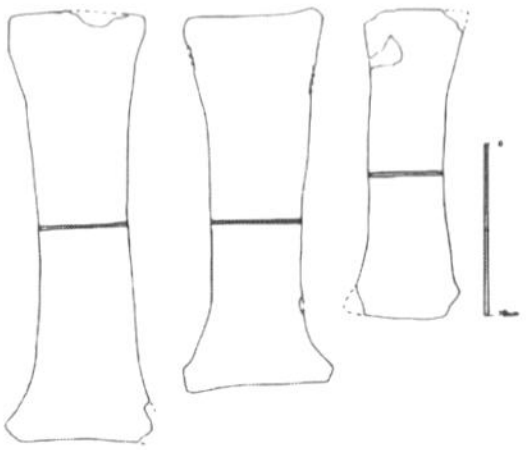

3

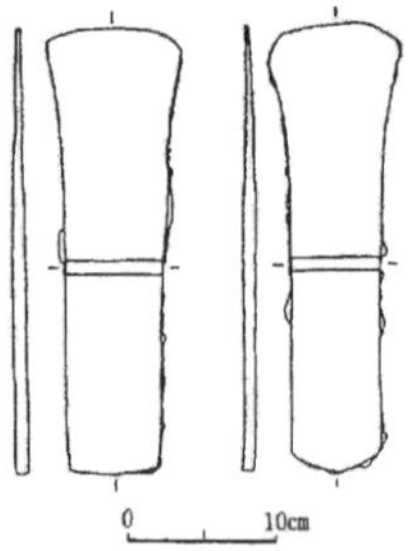

4

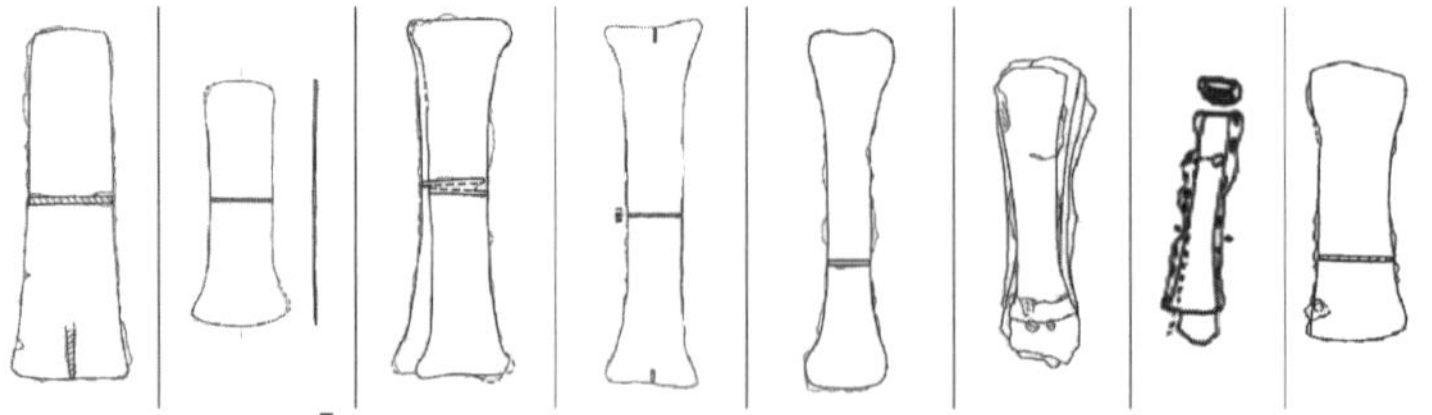

5

図６
1：大和６号墳鉄鋌の出土状況模式図（森浩一氏作成）、2：忠州・弾琴台土城鉄鋌、3：行者塚古墳鉄鋌、4：花聳２号墳鉄鋌、5：朝鮮半島南部の鉄鋌の変遷（左から右に変化）

『日本書紀』にみえる鉄素材を示すとみられる斧鉄にふれてみたい。

賜り物としての斧鉄

『日本書紀』には鉄製品あるいは鉄素材に財貨としての意味をもつものも現れる。その例が継体紀十年（五一六）夏五月条に「百済は前部木刕不麻甲背を遣わし、物部連らを己汶に迎えてねぎらい、先導して国に入った。百済では群臣が、おのおの衣裳・斧鉄・帛布を出し、国物（国単位での贈り物）とともに朝廷に積みあげ」たとある「斧鉄」の語である。

この「斧鉄」がどのようなものであるかについては確実な知見はないが、「衣装」「帛布」とともに記されており、これらと同様の財物としての価値があったことがわかる。その形態はおそらく斧の形状にちかい鉄器であったと思われる。板状の斧に近い鉄器は花聳二号墳（福岡県小郡市・五世紀）などで出土しており、鉱物的な分析から鉄素材としての鉄鋌とされた（大沢正己・山本信夫「鉄鋌の新例に関する検討―福岡県小郡市花聳二号墳の出土遺物」『考古学雑誌』六二―四、一九七七年・図6―4）。また、同様の形態の遺物は朝鮮三国時代にもみられる（門田誠一「鉄鋌始原の一様相」『古代東アジア地域相の考古学的研究』学生社、二〇〇六年）。その後、朝鮮半島の原三国時代から三国時代の鉄素材の研究が進み、こうした斧の形態は、鉄鋌の変化のなかでもっとも早い段階のものとされている（図6―5・イチュソン「湖南地方鉄鋌流通の特徴と加耶圏域との交易様相」『湖南考古学報』六七、二〇二一年＊）。

これらの知見をもとにすると、『日本書紀』の「斧鉄」には、考古資料からあとづけられる歴史的な背景があると考えられる。斧の形をした鉄素材の意味については、中国古代には貨布とされる刀や斧・鋤の形を模した貨幣が生成したとされる（江村治樹『春秋戦国時代青銅貨幣の生成と展開』汲古書院、二〇一一年）。これを参照して、筆者は金属器としての斧の稀少性が銭の形に転化したとみている。板状の鉄斧やそれをもとにした鉄素材のほかに、鋳造鉄斧にも一定の貨幣的意味を認める見解がある。鉄素材や財物としての鉄斧や鉄鋌に関しては、今後の検証が必要だとしても、

『日本書紀』の「斧鉄」の語は、斧の形態をした鉄製品を財物とする認識が存在したことの一端を示しており、その前提として、実際の斧形をした鉄素材などの存在があったとみてよかろう。このように『日本書紀』に用いられた鉄素材と見られる器物について、考古資料によって記述の背景をさぐることができる。

第三節　武具・武器と装飾品にみる交流

甲冑と武器が示す地域観

『日本書紀』に記述された六世紀前半頃の大きな事件として、いわゆる筑紫国造磐井の記述がある。継体紀二十一年（五二七）六月条にみられる記事を摘要すると、近江毛野臣は六万の軍隊を率いて任那に赴き、新羅に攻略されていた南加羅と㖨己呑を再興して任那に併合しようとした。新羅はひそかに反逆の志ある筑紫国造磐井に賄賂を贈って、毛野臣の軍を防ぐよう勧誘した。磐井は火（肥）・豊の両国に勢力を張り、毛野臣の軍をさえぎったが、八月になって、天皇は大連物部麁鹿火に磐井を討つように命じ、翌二十二年十一月に大将軍麁鹿火は磐井と筑紫の御井郡（福岡県三井郡）で交戦して、これを斬った。十二月、筑紫君葛子《くずこ》は父に連座することを恐れて、糟屋屯倉を献上して死罪を贖《あがな》ったと、ある。いっぽう、『古事記』には、継体天皇の時に筑紫君石井が天皇の命に従わなかったので、物部荒甲大連と大伴金村連を遣わしてこれを殺した、と簡単に記されている。

磐井の墓の記述として、『筑紫国風土記』逸文には「別区」という部分があるとされ、前方部に張り出した平坦部分がある特徴から岩戸山古墳（福岡県八女市・図7－1）が磐井の墓にあてられている。近年では墳丘の測量・発掘調査や出土・採集遺物の再調査が行われ、須恵器のなかには六世紀後半まで下る資料があるとされ、筑紫君一族への供献土器として採用された可能性も指摘されている（足達悠紀「岩戸山古墳出土・表採資料の検討」『九州大学総合研究博物館研究報告』二〇、二〇二三年・図7－2）。

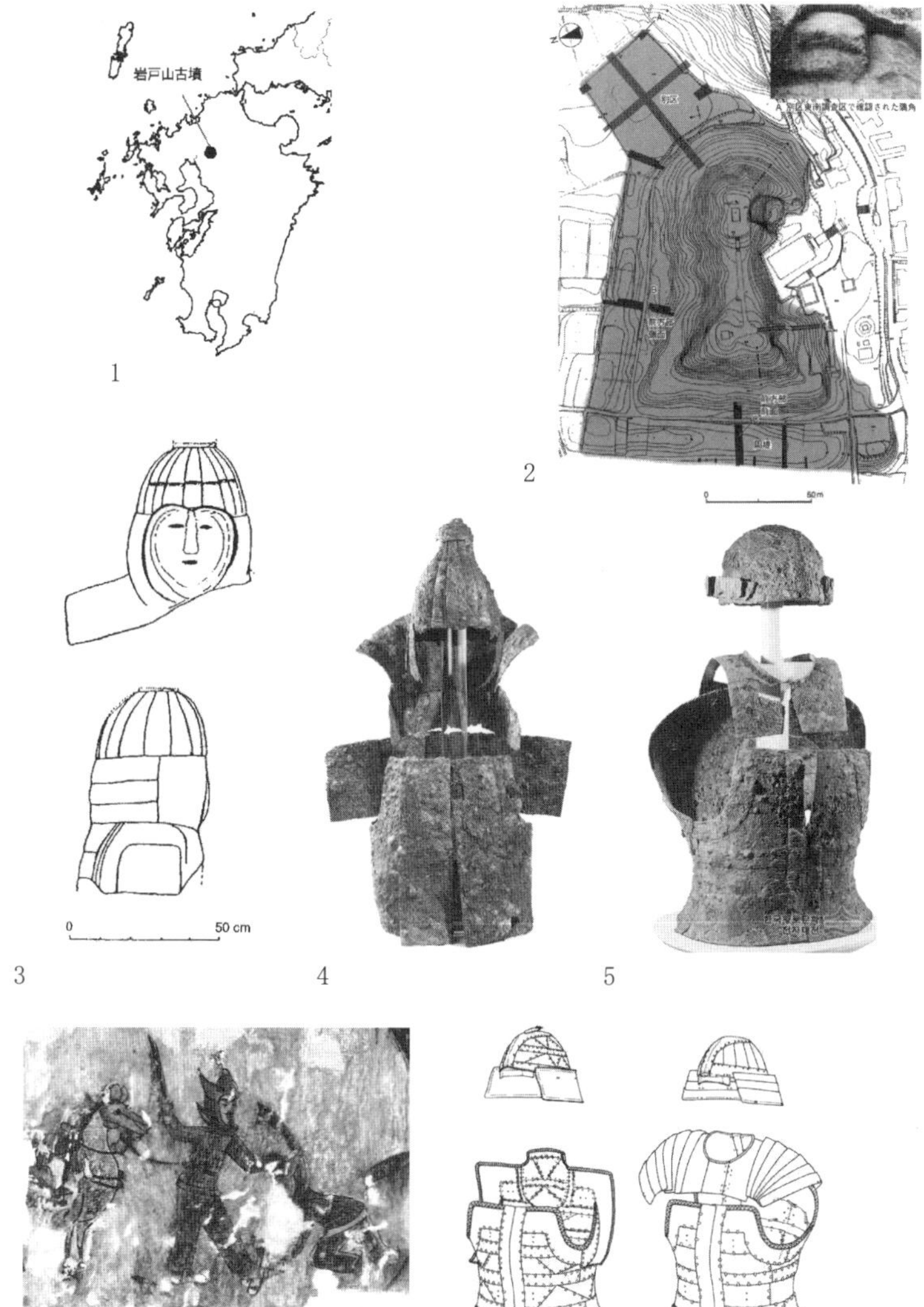

図７

1：岩戸山古墳の位置、2：岩戸山古墳墳丘と別区（左上）、3：岩戸山古墳石人と甲冑（上・正面、下・左側面）、4：三国時代の甲冑の例（釜山・福泉同 38 号墳）、5：三国時代の倭系甲冑の例（高霊・池山洞 32 号墳）、6：高句麗壁画の武人甲冑（中国・通溝 14 号墳・5 世紀）、7：古墳時代の甲冑の例（茶すり山古墳・兵庫県）

岩戸山古墳には多数の人物や馬などの石製品が置かれており、石人・石馬として知られる。石人のなかには冑を被った武装石人と呼ばれる資料があり、冑は砲弾型に近い特殊な形態であり、額の中央にあたる部分が下方に突起していることが特徴である（図7－3・末永雅雄『日本上代の甲冑　増補版』創元社、一九四四年）。このような形態は後世にモンゴルが建国した元が用いた冑に類似していることから、蒙古鉢形冑と呼ばれることが多い。このような冑は高句麗古墳壁画にみられるが（図7－6・韓国文化財庁編『世界遺産高句麗古墳壁画』二〇〇四年＊）、朝鮮半島南部で多数の実物が出土している（図7－4・韓国国家遺産庁データベース。）日本での出土は極めて稀であるが、その例としては、椒浜古墳（和歌山県有田市・五世紀中葉～後半・図5－5参照）と五條・猫塚古墳（奈良県五條市・五世紀中頃・図5－5参照）がある。なかでも猫塚古墳の冑は鉢の前後左右にあたる四方に鍍金・銀の地板を組み合わせ、鉄の部分が白（鉄の色）にみえる華麗な造りで、古墳時代の甲冑でも極めて類例の少ない資料である。

これらの資料にみられる日本ではほぼ出土することのない形態の冑が岩戸山古墳の石人に表現されており、その表現は写実的であり、実物の朝鮮三国時代の蒙古鉢形冑をもとにした石造物とするほかはない。日本列島では盛行することのなかった朝鮮三国時代の甲冑が岩戸山古墳石人にみられることは、当時の甲冑を介した地域観の一端を示している。

古墳時代に併行する東アジアで、甲冑や馬具などを含めた武具が国や地域を表現することに関しては、『魏書』に次のような内容がある。すなわち、北魏・延興二年（四七五）に百済の蓋鹵王（余慶）ははじめて北魏・孝文帝に使いを遣わし、魏への朝貢の経路を高句麗が妨害しているとし、高句麗の南侵に対し、援兵を請うた際の上表文には、百済側の言として、「去る庚辰の年（四四〇）の後、百済の西の国境にある小石山の北の海中で十余体の屍を発見し、あわせて衣服・道具・鞍・勒《くつわ》を手に入れました。それらを入念に見たが、高（句）麗のものではなく、のちに聞くところによると、これは（北魏の）使者が臣の国に来られようとしたのに、大蛇（のように凶悪な高句麗）が路をさえぎり、（使者）を海に沈めたものとのことで、（中略）どうして小豎（高句麗）に王道を塞《はば》ませてよいことがありましょうか。いま手に入れた鞍を一つ（証拠として）お届いたしますので、目のあたりお調べください」（現代語訳は井上秀雄ほか訳注『東アジア民族史』1正史東夷伝、平凡社、一九七四年をもとにし、筆者が一部書き改めた。次の引用も同じ）とあり、北魏に鞍を証拠として見せた。これに対し、北魏の孝文帝は「卿の送ってくれた鞍をさきの（使者が乗っていった）鞍と比較してみたが、中国（本朝）のものではなかった。疑わしいというだけで断定してしまう過ちを犯してはならない」として、百済の訴えを退けた、とある。ここでは百済と北魏の間で馬具の一種である鞍が国際的な軍事・政治的な交渉の道具として用いられている。注目されるのは、この時に百済がもたらした鞍が北魏のものであったかどうかという点より、馬具などが持ち主の国などを示すという当時の認識である。

いっぽう、朝鮮三国時代において、衣服の着用が服属などを示すことについては、五世紀代の中原高句麗碑（忠清北道忠州市）に高句麗が新羅の領土内に軍事責任者である幢主を置いて、軍隊を募り、新羅の寐錦（王）以下が高句麗の衣服を受け入れ、新羅を東夷と呼ぶなど、新羅が高句麗に従属した内容がみられる。関連して、中国王朝の衣服を採用することは、中華世界の影響を可視的に示す要素として議論される（小林聡「漢唐間の礼制と公的服飾制度に関する研究序説」『埼玉大学紀要教育学部』五八－二、二〇〇九年）。中原高句麗碑の内容はこれを敷衍したものとみられる。

このように古墳時代にあたる東アジアにおける武具による地域や国の認識や服装の国際的な政治性をもつことを勘案すると、『魏書』の国際的交渉の具となった馬具だけでなく、甲冑などの武具も国や地域を示すとみられる。たとえば、三国時代の古墳から甲冑が出土する例は多いが、その多くはここまで蒙古鉢形としてきた砲弾型に近い形態の冑であるのに対し、日本の古墳時代には衝角付冑・眉庇付冑と帯金と地板で構成される短甲が盛行する（図7－7・兵庫県立考古博物館編『史跡茶すり山古墳』二〇一〇年、蒙古鉢形眉庇付冑は図5－6参照）。こうした古墳時代に特徴的な眉庇付冑や短甲は、三国時代の古墳から出土し（図7－5・韓国慶尚北道高霊郡データベース）、構造からは帯金式短甲として研究が進められている（金赫中「韓半島出土帯金式短甲の現況と課題」『季刊考古学』一六五、二〇二三年）。いっぽう、分布の傾向からは倭系短甲と呼ばれることが多い（キム・ヒョクヂョン「韓国半島出土倭系甲冑の分布と系統」『中央考古研究』八、二〇一一年＊）。これらの古墳時代と朝鮮三国時代で、各々の甲冑の特色があることが、『魏書』で述べられている武具による国の区別や認識の背景となっているのであろう。
こうした甲冑や馬具などによる国や地域の識別が、古墳時代の東アジアに存在したことを検証とするための資料として、韓国で出土した高句麗の甲冑や百済で出土した唐代の紀年銘甲冑をあげよう。

軍事施設から出土した高句麗の甲冑

高句麗は紀元前後から七世紀代まで、東アジアにおいて強勢を有し、『日本書紀』では神功皇后から持統天皇までの間に現れ、編纂において強く意識されていたことがわかる。このような高句麗の甲冑や馬具などは都であった高句麗故地の古墳や遺跡で出土しているが、とくに甲冑は破片が多く、完全なものは知られていなかった。そのような高句麗の甲冑の全容が知られたのは、実は韓国での出土例である。

韓国のソウル市を流れる漢江と国境地帯の臨津江の流域の丘陵や山には高句麗の軍事的施設が残っており、堡塁や要塞と呼ばれている（図８－１、２）。これらの施設は高句麗が南下政策をとり、『三国史記』などの記述から、四七五年に百済の王都・漢城を陥落させ、その後、六世紀中頃に新羅が勢力を及ぼすまで、数十年間に及ぶ高句麗軍が駐屯した防御施設とみられている。韓国ではこのような高句麗の堡塁や要塞の発掘調査が盛んに行われてきたが、その一つである漣川・無等里堡塁（京畿道漣川郡・図８－３）では二〇一一年に主要な軍事施設の出入り口と推定される門の柱の側で高句麗のものとみられる甲（札甲）が出土した（ソウル大学校博物館編『漣川無等里２保塁』二〇一五年＊・図８－４、５）。高句麗の甲冑は北朝鮮や中国などの高句麗領域で一部分が出土しているが、全体が出土したのは初めてであり、高句麗甲冑の全容を知るための重要な資料となった。この甲は小さな板状の鉄板を綴じ合わせており、形態は高句麗領域の出土品や壁画（集安三室塚や通溝一二号墳・図７－６）に描かれた高句麗兵士の甲冑と類似する。無等里堡塁の存続した時期は七世紀に下るとされており、高句麗の堡塁がこれまでより遅い時期まで続くとみられている。高句麗の甲冑は集安などの故地でも出土しているが、いずれも破片であるのに対し、この例では高句麗の堡塁遺跡から出土したこ

1

2

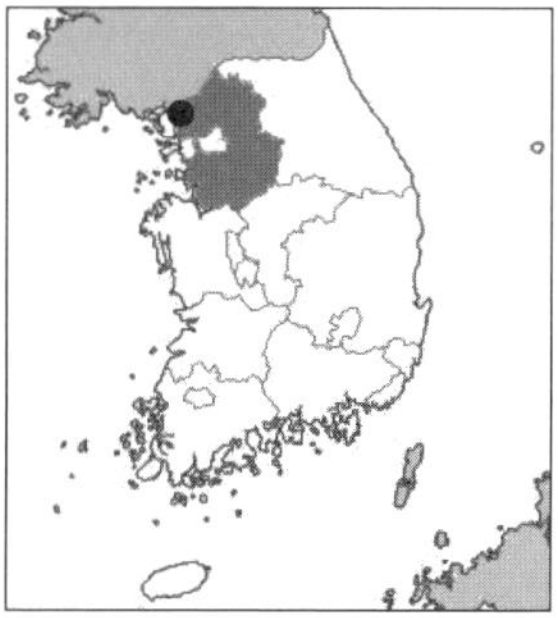

3

4

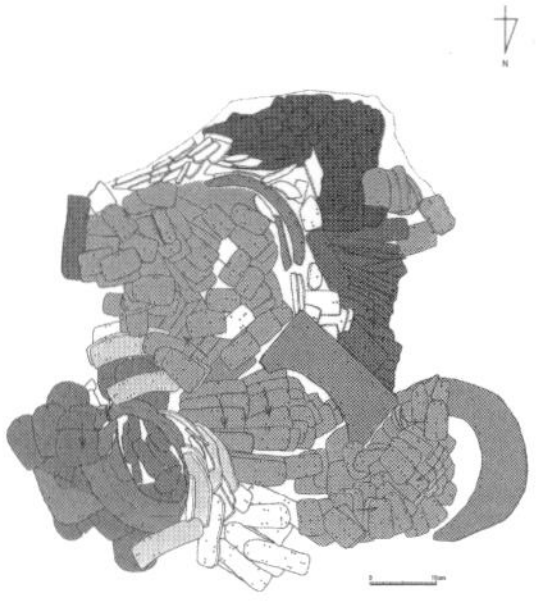

5

図８
1：高句麗堡塁の復元（阿且山第４堡塁・ソウル特別市）、2：高句麗堡塁の立地（阿且山第４堡塁、向こう側はソウル市街地）、3：無等里堡塁の位置（網掛けは漣川郡）、4：無等里第２堡塁高句麗札甲出土状況、5：無等山第２堡塁高句麗札甲出土状況実測図（方向は図８－４とは異なる）

とによって、完好な高句麗の甲冑の例が知られた。

百済出土の革製漆塗甲

いっぽう、百済の第二の王都であった熊津（現在の公州市）の王城であった公山城の貯水施設址で小札状の皮に黒色の漆を塗り、綴じ合わせた甲が出土した。甲の小札には朱色の漆による文章が記された破片があり、そのなかの一片には「貞観十九年四月廿一日」の紀年が記されていた。「貞観」は唐の元号であり、「十九年」は六四五年である（李南奭「公山城出土百濟漆刹甲の銘文」『木簡と文字』九、二〇一二年＊・図9－1～3）。

その後、同様の文字のある破片が発見され、二〇一九年の時点では一八片となり、釈字は研究者によって異なるが、判読可能な文字の総数は一〇〇字あまりとなった。しかしながら、破片であるため、文章の続き方には諸説があり、それによって読み方や意味が大きく異なる。この銘文に関する、これまでの説として、発見当時は百済の将師や百済王が着用したことが示唆されたが、その後、この甲を史料に現れる百済の「明光鎧（甲）」とみて、百済が唐に朝貢した甲であり、その後、唐によって百済が滅ぼされた時に唐の将軍が用いたとする説（李道学「公山城出土漆甲の性格に対する再検討」『人文学論叢』（啓明大学）二八、二〇一二年＊）がある。その他の説として、同じく「明光鎧」とし、「貞観十九年」は唐の太宗が高句麗に出兵しており、これに際して百済が製作したが、使用されずに後に埋納されたとする（李賢淑、ヤン・チョングク「公山城出土漆皮甲銘文資料の再検討」『木簡と文字』二二、二〇一九年）。これらの説は百済による製作説である。これに対し、百済が唐の年号を使ったとは考えられず、また、銘文には「参軍事」「司馬」「長司」「護軍」などの唐の官職名などがみられることと、史料上の百済の甲は鉄製であり、黄色の漆が塗られたとみられることから、これは百済製の甲ではなく、唐で製作されたとする中国製作説がある（イ・テフェ「公山城出土漆甲銘文解析―イヒョンスク・ヤンチョングクの百済製作説に答えて―」『木簡と文字』二三、二〇一九年＊）。公山城出土漆塗甲の銘文の解釈に異説が多いことは、七世紀半ば頃の東アジアの国際情勢が深く関わっていることを反映している。

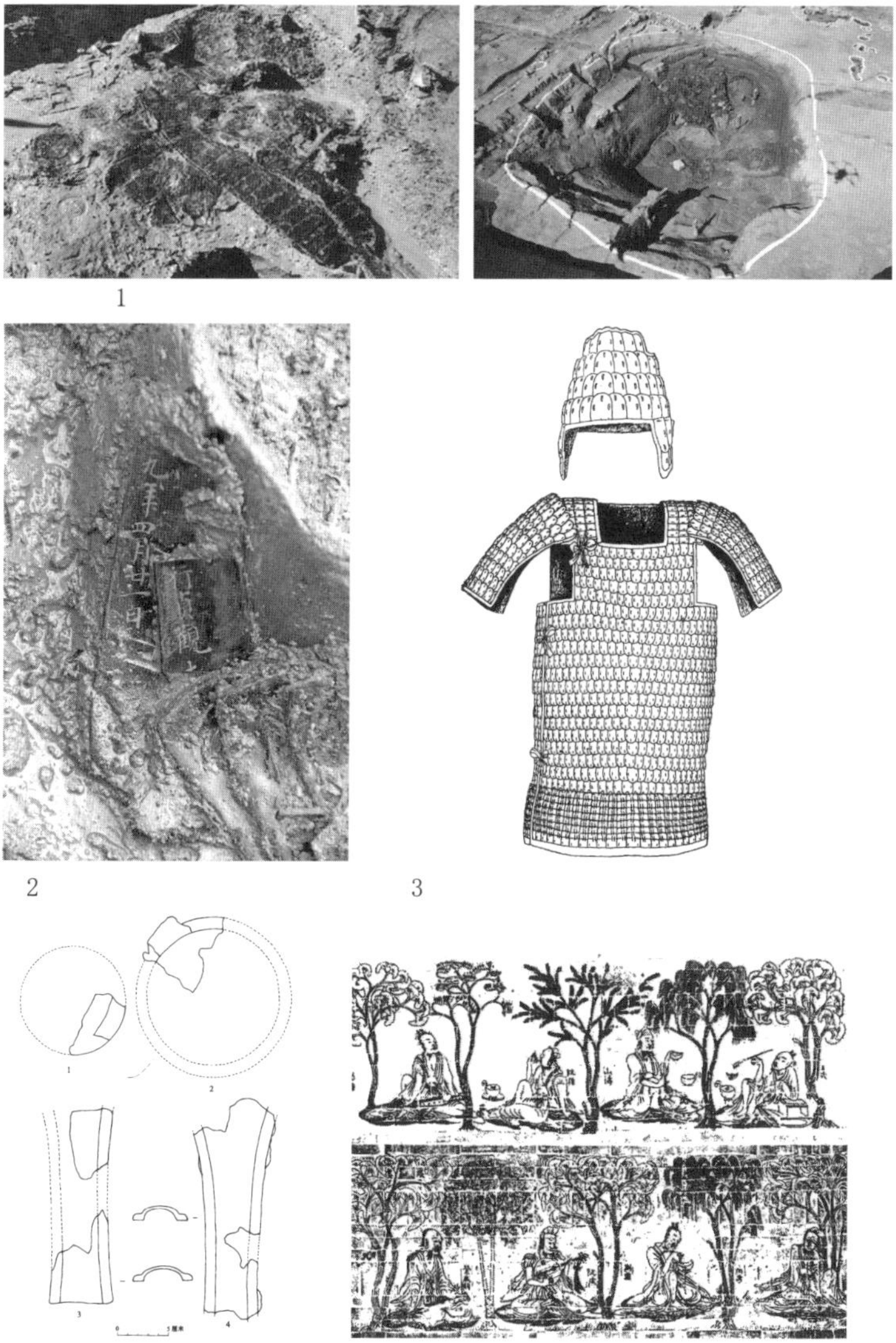

図９

1：公山城漆塗甲出土状況（左）と出土遺構の貯水施設（右)、2：公山城漆塗甲紀年銘部分、3：前漢代王侯墓甲冑の復元例（斉王墓、甲・冑のスケール不同)、4：曹操高陵出土甲片（上は甲付属板、下は肩部分)、5：竹林七賢塼画（南京西善橋南朝墓)

　ここまでみてきたように考古資料は甲冑や馬具などは、たんに戦闘や乗馬に際する道具ではなく、それを超えた政治的、軍事的な意味合いをもつ場合があることを示している。岩戸山古墳石人の蒙古鉢形冑も『日本書紀』に記された磐井と朝鮮半島との関係を検討するための実物資料である。

倭の五王上表文の甲冑と竹林七賢図

　南朝・宋に遣使、上表した五世紀代の倭王として『宋書』倭国伝に讃・珍・済・興・武が知られる。そのうち倭王武か昇明二年（四七八）に送った「昔より祖禰、躬ら甲冑を環き、山川を跋渉して、寧処に遑あらず」で始まる上表文が『宋書』倭国伝に載せられている。この文章を含む上表文の冒頭の大意は「代々冊封を受けているわが国は遠い地にあり、中国外縁の海を守る役割を果たしている。祖先は昔から自ら甲冑を着て山や川を越え、一か所にとどまることがなかった。東国においては毛人の五五国を征し、西国においては衆夷の六六国を服属させ、海を渡った北方では九五国を平らげた」であり、甲冑や武器との関連で、とくに注目されるのは倭王武の祖先が昔から自ら甲冑を着て山や川を越えて、倭国を平定した、と記しているところである。この文章そのものは当時、流行した駢儷体とされる修飾の多い文体とされるが、そのなかで現実的な字句として甲冑などが現れる。

　倭王武の比定を含め、被葬者の階層を推定するためにも参考となる五世紀頃の近畿地方の大型前方後円墳からは、甲冑や武器が多数出土する場合が多いことは、よく知られている。いっぽう、同時期の中国の皇帝陵や諸王陵では刀や弓矢などの武器は出土することもあるが、甲冑が出土することは稀である。前漢代の武器副葬傾向の研究では諸侯王墓には副葬品として多くの武器や武具がみられる（図9－3・山東省淄博市博物館ほか「西漢斉王鉄甲冑的復原」『考古』一九八七年第一一期＊）。王后墓では副葬武器の種類や数量は多いが、それらは被葬者の埋葬施設ではなく、副葬品埋納施設である側室や周囲の陪葬坑で出土し、これは身分や地位と関係し、副葬品の等級と違いは喪葬儀礼と輿服の制度によるものする見方がある（謝綺「西漢諸侯王后墓出土兵器現象分析」『西部考古』一六、二〇一八年＊）。また、武器の副葬は中・小型墓で被葬者が男性の場合に多く、高位の女性以外では女性墓への武器の副葬は少なく、これは漢代の政治秩序や喪葬儀礼と伝統文化などと関係するとみる説がある（郭妍利「漢代両京地区兵器随葬制度初論」『考古与文物』二〇一九年第五期＊）

このような中国の漢代以降の武器副葬の傾向については、その葬送思想の根本になったのが、儒教の経書・礼書であり、たとえば喪礼を記した『儀礼』（既夕礼十三）では甲は明器の一種（役器）としてみられ、『後漢書』礼儀志大喪に「東園武士、事を執り明器を下す」（東園武士は皇帝皇后の大喪を担当する職掌が執り行う儀礼で用いる明器）とされた多くの器物の一つとして「甲一、冑一」とあり、いずれも副葬用の明器としての甲冑としてあげられている。漢代王侯墓の甲冑の出土例としては、満城漢墓（墓主は武帝の兄である中山王劉勝）出土鉄甲、徐州・獅子山楚王墓（墓主は第二代楚王劉郢または第三代楚王劉戊）出土鉄甲、広州・西漢南越王墓（広州市）出土鉄甲などがあり、いわゆる明器ではなく、喪礼における副葬品としての甲冑の例としてあげられる。

三国時代の武器副葬の事例として、たとえば魏・曹操の高陵とされる西高穴二号墓（河南省安陽市）では、鉄剣・鉄刀・鉄鏃などの武器とともに鉄製の小札や肩甲、円形の胸当のついた甲冑などの武具も出土している（図9－4・河南省文物考古研究所編『曹操高陵』中国社会科学出版社、二〇一六年＊）。

南朝墓では甲冑など武具の出土は稀になるが、そのような傾向のなかで南京とその近傍の丹陽に所在する南朝墓には竹林の七賢の図像を表現した塼画（八基）がみられる。そのうちの四基は南朝皇帝陵墓（丹陽・胡橋鶴仙坳墓は斉・景帝蕭道生の修安陵、丹陽・建山金家村墓は斉・廃帝東昏侯蕭宝巻墓、丹陽胡橋呉家村墓は斉・和帝蕭宝融の恭安陵、南京・西善橋宮山墓は劉宋代中・晩期または陳代の皇帝陵）と推定されている（王漢「従壁画磚看南京西善橋宮山墓的年代」『東南文化』二〇一八年第二期＊）。竹林七賢とは三国魏代の七人の隠士であり、世俗を離れ、清談と呼ばれる哲学的な談話で日々を過ごした。彼らの図像に同じく周代に貧窮生活の中で理想と自由を貫いた栄啓期を加えて画題とした塼画がある（図9－5・南京博物院「南京西善橋南朝墓及其磚刻壁画」『文物』一九六〇年第八・九期＊）。こうした塼画は南京周辺の南朝陵墓の皇帝陵と推定される墓を中心にみられ、葬られた人物である墓主の図像などはみられない。これらの南朝陵墓では盗掘を受けてはいるが、甲冑や武具のような現実社会での争いに用いる副葬品は知られておらず、竹林七賢と栄啓期という超俗的な画題であることが大きな特色である。南朝陵墓にこうした塼画がみられる理由については、魏晋代の芸術を受けた当時の絵画の高い芸術性とともに、現世を表現する当時の社会的な潮流に加えて、墓主である南朝皇帝の置かれた思想的環境とそれによる精神的な需要との関連も示唆されている（黄忠宝「南京、丹陽墓葬壁画〝竹林七賢与栄啓期〟再思考」『芸術研究』二〇二一年第一期＊）。

これらの竹林の七賢図は、甲冑や武具を国や地域の表徴とすることや、それらの副葬が盛んであった日本列島の古墳時代とは同時代でありながら、対照的な価値観を示す。このことから、副葬品に限らず、墳墓に関連する資料は、たんに威信を示すものとみる通説に対して、異なる視点を提示した。

飾り馬と玉虫装飾の馬具

推古紀十五年（六〇七）八月辛丑朔癸卯（三日）条に隋の使いである裴世清らが飛鳥の京へ入る際に、朝廷は飾り馬七五頭をしたてて、海石榴市（奈良県桜井市）の路上で額田部比羅夫に迎えさせた、とある。飾り馬は原文には「飾騎」とあって、この語は唐代以前の史書などには使われておらず、『日本書紀』編纂時に選ばれた可能性がたかい。いっぽう、隋唐代以降の史書・文献には「乗具装馬」（『芸文類聚』巻九七・蟲豸部・蟻所引『異苑』）とあり、馬の装備を備えることを指す。具装の種類として「玉具装、真珠宝鈿帯、靴、乗馬則服之」（『通典』礼六八・君臣冕服冠衣制度）とあり、玉で装飾し、真珠や螺鈿の帯や靴をつけて、乗馬にはこれらをつけた、とあることから、装飾を具装としたことがわかる。また、「馬亦去具装」（『太平御覧』兵部四三・決戦中）つまり、「馬はまた具装を去る」とあることから、逆に装飾を取り去る場合も「具装」の語が用いられている。戦備として馬に鉄の甲や冑をつける場合には「甲騎具装」（『新唐書』儀衛志上）とあることからも、馬の装備や装飾を指すことがわかる。

このような馬の具装に関する考古資料としては、南北朝代の図像塼には甲冑や寄生と呼ばれる尻尾の飾りをつけた図像（図10－1・河南省文化局文物工作隊編『鄧県彩色画象磚墓』文物出版社、一九五八年＊）や俑、唐代の三彩の馬俑などがある。これらは騎馬の軍装の権威を示し、また官職にみあった正式な外出の際の威儀を正すものとみられる（楊泓著、来村多加史訳「騎兵与甲騎具装」『中国古兵器論叢』関西大学出版部、一九八五年）。

唐代の儀式などに際する馬具について、唐代の儀仗用の馬具やそれを表現した俑・壁画・石刻などから、とくに皇帝や王族の陵墓出土品を含む多くの事例（図10－2・「唐永泰公主墓発掘簡報」『文物』一九六四年第一期＊）がある。これらによって馬具に対して唐の階層的儀仗制が適用され、国内や周辺諸国には規制があったとする見解がある（津野仁「唐の装飾馬と日本との比較─馬具からみた儀仗をめぐって─」『公益財団法人とちぎ未来づくり財団埋蔵文化財センター研究紀要』三〇、二〇二二年）

こうした見方の前提として、漢代以降には皇帝や王族などが儀式や葬礼に用いる器物などに規定があり、これらは製作する工房も官営であることが多く、下賜品として用いられるほかには、皇帝や王族の周辺以外に広がりにくいという前提がある。

中国における馬の装飾に対し、古墳時代の馬の装飾は金銅製の馬具や飾り金具などが古墳の副葬品として数多く出土し、また、馬形埴輪からそれの着装の状態が具体的にわかることは、これまで多くの研究があり、基本的には古墳時代の馬の装飾は朝鮮三国時代の影響を受けていることがわかっている。

そのなかで古代の朝鮮半島と日本で出土しており、中国では発見されていない装飾馬具として玉虫の羽を用いた馬具がある。近年では船原古墳（古賀市）で玉虫の羽を用いた馬具（杏葉）が出土した（福岡県古賀市教育委員会編『船原古墳Ⅱ－1号土坑出土遺物概要報告編─』二〇一九年・図10－3）。

玉虫の装飾といえば、法隆寺の玉虫厨子が知られるが、古墳時代や朝鮮三国時代には金銅製品の透かし彫りの下に玉虫の羽を敷き詰めた遺物が出土することがある。その例として、新羅・皇南大塚（韓国慶州市・五世紀前半）出土金

1

2

3

4

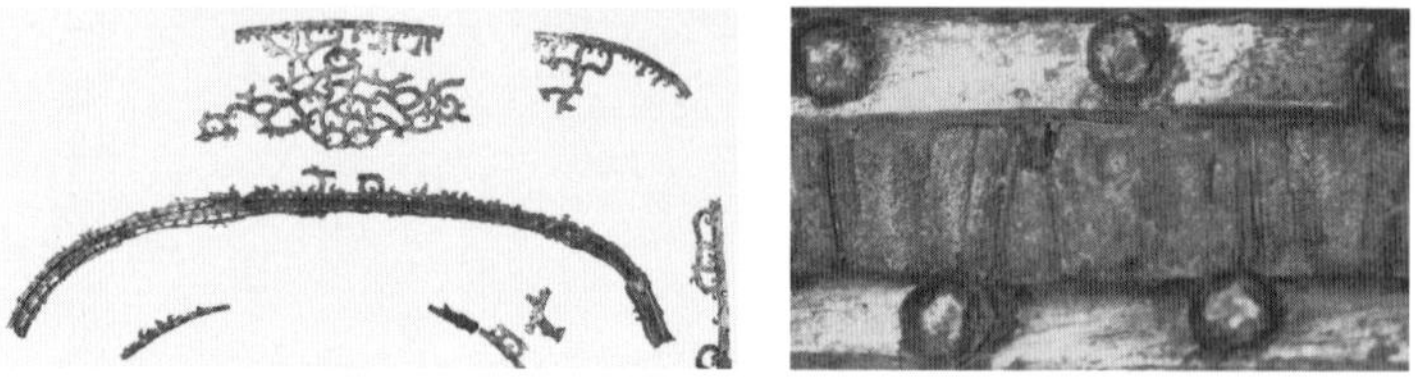

5

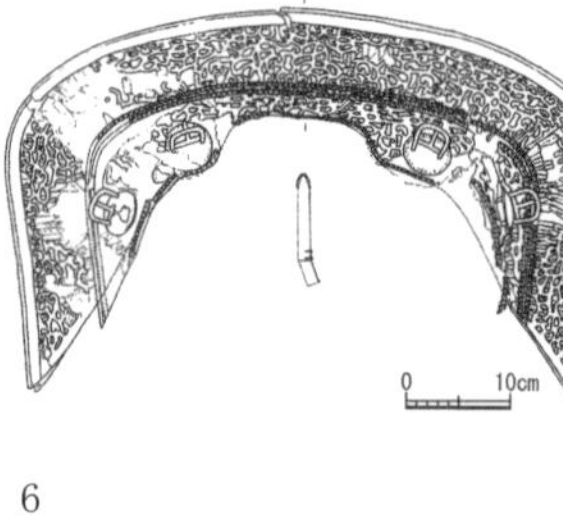

6

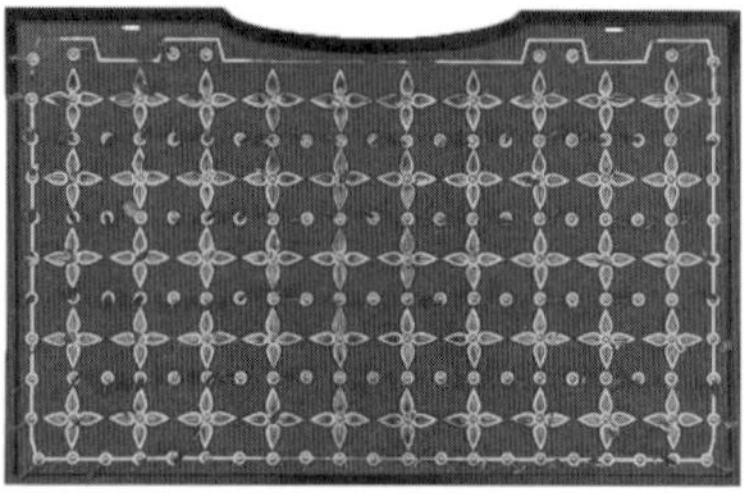

7

図10

1：甲騎具装彩色塼画（河南省鄧県）、2：永泰公主墓三彩馬俑、3：船原古墳馬具（杏葉）と玉虫部分の拡大、4：真坡里7号墳金銅製冠形装飾、5：金冠塚金銅製鞍橋（左）と玉虫装飾の拡大（右）、6：皇南大塚北墳金銅製鞍橋、7：チョクセム44号墳障泥と金銅製装飾（復元）

銅製帯金具や鞍橋金具・轡鏡板・杏葉などの馬具を主体とした金工品の透彫の下はおびただしい量の玉虫の羽が敷かれていた（図10－6・文化財管理局文化財研究所『皇南大塚（南墳）』一九九四年＊）。その他には高句麗・真坡里七号墳（平壌直轄市力浦区域・六世紀後半・図10－4、国立文化財研究所編『韓国考古学事典』（古墳編）二〇〇九年＊）出土の金銅製冠形装飾などが知られている（神谷正弘「玉虫装飾品集成」『古文化談叢』五〇（中）、二〇〇三年）。その後、保存処理に際する科学的調査で、金冠塚（韓国慶州市・五世紀後半）出土金銅製鞍金具・竹製（網代状）金銅装飾障泥・木芯金銅張輪鐙などに玉虫の羽が用いられていることが判明し、主として五世紀代の新羅古墳の馬具などにみられることが指摘された（イ・スンリョル、チョン・ククフェ、シン・ヨンビ「玉虫の羽を中心にした金冠塚出土玉虫装飾馬具類の製作技法研究」『博物館保存科学』一八、二〇一七年＊・図10－5）。また、人骨の残存から被葬者が十代の新羅公主かとされるチョクセム四四号墳（韓国慶州市・五世紀末）出土障泥の金銅製装飾（心葉形で構成された部分）に用いられていたことがわかった（国立慶州文化財研究所編『慶州チョクセム四四号墳　二〇二三発掘調査資料集』二〇二三年＊・図10－7）。

これらをはじめ新羅の出土例が多く、高句麗でも出土例が知られており、これらとの対照によって、船原古墳（古賀市）の出土資料も新羅からもたらされた可能性が指摘されている。古墳出土品のほかに玉虫の羽を敷きならべた装飾のある資料としてよく知られるのは、法隆寺・玉虫厨子であり、玉虫を用いた仏教関係資料として例をみない。

いっぽう、中国では玉虫の装飾の遺物は知られず、文献でも玉虫装飾を指す内容は確実ではない。漢詩としては、南朝梁・呉均「和蕭洗馬子顕古意詩六首」（『玉台新詠』巻六）其二に「蓮花銜青雀、宝粟鈿金虫（蓮花青雀を銜み、宝粟金虫を鈿す）」とあり、考古資料との比較検討から、「宝粟」とは金属の表面に粒状の金を鑞付けする装飾である粒金技法とし、それと組み合わせて金虫を埋め込んだ、と推定し玉虫などの羽を透かし彫の下部に敷き詰めた装飾とする説がある（楊之水「〝宝粟鈿金虫〟—由此追溯中日韓共有的一項古代工芸」陸建徳・趙京華編『東西方交彙中的中日文学与思想：共同紀念国際学術研討会論文集』社会科学文献出版社、二〇一六年＊）これに対し、中国文学では、金虫を黄金で作った虫の形をした女性のアクセサリーとし、それを着けた女性を指す、とする解釈が主となっている（内田泉之助『玉台新詠・下』明治書院、一九七五年）。

古代の玉虫を用いた装飾の起源と系譜については、今後の検討課題が多いが、現状では中国では実物は発見されていない。また、長く玉虫は日本の固有種とされていたが、極東ロシア、韓国、台湾、アメリカ合衆国などにもみられるらしい（吉武啓ほか「農業環境変動研究センター所蔵日本産玉虫科（昆虫綱：コウチュウ目）標本目録（補遺）」『農研機構研究報告　農業環境変動研究センター』三九、二〇一八年）。生物種としての玉虫の研究は自然科学の研究にゆだねるしかないが、玉虫の装飾のなかで、種類が推定される事例ではヤマトタマムシなどの日本に棲息する種類が用いられているとされる（西幸子「国宝級の発見⁉タマムシで装飾された馬具」古賀市教育委員会『令和2年度 国史跡船原古墳講演会資料集』二〇二〇年）。自然科学的分析を含めた玉虫の装飾品の本格的な研究ははじまったところであり、今後の課題は多いが、考古資料としてみると、玉虫の装飾品は、現時点では中国での出土例はなく、関連する文献を参照しても、中国で盛んに用いられた証左はない。今後も中国での玉虫装飾の金工品が多数発見されることは考えにくく、高句麗や新羅などの朝鮮三国時代と同時代以降の日本に特徴的な装飾であることは間違いない。

玉虫の装飾のある器物を理解する際に参考となるのが、軍事行動や戦闘に際して、馬具を含めた武器や武具の鹵獲や贈与である（門田誠一「高句麗古墳壁画における鎧馬図考―鎧馬騎乗人士の階層的位置づけをめぐって」『高句麗壁画古墳と東アジア』思文閣出版、二〇一一年）。そのうち比較的詳しい内容をあげると、石虎（五胡十六国時代の後趙の第三代皇帝、二九五―三四九）の命を受けた統冠将軍・姚弋仲は都であった鄴までやって来て、病中の石虎に謁見を求め、諫言を行った。姚弋仲は貴人だろうが賤人だろうが、「汝」と呼びかけたほど剛毅な性格であったが、石虎もまた、これを責めず、さすがの石虎も姚弋仲の剛直を憚り、彼の諫言に対して、鎧馬を下賜し、使持節・侍中・征西大将軍・西平郡公に任じて重んじた、という（『晋書』姚弋仲載記）。

石勒（二七四～三三三）は、段末破を人質にして、段疾陸眷に和睦を交渉した際に、段疾陸眷はこれを受け入れ、段文鴦の反対を押し切って、賄賂として石勒に鎧馬二百五十匹、金銀各一麗とを与え、段末破の三人の弟を身代わりとして彼の身柄を請うた（『晋書』王浚伝）。ここでは人質となった段末破を奪還するための代償の一つとして鎧馬が用いられているのであり、その貴重性を知ることができる。

ここに記されたのは儀仗用の馬ではなく、戦闘にともなう鎧馬ではあるが、特定の馬装を施した馬が贈与や賞賜となった例として参考になる。これらの場合は馬具や馬装には与え、賜るだけの価値があり、それは交換や換金などをともなう経済的権価値ではなく、実際の戦闘能力による稀少性や一定の名誉や威信を称揚するものと考えられる。こうした一種の権力を象徴する財物を文化人類学の用語では威信財と呼び、考古学でもしばしば用いられるが、その定義や使い方は一様ではない。車馬とは異なり、馬具の場合は、厳密な法や規定によって定められているというよりは、重厚あるいは壮麗な馬装による視覚的な権威や威厳によって、威信を高める効果があったのであろう。玉虫装飾の馬具が新羅王陵のなかで、最大の規模を誇る皇南大塚などで出土していることは、このような推測に合致する。

このような装飾性の強い武具や馬具の制作工房や製作地については、今後の調査におうところが多いが、関連する文字資料として、上之宮遺跡（奈良県桜井市）で出土した木簡に「別□（金カ）塗銀□其項□頭刀十口」と記されている。未釈の部分が多く、全体の意味の把握は難しいが、前文の刀に関する文章に続いて、「別に、金塗銀□して、其項が□頭の刀を十本」の意味かとされている（清水眞一「上之宮遺跡」『木簡研究』一二、一九九〇年）。私見では「金塗」以下は金銀の装飾で、「其項□頭」を柄（把）頭などの部分とすれば、それを装着した「刀十口」すなわち刀を十の単位で製作したということになる。この木簡が出土した上之宮遺跡の調査では、四面庇をもつ建物を中心に六世紀末頃には園池をもつ大邸宅として整備されており、木簡のほかに鼈甲の破片・横櫛・ガラス玉の鋳型・琴柱形の木製品などが出土し、聖徳太子の上宮（かみつみや）の可能性があるとされ、あるいは周辺に拠点を持つ安倍氏にかかわる遺跡とする説などがある。ここから装飾大刀の製作に関わる木簡で出土していることは、武具や馬具を含む威儀具として金属装飾品の生産体制に関わる重要な資料となる。

玉虫装飾馬具の理解に際しては、中国王朝の儀仗の馬装とは異なる価値体系の次元で、倭や新羅・高句麗に広がった美麗かつ権威をもった財として考えていく必要があろう。

第四節　軍事施設を示す語句と実態

史料に現れる「邸閣」

『日本書紀』に用いられた語句やそれを用いた文章は、古代の時間的・空間的な背景を踏まえないと理解できない場合が多い。たとえば東アジアの地域で過去に記された史書などで用いられた語句や文章があり、これまでは文献学的に典故や出典の研究が行われてきた。

『日本書紀』に用いられた語句や文章には、考古学的に背景や意味を考察できる場合がある。その端的な例をあげると継体紀八年（五一四）三月に「伴跛は城を子呑・帯沙に築き、烽候・邸閣を置いて日本に備えた」という記事がある。ここにみえる「邸閣」は卑弥呼や邪馬台国の記述でしられる魏志倭人伝に「収租賦有邸閣」として現れ、「租賦を収むるに邸閣あり」と解されることが多い。

「邸閣」の字句から邸宅や楼閣の語感があるが、東洋史学者の日野開三郎氏が早くも一九五〇年代に『三国志』における邸閣の語の用法を検討した結果、大規模な軍用倉庫であり、主な用途としては糧穀の貯蔵で、戦具などの資材も収納し、交通・軍事上の要地や政治・経済の中心地等に置かれていたとし、魏志倭人伝にみえる邸閣も軍用倉庫と考えた（日野開三郎「東夷伝用語解２―邸閣」『東洋史学』六、一九五二年）。

出典などを主とした邸閣の研究は中国ではすでに元代の李治（一一九二〜一二七九）が『敬斎古今黈』（けいさいここんとう）のなかで『三国志』の用例について検討し、軍事用の資材と糧食を備蓄する施設とした。一九世紀末から二十世紀初めには甲骨文の研究で名高い王国維が漢代から唐代にいたる四十例近い邸閣の記述から、魏晋代に集中し、古代の軍糧を貯蔵するところであると論じた（王国維『観堂別集・附補遺後編』出版所不明、一九二七年＊）。基本的な知見は王国維の時点で確立しており、中国の学問の厚みを感じる。

しかしながら、邪馬台国に関する現在の研究のなかにも「立派な居館」などとしている場合があり、このような研究の蓄積が生かされているとはいいがたい。いっぽう、中国の考古資料で軍用倉庫である邸閣の遺構そのものが発見された例はないが、邸閣と関連する倉庫遺構や出土文字資料が知られている（門田誠一「邸閣の具体像」『魏志倭人伝と東アジア考古学』吉川弘文館、二〇二一年）。

なかでも重要な資料として三国時代の呉代の簡牘が発見があり、長沙・走馬楼呉簡と呼ばれている。そのなかに「邸閣左郎中」「邸閣郎中」のように、これを管理する官吏とみられている（伊藤敏雄「長沙呉簡中の邸閣・倉吏とその関係」『歴史研究』四九、二〇一二年）。

いっぽう、邸閣と関連する遺跡は知られていないが、漢代以降の大規模な倉庫跡は発見されており、たとえば天下の険として後世にも名高い函谷関に関連するとみられる倉庫跡は南北に長大な建物址（南北一七九メートル、東西幅三五メートル）で、基壇部分は版築で固められ、床面には多くの（南北一三列、東西一〇二列）礎石が検出された。多数の瓦磚が出土しており、そのなかには瓦范に陽刻で「関」字を記した軒丸瓦と「永始二年造」（紀元前一五）銘空心磚が出土していることから、『漢書』などにみえる前漢代の函谷関に関連する倉庫と推定されている（洛陽市第二文物工作隊「黄河小浪底塩東村漢函谷関倉庫建築遺址発掘簡報告」『文物』二〇〇〇年第一〇期＊・図11－3）。

軍用の倉庫に類似する施設として、前漢代の長安城の武器庫が発掘されている。この武器庫は前二〇〇年に修建されており、長方形で広大（東西七一〇メートル、南北三二二メートル、周長約二四〇〇メートル）な敷地に七基の建物址がみつかっている。そのうち最大の建物址（七号武庫址・長二三一メートル、幅四五・七メートル）は礎石が発見されており、内部が四つの区画から構成されている。これらの遺構からは銅・鉄製武器などが出土しており、武器庫であることの証左となっている（中国社会科学院考古研究所編『漢長安城武庫』文物出版社、二〇〇五年＊・図11－1、2）。

また、漢代の大型倉庫として、陝西・華陽華倉遺跡は陝西省華陽県で発見された前漢代の国家的貯蔵施設である京

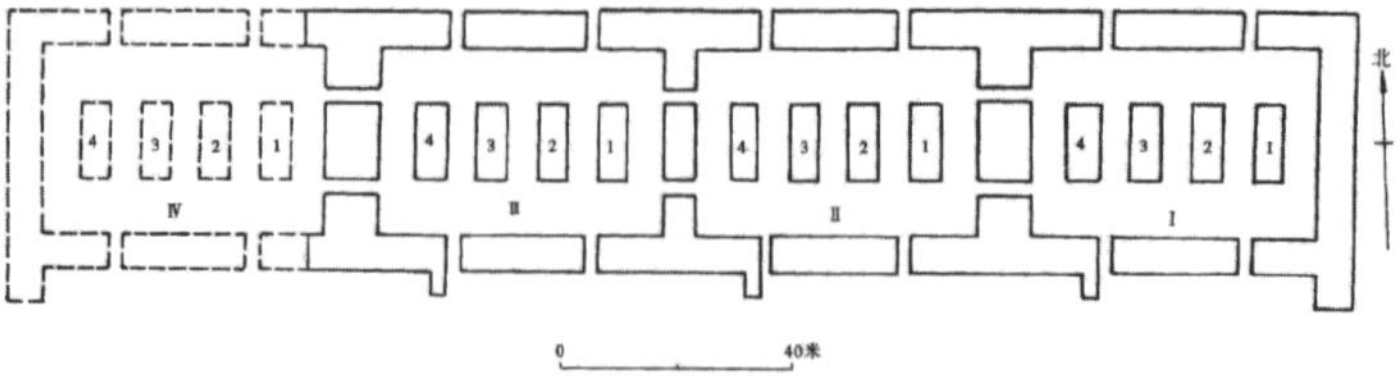

1

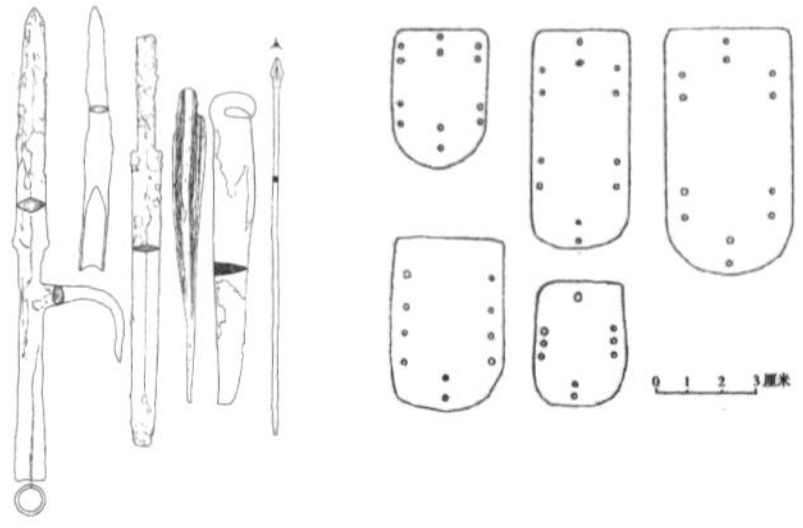

2

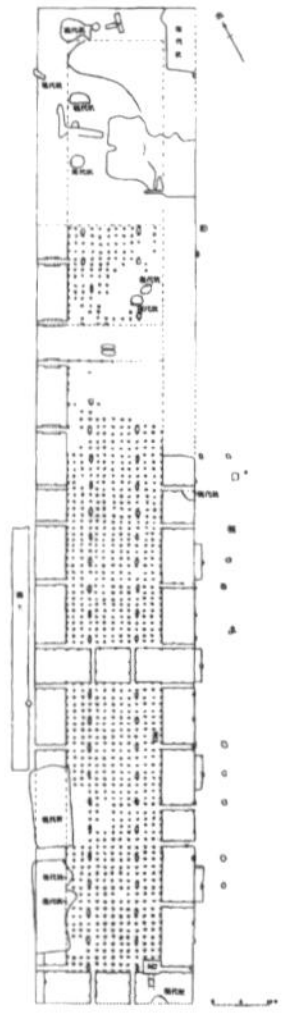

3

4

5

6

7

図 11

1：漢代長安城武庫址平面図（第七庫）、2：漢代長安城武庫址（第七庫）武器（左）と甲片（右）、3：漢代函谷関関連倉庫址、4：漢代京師倉の復元図、5：揚州・大母山城石築遺構、6：公山城木槨庫、7：扶蘇山城石築遺構

師倉とみられる遺構であり、渭河と黄河の合流地点近くの丘陵上に立地している。周囲には城壁が廻らされており、調査前に「華倉」「京師倉当」銘の軒丸瓦が採集されていた。発掘で検出された建物遺構のなかで残存状態のよい一号建物址は平面長方形（東西六二・三メートル、南北二五メートル）で、総面積は一五五七・五平方メートルで、遺構としては礎石・基壇・門などが検出された。銭貨などの出土遺物から新代末から後漢初め頃の年代が推定されている。一号倉に対しては復元案が示されており、それによると瓦葺で、寄棟形式の屋根は重檐式すなわち屋根の檐が二重になっており、北側に三箇所の階段がついていたと推定されている（陝西省考古研究所編『西漢京師倉』文物出版社、一九九〇年＊、図11－4）。邸閣とされる軍用倉庫そのものの遺構は発見されていないが、漢代の大型倉庫址から、構造や規模が推測される点は多い。ここまでみてきた文献・史料と考古資料から、軍用の倉庫とみられる邸閣が魏志倭人伝にみられることは、倭国にそのような施設があったことが、『三国志』編纂当時の認識であったことを示している。

継体紀の邸閣

こうした邸閣の意味を踏まえたうえで、継体紀の邸閣にもどると、「継体天皇（八年）三月、伴跛、城を子呑・帯沙に築き、烽候・邸閣を置いて日本に備えた」の後に「跛は城を子呑と帯沙に築いて、満奚と結び、烽候と邸閣を置いて、日本との戦いに備えた。また、城を爾列比・麻須比に築いて、麻且奚・推封に連ね、士卒・兵器を集めて新羅を攻め、子女を略奪し、村邑を侵略した」とあり、ここに記された事件は、継体紀七・八・九年条と、二十三年条に分けて記載されているが、これらは重複記事とみられている（笠井倭人「三国遺事百済王暦と日本書紀」『古代の日朝関係と日本書紀』吉川弘文館、二〇〇〇年など）。

いずれにしろ、邸閣の記事では「邸閣」は「烽候」とともにあげられ、原文では「置烽候邸閣、以備日本」とあり、『三国志』魏書張既伝には「置烽候、邸閣以備胡」とあることから、おそらくこのような史料を典拠として撰文されたと思われる。よって、この部分が必ずしも事実を伝えているとはいえないが、『日本書紀』編纂者が邸閣を正しく理解していた点は現代の考古学者が習わねばならないのに加え、山城には烽候と邸閣が必要という認識があったことがわかる。烽候は字義どおり、烽火つまり「のろし」をあげるための施設とみられ、「邸閣」は武器や軍事用物資などを納めた倉庫とみられる。両方ともに軍事拠点である山城には欠かせない施設である。このような邸閣の語が継体紀の記述のなかで、政治・外交上の最も大きな事件であるいわゆる「任那四県割譲」の記述のなかにみられる。任那とは朝鮮半島南部にあったとされる倭の出先機関と理解されてきたが、『日本書紀』にしか現れないことから、永くその存在が疑問視されており、考古資料からもその存在は確認されていない。

『日本書紀』には争いや闘いの記述が多いが、国単位での戦いや紛争に重要な役割を果たすのが古代山城である。文字通り山地や丘陵に作られた城であり、軍事施設として、朝鮮三国時代にはいたるところの丘や山地に万をこえる山城が作られた。日本でも、『日本書紀』には天智天皇二年（六六三）八月の白村江の戦いの敗戦をうけて、天智四年（六六五）八月に百済将軍の答㶱春初が長門に城を、憶礼福留・四比福夫らが筑紫に大野城・椽城を築城したとあることから、朝鮮式山城と呼ばれ、『日本書紀』に記載のない山城と区別されてきた。近年では、それらを包括して古代山城と呼ばれている。このような古代山城は『日本書紀』には高安城・茨城・常城・長門城・屋嶋城・大野城・基肄城（椽城）・鞠智城・金田城・三野城・稲積城などが現れているが、所在が不明なものもある。その後、奈良時代の城郭としては、『続日本紀』天平勝宝八歳（七五六）に吉備真備が担当して造営を開始し、佐伯今毛人に引き継がれ、十二年の歳月をかけ、神護景雲二年（七六八）に完成したと記される怡土城（福岡県糸島市）があり、先にあげた七世紀代を中心とした古代山城とは構造が異なるとされる。このような日本列島に築かれた古代の城郭跡のうち、七世紀頃までの類例に関して、その起源とされるのが古代の朝鮮半島で造営された山城である。

このように日本の古代山城の淵源である朝鮮古代の山城に関し、継体紀にみられるように『日本書紀』編纂段階において、朝鮮三国の山城の軍用倉庫と認識されていた邸閣について、近年の発掘調査によって山城内部の施設が明らかになり、実際に倉庫・貯蔵設備とみられる遺構が発見されており、それらについてふれたい。

『日本書紀』にみる朝鮮式山城

朝鮮三国時代の山城については『日本書紀』では継体紀以外にも具体的な記述がある。たとえば、欽明紀五年（五四四）三月の百済・聖明王からの上表文に「新羅は春に喙淳に侵攻し、わが（百済の）久礼山の戍を追い出して、ついに占拠した」という内容が記されている。さらに「安羅に近いところは安羅が農耕し、久礼山に近い土地は新羅が農耕し、それぞれが自らのところを耕し、互いに侵略することがなかった」とある。同じ詔の後段では、「新羅は毎年、多くの武器を集めて、安羅と荷山とを襲撃しようとしているときいた」と述べられている。

これらの内容からは、その前提として、山城には近辺に農耕地があり、これを耕作して、軍事的経営の基盤としており、その運営の具体相の一つとして当然ながら武器を集積していたことが知られる。

欽明紀五年十一月条には、聖明王の言として、「聞くところによると、新羅と安羅両国の境界に大きな川（洛東江）があり、要害の地であるという。私はここを拠点として六城を修築しようと思う。謹んで天皇の兵士三千人を請い、城ごとに五百を充て、我が百済の兵士をあわせて、（新羅に）耕作をさせなくして、困らせれば久礼山の五城は自ずから兵器を捨てて投降するだろう。卓淳の国もまた復興するだろう。要請した（倭の）兵士には、私が衣料や食糧を支給しよう。これが天皇に奏上しようとする策の第一である」とある。

ここで述べられている百済・聖明王の欽明天皇に対する卓淳国復興の献策のなかで、山城は河川交通を結節点とした要害に選地されることをはじめとして、山城ごとに配置される兵士が五百人であり、彼らはたんに戦闘を行うだけでなく、近隣の耕作地で農耕に従事することによって、生産活動に従事し、山城の経済的な面での運営を担っていたことが述べられている。また、これを妨害することによって、山城の運営は破綻し、兵士たちは投降すると述べており、朝鮮三国時代の山城が戦闘という機能だけでなく、むしろ生産活動や経済的基盤が最重要であり、存立の前提となっていることも知られる。

また、欽明紀十五年（五五四）冬十二月条の百済・聖明王から欽明天皇にあてた上表文には「十二月九日に新羅を攻め、まず、東方領・物部莫哥武《まがむ》連を遣わし、東方の兵を率いて、函山城を攻めた。有至《うち》臣が連れてきた筑紫物部莫委沙奇《まがわさか》はよく火箭を射た。天皇の威霊を蒙って、この月の九日の酉の時をもって、城を焼いて陥落させた」とあり、これを報告する旨が記されている。この記述からは、山城の主要な構築物が火箭すなわち火矢によって燃える材質と構造であったことが知られる。

この上表文に続いて百済王の奏上があり、「任那」救援のために軍兵一万を派遣することとともに、倭への貢物として「好（よ）き錦二疋、毾㲪《とうとう》一領、斧三百口、及び獲りたる城民男二女五を奉る」とあり、良質な織物とともに斧と城民が献じられている。ここにみえる斧は鉄素材としての意味もあると思われるが、山城を媒介とする戦闘に農耕が不可欠であるという文脈からすると、とくに送り手の側からは広義の戦略物資として位置づけた可能性がたかい。

前項の「邸閣」の語を含む内容を含めて、ここまで見てきた山城記事から、『日本書紀』の編纂時点で認識された山城の属性は次の点に整理できる。

①山城には烽をあげる施設と邸閣すなわち軍事用倉庫が存在した。
②山城には近傍に可耕地があり、構成員が耕作することによって、山城を経営している。
③山城の構成員は兵器をとることによって戦闘員となる。
④山城には兵器のほかに衣料・食糧などが必要であり、これ以外にも農耕に必要な農具などが保管されていた。
⑤山城の構成員は『日本書紀』編纂時点では数百人単位と認識されていた。
⑥山城の立地は河川などの交通の結節点の場合がある。
⑦山城の建築物は主として可燃性の材料で構築されている。

これらの『日本書紀』にみえる朝鮮三国時代の山城の構成要素のうち、立地などは山城の属性から首肯でき、遺跡の事例として確認されることが多い。また、山城に拠る人員数は考古学的方法では確定が困難である。そこで発掘調査によって明らかになるものとして、貯蔵施設やその出土遺物などをとりあげ、韓国での山城の発掘成果と対照してみたい。

朝鮮三国時代の山城の施設と機能

朝鮮半島では山城の築造が盛んで、多くの発掘調査の成果が蓄積しており、構造が明らかにされつつあり、機能の面でも解明が進んでいる。前項であげた『日本書紀』に記された朝鮮三国時代の山城の特徴に関連した遺構やその機能が推定される事例も増えている。山城にみられる貯蔵施設としては、木槨や石槨の倉庫とみられる施設が知られている。そのうち百済の山城で発見された貯蔵施設に関する研究では、板材や石で作られた貯蔵施設は形態と構造から土坑木槨庫と石槨庫に大別される。このうち、百済山城に設置された糧秣貯蔵施設が注目される端緒となった例として、大田・月坪山城竪穴木槨遺構では竪穴の内部に板材による一種の木室が構築された地下式の倉庫とみられ、その後、木槨の倉庫遺構は扶余・泗沘都城や公州・公山城でも発見されている（図11－6・韓国文化財庁報道資料「百済公山城地下から百済が目覚める」二〇一四年九月二三日付＊）。公山城木槨倉庫遺構からは瓦・桃やユウガオの種・重さを測る石製の錘や漆器、木槌などの工具などが出土した。

この種の遺構は土坑木槨庫として類別され、地山を掘削し、木材で地下に構築されており、板材を用いた竪穴式と柱によって支持する架構式があるが、用途としては食糧の貯蔵が想定されている。このような土坑木槨庫が発見されるのは土城や関堡遺跡に限られ、集落遺跡や生産遺跡などでは確認されない。時期としては三世紀後半から四世紀初頭に風納土城で出現し、扶余・官北里遺跡でも検出されていることから、百済滅亡時まで継続的に使用されたとされている。石槨庫は地山を方形に掘削し、壁面と底面に石を積んだ構造で、現状では扶余・官北里遺跡のみで確認されている。石槨庫の用途は食糧の貯蔵に限定されるとみられている。扶余に都をおいた百済後期を中心とした時期に使用されたと推定されている。以上のように百済山城などで発見される土坑木槨庫・石槨庫などの遺構は用途としては貯蔵施設であり、出土遺物から対象物は食糧を主体とし、その他にも武器や農耕具などの保管が想定されている。

使用された時期は三世紀後半から七世紀にいたるとみられる。地域的には漢城期（百済前期）の高句麗との境界地域と内陸部に分布し、前者は対高句麗の前線にあって、物資を貯蔵・保管したと推定され、後者の山城は後背地域となった平野地帯の陸上・河川の交通路を守る属性をもつと推定されている（朴鎔祥「百済城郭内貯蔵施設研究」『文化史学』四六、二〇一六年＊）。

いっぽう、山城では石築構造の壁によって構成された施設（楊州・大母山城、図11－5・韓国国立文化財研究所ほか編『楊州大母山城発掘報告書』一九九〇年＊）、燕岐・雲住山城、安山・鶴城山城、洪城・石城山城、公州・公山城、扶余・扶蘇山城（図11－7・国立文化財研究所編『扶蘇山城発掘調査報告書』一九九六年＊）、光陽・馬老山城、全州・東固山城、光州・武珍古城など）が発見されている。これらの遺構の共通する特徴としては、石築構造であること以外にオンドルなどの暖房施設がみられず、一部の山城では多量の穀物が出土している点などから、居住空間ではなく、穀物を貯蔵した倉庫であり、所属時期は出土遺物から統一新羅時代とみられ、これらの石築建物がある山城は郡県城に比定されるものが多く、郡県の租税米とを保管した倉庫とみられている（徐程錫「山城で発見された石壁建物の性格に対する試考」『百済文化』四二、二〇一〇年＊）。石築建物の社会的属性については検討が重ねられるにしろ、これらの知見によって山城の付属機能として穀物を含む物資の保管が具体的に考えられるようになった。

地上の構造物のほかに、高句麗の山城にみられる同様の貯蔵遺構として、桓仁・五女山城では四世紀末から五世紀末頃とみられる窖蔵（貯蔵のための穴）が発見されており、内部から鉄釜、鉄斧・鉄鎌などの農工具類、鉄鏃（一九一点）、轡・鐙などの馬具などの多種の鉄器が出土しており、高句麗の盛期における鉄器保管施設と推定されている。

こうした朝鮮三国時代の山城の発掘成果と比較・対照すると、『日本書紀』にみえる朝鮮三国時代の山城について、貯蔵施設と貯蔵物資などの点では、おおむね実態に基づいた記述がなされていることがわかる。もちろん、山城が現れる記事内容全体の信憑性とは別であるが、『日本書紀』が編纂された八世紀初め頃には、邸閣のような中国の史書・文献にみられる語句が正しく用いられており、また、朝鮮三国時代の山城に関する正確な知見や認識の一端がみられる。これは遺跡や遺構などの考古資料による史料批判による『日本書紀』の新たな視点からの検討の方法を示している。七世紀代を中心に築造された日本の古代山城の淵源とみられる朝鮮古代山城に対する認識が、八世紀初頭の『日本書紀』編纂時点でみられることは、古代山城研究において重要な視点を提示する。また、山城としての構造は異なるにしろ、奈良時代に築造された怡土城などの築造に関わる認識としても注視されよう。

第五節　人と物の関係と地域相

百済貴族の名と木簡

『日本書紀』では欽明朝以降に朝鮮半島から移入した人や集団に関する記述は多いが、そのなかで僧俗にわたるなど人数が多い事例や人名・官位等が知られる主な事例をあげてみると、天智紀四年（六六五）春二月是月条には百済の民・男女四百人あまりを、近江国の神崎郡に住まわせた、とある。天智紀五年（六六六）是冬条には二千余人もの百済の男女が東国に移配され、朱鳥元年（六八六）閏十二月条には筑紫大宰が高句麗、百済、新羅の三国の百姓男女僧尼六二人を献じた、とある。朝鮮半島の人々を東国に移す記事も散見され、たとえば天武紀十三年（六八四）五月辛亥朔甲子（十四日）条には百済の僧尼・俗人二男女二十三人を武蔵国に安置したとする。また、朱鳥元年三月乙丑朔己卯（十五日）条には自ら日本に帰化してきた高麗人五十六人を、常陸国に住まわせ、田や食糧を賜わって、生活が出来るようにしたとある。同様に夏四月甲午朔癸卯（十日）条には大宰府が献じた新羅の僧尼・男女二十二人に田や食糧を賜わって生業をできるようにし、さらに同四年紀二月壬申（二十五日）条には新羅人の韓奈末許満（こま）ら十二人を武蔵国に住まわせた、とあり、この「韓奈末」は新羅の官位とみられる。

奈良時代に入っても、朝鮮半島の人士の記事は多いが、大規模な移住などの事例をあげると、霊亀元年（七一五）、尾張国の人である席田君《むしろたのきみ》迩近《にこん》と新羅の人七十四家とを美濃国に移し、席田郡が建てられた（『続日本紀』霊亀元年七月丙午）。また、六六三年の高句麗の滅亡にあたって王族が移住していたが、霊亀二年には、駿河・甲斐・相模・上総・下総・常陸・下野の七国に住む高句麗人一七九九人を武蔵国に移住させて、新たな郡がつくられた（『続日本紀』霊亀二年五月辛卯）。奈良時代の後半にいたっても、天平宝字二年（七五八）には新たに渡来した新羅の僧尼三十四人・男女四十人が武蔵国の閑地に移されて、新羅郡が建てられた（『続日本紀』天平宝字二年八月癸亥）。天平宝字五年（七六一）には恵美押勝が新羅征討計画をおこした際の通訳とするために、美濃と武蔵の少年各二十人に新羅語を習わせており（『続日本紀』天平宝字五年正月乙未）、背景として、東国を中心とした新羅人の集住がある。また、新羅の人たちが移住後のこととして、天平五年（七三三）に武蔵国埼玉郡の新羅人徳師ら男女五十三人の請いによって金姓が与えられたという記事もみられる（『続日本紀』天平五年六月丁酉）。

このように史料には朝鮮半島からの渡来や移住が多くみられるが、考古資料によって朝鮮半島からの集団や人の渡来を知るうえで直接的な根拠となるのは朝鮮半島由来の人名の記された遺物である。ただし、実際にはこの種の遺物は出土事例がまれである。そのなかで、百済の氏族の名が記された木簡が平城宮で出土していることはあまり取り上げられることがない。一九九七年に平城宮の東一坊大路西側溝（SD四九五一）で出土した木簡の一枚には片面に「一千文天平宝字六年十月」、別の面には「貫民領木刕進徳」と記されていた（図12－1・奈良国立文化財研究所編『発掘調査出土木簡概報：平城宮発掘調査出土木簡概報三四』一九九八年）。「天平宝字六年」は奈良時代の七六二年であり、報文では民領の木刕進徳が一千文を「貫」した付札であり、「貫」は一千文を単位として、銭の孔に紐をとおしてまとめた緡銭《さしぜに》の可能性が指摘されている。「民領」は他の木簡などの事例から業務責任者かとされ、「木刕」は大化前代にみえる百済系氏族であるが、奈良時代の事例は珍しい。同様の文言の木簡は平城宮で出土しており、これらは銭の付札、つまり銭の授受に際して記されたとする推測がある。（山下信一郎「一九九七年出土の木簡　奈良・平城宮」『木簡研究』二〇、一九九八年）。

この木簡に記された「木刕」は『日本書紀』にみえ、たとえば、継体紀十五年（五二一）夏五月条に百済は前部木

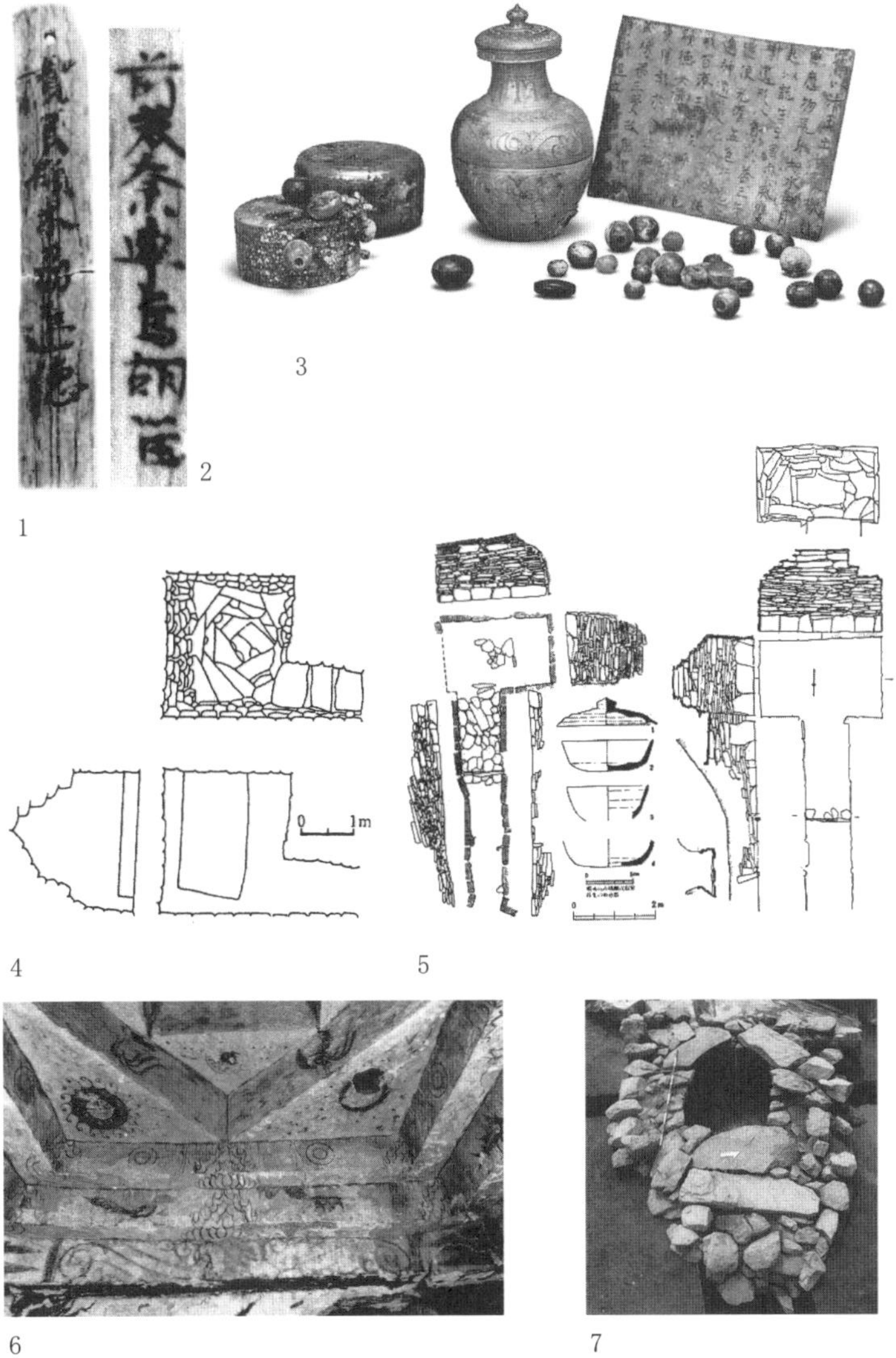

図12

1：「木刕進徳」木簡、2：伏岩里木簡「奈率」を含む部分、3：益山・弥勒寺西塔舎利孔出土遺物（右奥が舎利奉迎記）、4：通川・旧邑里オウンゴル7号墳、5：蝦夷穴古墳石室 雌穴（左）雄穴（右）、6：天井部隅三角持ち送り技法（安岳1号墳）、7：龍仁・宝亭洞古墳石室（901-3番地1号墳）

刕不麻甲背を遣わして、物部連らを任那の己汶に迎えて、労をねぎらい、国に導いて入った、という内容がある。また、欽明紀二年秋七月条には、安羅の日本府と新羅とが計を通じたと聞いた百済によって、前部奈率鼻利莫古・奈率宣文・中部奈率木刕眯淳・紀臣奈率彌麻沙等弥麻沙らが安羅へ遣わされ、安羅に新羅任那の執事を召させ任那を建てるよう謀らせた、とある。同じく十二月条には任那復興に関する欽明天皇の詔勅に対し、聖明王が対応を図った臣下のなかに上佐平沙宅己婁、下佐平木尹貴、徳率鼻利莫古、徳率東城道天、徳率国酷多、奈率燕比善那とともに中佐平木刕麻那と徳率木刕眯淳がみえている。欽明紀十三年（五五二）五月戊辰朔乙亥（八日）条には百済・加羅・安羅は、中部徳率木刕今敦、河内部阿斯比多を遣わして奏上したとある。

このように「木刕」は『日本書紀』に散見される百済の氏族の名であり、前部や中部は五部と呼ばれる百済王都の軍政に関係する区画であった。奈率は百済の官位で出土文字資料としては「中卩（部）奈率得進□」（扶余・旧衙里九〇号木簡）、「奈率加姐白加之［　］□□淨」（扶余・陵山里寺址二九八号木簡）、「尤戸智次□□前巷奈率烏胡留夜之間徒□□」（羅州・伏岩里遺跡四〇五号木簡・七世紀・図12－2・韓国出土資料データベース）などのように官位と人名を記した六・七世紀代の木簡も発見されている（尹在碩ほか編『韓国木簡総覧』周留城出版社、二〇二二年＊）。紀臣奈率彌麻沙は紀臣という倭の氏族名と姓をもちながら、奈率という百済の官位をもつ人々がおり、倭系百済官僚と呼ばれている。上述の記事では倭系百済官僚とともに百済と倭の間の軍事や政治に関わった百済の豪族として木刕を名のる人物が記されている。

朝鮮半島由来の渡来系氏族との関係では、応神紀二十五年の記事にみえる百済人の木（劦）満致と蘇我満智が同一人物であるとする見方が早くに示された（門脇禎二「蘇我氏の出自について―百済の木刕満致と蘇我満智」『日本のなかの朝鮮文化』一二、一九七一年）。人名の類似を主な根拠とする説であり、現在ではこの説は積極的に肯定されてはいないが、蘇我氏の系譜を考えるうえで、研究の刺激となったことは間違いない。その後、蘇我氏の具体像について、勢力基盤や生産関係の淵源などの考古学の知見から論じられている（坂靖『蘇我氏の古代学―飛鳥の渡来人』新泉社、二〇一八年）。

蘇我氏が百済から渡来した人々で構成されているかについて、今後、蘇我氏の推定根拠地自体から百済系の遺物が多数出土するなどの直接的な資料がもとめられるであろう。蘇我氏の出自に関する議論もさることながら、そこでとりあげられた百済の氏族の末裔が奈良時代の都である平城京から出土していることはあまり注目されていない。この木簡によって、百済から渡来した木劦進徳の平城京での生活があとづけられた。

出土文字資料にみる百済貴族

『日本書紀』のとくに欽明天皇条以降には百済貴族の名が散見されるが、とくに百済・倭と唐・新羅とが戦った斉明六年（六六〇）の白村江（白江）の戦いで百済が滅亡して以後は、倭に亡命した多くの百済人が現れる。そのなかには、余自信（佐平、百済の官位、以下も同じ）・沙宅紹明（佐平）、鬼室集斯（達率）、谷那晋首（達率）・木素貴子（達率）・憶禮福留（達率）・答炑春初（達率）などがあり、倭の官位が与えられており、白村江の戦いの後に倭に亡命した百済貴族である。

そのうち考古資料との関係では、沙宅氏は益山・弥勒寺西塔址（全羅北道益山市）から出土した舎利埋納に関わる遺物である金製舎利奉迎記がある（図12－3・韓国国立文化財研究所編『益山弥勒寺石塔舎利荘厳』二〇一四年＊、図34－6参照）。その銘文の前半には釈迦の出世と入滅、仏舎利の奇瑞の記述があり、後半では百済王后である沙乇（宅）積徳の娘が伽藍を造立し、己亥年（六三九）正月廿九日に舎利を奉迎し、大王陛下の年寿が久しく、仏法が弘通し、衆生を教化することと、王后の身体が不滅であり、永く子孫に福利があり、衆生とともに仏道を成さんことを願うという内容が記されている。この銘文によって百済王と王后の身体の不滅と家系の福徳および仏道の成就を願目として舎利の供養と塔の建立を行い、己亥年に舎利を安置して王室の無事安寧を祈願したことが知られた。ここでは武王の王后が佐平の沙乇（宅）積徳の女（娘）と知記されており、百済王と姻戚関係を結んでいたことがわかった（門田誠一「百済弥勒寺舎利奉迎記にみる仏教信仰の系譜―語句・文意と考古学的知見の検討―」『東アジア古代金石文研究』法蔵館、二〇一六年）。

百済から亡命した人々はさまざまな学問や技術に長じており、その一部の例をあげても、沙宅紹明（学問）、鬼室集斯（学問）、木素貴子（兵法）、谷那晋首（兵法）、憶礼福留（兵法）、答炑春（兵法）、許率母（五経）、角福牟（陰陽）など多岐にわたるとされている（加藤謙吉『渡来系氏族の謎』祥伝社、二〇一七年）。

このような百済からの亡命人は、たとえば鬼室集斯は『日本書紀』には天智天皇四年（六六五）に小錦下の位に叙せられ、天智天皇八年（六六九）には佐平余自信など男女七百余人とともに近江国蒲生郡に遷されたとあり、在地化がみられる。その後、八世紀以降には、日本風の姓をもつ氏族となっていくが、なかには百済王族の系譜を引き、大仏の鍍金に使われた陸奥国の金を進上した百済王敬福（六九八～七六六）や高句麗系では本姓が背奈氏の高麗福信（七〇九～七八九）のように出自を姓とする場合もみられる。このような歴史的な経緯のなかで、さきにふれた平城宮出土の「木劦進徳」は百済貴族の名が奈良時代まで残った例として、百済からの亡命者たちの軌跡の一端を示す貴重な文字史料である。

能登臣馬身龍と北方地域との交渉

ここまで日本列島と朝鮮半島の間の交渉や交流について述べてきたが、『日本書紀』には日本列島の北方地域との交渉を示す記事もある。その一つは歴史の教科書にも載っている阿倍比羅夫による三次の北方遠征の記事である。そのうち斉明紀六年（六六〇）三月条に阿倍比羅夫のことと思われる「阿倍臣」は「船師二百艘」を率いて「粛慎」を伐った、とあるのに続いて次のような顛末が記されている。陸奥の蝦夷を乗せ、大きな川（石狩川、あるいは津軽半島の十三湊あたりか）まで来た阿倍臣の軍は渡嶋の千人あまりの蝦夷に請われて、二十艘あまりの船団からなる粛慎たちとの接触を試みたが、うまく行かなかった。そこで、綵帛（織物）・兵・鉄を海のほとりに積んで、様子をうかがったが、これも失敗した。その後、粛慎たちは和睦を申し出てきたが、交渉は決裂し、自分たちの柵（城柵）に拠って阿倍臣たちと戦闘した。この時の戦いで能登臣馬身龍が戦死した。その後、粛慎は敗れ、自分たちの妻子を殺した、とある。

能登臣という氏からは能登半島を勢力としたことが知られ、阿倍比羅夫の水軍が、このような北陸地方の在地の兵を含む構成であったことが推定される。この記事は粛慎との交戦というより、馬身龍の戦死した箇所のほかに、明らかな戦闘の記述はみられないことから、むしろ、日本側の鉄器・繊維製品と、粛慎に産する島の羽や皮革などの交易が本来の目的とする見方もある（新野直吉『古代日本と北の海みち』吉川弘文館、二〇一六年）。

能登地域は古墳の稠密地帯であり、加賀・能登で最大の前方後方墳である雨の宮一号墳（全長六四メートル）をはじめとし、前方後円墳を含む雨の宮古墳群（石川県中能登町・四世紀中頃～五世紀初め頃）などの有力集団の古墳が知られるが、能登馬身龍の記事と同時期には七尾湾に浮かぶ能登島に須曽・蝦夷穴古墳（石川県七尾市・位置は図15－1参照）が造営される（図12－5・能登島町史専門委員会編『能登島町史 通史編』一九八五年）。この古墳の横穴式石室は隅部を重ねて積む特殊な技法で知られ、高句麗に特徴的な石室構築技術とされる。これには異論もあり、下からみると三角形にみえる部材で天井を高く組み上げていく高句麗古墳特有の石室構築技術（隅三角持ち送り技法、図12－6・韓国文化財庁ほか編『世界文化遺産　高句麗古墳壁画』二〇〇五年＊）の典型的な例と蝦夷穴古墳の石室は異なるようにみえる。いっぽう、このような高句麗の石室構築技術を用いたとみられる古墳は、日本海を超えた朝鮮半島にも存在し、韓国中北部の城南・板橋洞古墳（四世紀後半～五世紀後半・京畿道城南市）や龍仁・宝亭洞古墳群（京畿道龍仁市・六世紀後半、図12－7・韓国文化遺産研究院編『龍仁宝亭洞古墳群発掘成果学術研究領域結果報告書』龍仁市、二〇二一年＊）、春川・芳洞里古墳（江原道春川市・六世紀中葉）、驪州・甫通里石室墳（京畿道驪州市・六世紀中葉）などのほかに東海岸地域北部の通川・旧邑里オウンゴル古墳（六世紀後半～七世紀・図12－4・リャン・イクリョン「通川郡旧邑里オウンゴル新羅墓について」『文化遺産』一九六四年第四期＊）などがあり、多様な地域的変容の様相を示し、東海岸地域のほか、とくに漢江・臨津江流域を中心として分布するとみられている（白種伍「南韓内高句麗古墳の検討」『高句麗渤海研究』三五、二〇〇九年＊）。『三国史記』や金石文（丹陽赤城碑）などによると、高句麗は四世紀後半には南下して百済の王都であった漢城地域に勢力を伸ばしたが、中部・東部は六世紀半ば頃に新羅が奪回したとされる。高句麗の造営技術を用いた古墳はこのような政治的・軍事的動向と関連するものとみられている（崔鍾沢「南韓地域高句麗古墳の構造特徴と歴史的意味」『韓国考古学報』八一、二〇一一年＊）。

須曽・蝦夷穴古墳の石室の形態や構築技法から、直接的に高句麗王都周辺などの石室構築技法が移入されたとみるよりは、高句麗の影響を受けた漢江・臨津江流域や東海岸地域などの地域的変容を介した高句麗系古墳の構築技術が移入された可能性が考えられる（門田誠一「朝鮮半島系考古資料からみた西部日本海地域の諸相」『古代東アジア地域相の考古学的研究』学生社、二〇〇六年）。

蝦夷穴古墳は、能登臣馬身龍の墓という説もあるが、朝鮮半島との関係が想定される石室天井構造や枘穴鉄斧、銀象嵌大刀などの優秀な副葬品がしられ、この墓の主が能登において地域間の交渉に関わっていたことを示しており、被葬者の比定そのものよりも、日本海を交通と交渉の結節点とした地域性を反映している点が重要といえよう。

第二章　生業と社会の様相

第一節　住居の文化とその広がり

壁づくりの家

縄文時代以来の竪穴式住居は、その後も長く利用され、一部の地域では平安時代までみられる。そのほかにも地面に穴を掘り、柱を立てた掘立柱建物もみられるが、古墳時代には、これらとは異なる構造の建物がみられ、大壁（造り）建物と呼ばれている。

この種の建物は、『日本書紀』に記された渡来系氏族が集住した地域などにみられることが指摘されている。そのうち、大和の檜前（奈良県明日香村大字檜前・栗原・御園その他）はその地名からも檜隈忌寸とも称される東漢（倭）氏の本拠地とされる。

東漢氏に関しては、応神紀二十年九月条に「倭漢直の祖の阿知使主、その子の都加使主が、おのれの党類十七県の人々を率いて来帰した」とあり、『古事記』応神天皇段では、「秦造の祖、漢直の祖」がその他の集団とともに渡来してきた、とあることなどから、渡来系氏族とされている。また、『続日本紀』光仁天皇の宝亀三年（七七二）四月庚午（二十日）条に「檜前忌寸を大和国高市郡司に任ずるもともとの理由は、阿智使主が応神天皇の御世に十七県の人夫を率いて、化に帰せり。詔して高市郡檜前村を賜いて居らしむ。凡《およ》そ高市郡内は、檜前忌寸及び十七県の人夫地に満ちて居す。他姓のものは十にして一、二なり。」とあることから、東漢氏は渡来人である阿智使主の子孫とされている。

近畿地方では檜前などの渡来人説話のある地域を中心にみられる大壁建物などと呼ばれる建物は、細部には小異があるが、基本的には周囲に溝を掘り廻らし、そこに木柱を立て並べ、土壁または板壁を構築するという構造である

（図13－1・高取町教育委員会編『高取の考古学Ⅲ　速報―高取の発掘調査最前線二〇一五』二〇一六年）。こうした構造の建物址は、古墳時代にみられ、それまでの建物構造とは異なる系統をもつとみられている。

このような「大壁建物」に対する研究の画期となったのは、百済第二の都である熊津（忠清南道公州市）の艇止山遺跡（忠清南道公州市）の調査であった。この遺跡は方角的に武寧王陵から出土した武寧王と王妃の買地券に記された申地・酉地の方向と一致するとされ、武寧王陵に合葬されるまでの二～三年の間、王妃の遺骸が安置されていた殯殿という説が出され、その根拠の一つが大壁建物である（韓国国立公州博物館編『百済の祭祀遺跡艇止山』一九九九年＊・図13－2、3）。建物の柱を支える礎石がないことなどから短期的に遺骸を安置し、殯に使われたとするのである。その他の根拠としては、柱穴などの施設のない竪穴遺構（六基）を氷の保管施設とみて、殯殿に安置された遺骸の保存に使われた氷を保管した場所とする説もあり、異論もあるが、特殊な構造の大壁建物の存在が論拠となっていることが注視される。

艇止山遺跡を含め、大壁建物は百済に特徴的な遺構であり、韓国の大壁建物では竈やオンドルなどがみられる事例や外郭に柵状の施設がみられる場合があることから、単一の機能ではなく、複数の用途が推定される（特集「三国時代の壁柱建物」『韓国考古学報』六〇、二〇〇六年＊）。

大壁建物（韓国では壁柱建物とも呼ばれる）は、百済で多く発見されており（二〇二〇年時点で五五例、そのうち百済王都であった熊津（忠清南道公州市）と泗沘（忠清南道扶余邑）で四七例）地域の大壁建物の研究では、礎石をもつようになり、最後は柱穴を埋め込んだ掘り込みがなくなり、礎石が地上に並び据えられる構造になるという見解がある（ソ・ヒョンジュ、イ・ソロン「熊津・泗沘期壁柱建物の変遷と分布」『湖南考古学報』六五、二〇二〇年＊・図13－4）。ただし、このような構造の建物址が大壁建物の系譜を引くものか、あるいは類似の構造の高句麗の建物址（集安・東台子遺跡など）からの影響で生じたものかは今後の研究に負うところが大きい。

日本の大壁建物は近年の詳細な研究により、特徴や研究上の課題が整理されている（青柳泰介「「大壁建物」研究の現状

1

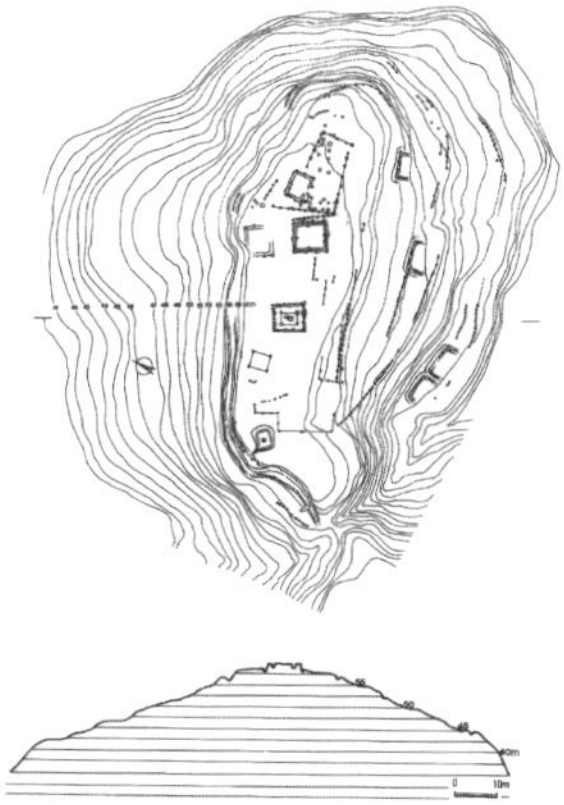

2

3

4

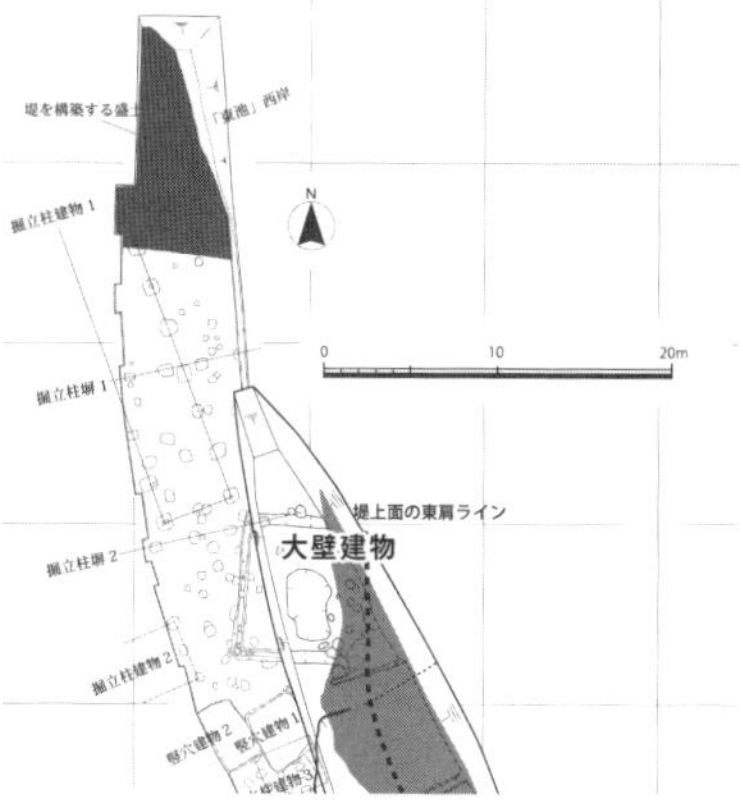

5

図 13

1：大壁建物の例（左）と復元図（右）（森ヲチヲサ遺跡・奈良県高取町・5 世紀
広範）、2：公州・艇止山遺跡、3：艇止山遺跡大壁建物（1 号）、4：扶余周辺の
大壁建物の分布（○で表記）、5：池之内遺跡の大壁建物と堤防

と課題および展望日本列島へ渡来した特異な建物の構造解明へ向けて」『由良大和古代文化研究協会研究紀要』二〇、二〇一六年）。それによると、大壁建物は二〇一五年の時点で日本・韓国で少なくとも九十遺跡、二百例をこえ、その淵源は朝鮮三国時代にあり、とくに百済地域を中心としている。五～七世紀頃にかけて西日本を中心に分布し、七世紀以降に東日本に波及する。大壁建物の平面形は長方形・正方形であり、壁材が出土することは稀であるが、屋根は草葺きと推定されている。また、オンドルなどの施設がある例は少ない。大壁建物は単独で存在する場合と他の建物址と混在する場合がある。大壁建物の系譜については、同じく大陸起源とされるオンドルとの関係から、中国東北部・沿海州などの北東アジアに求められる可能性が示された。住居施設としてのオンドル遺構の知見については後述する。

地域ごとの検討のなかで、奈良県では飛鳥地域や葛城地域などの史料上で渡来系の人々が住んだとされるところでの発見事例が多いとされる。そのうち葛城地域の南郷遺跡群では鍛冶作業にもともなう遺物が出土することから、上位層の職能民に関連する建物とする見方がある（坂靖・青柳泰介『葛城の王都：南郷遺跡群』新泉社、二〇一一年）。

大壁建物は集落遺跡から発見されることが多いが、特殊な例として、東池尻・池之内遺跡（奈良県桜井市・六世紀後半～七世紀）では、大規模（上部幅二二～三五メートル）な堤防遺構の上で発見されている。この堤防に伴う貯水池は履中紀二年十一月に築造されたと記される磐余池の可能性があるとされている（橿原市教育委員会編『平成二五（二〇一三）年度橿原市文化財調査年報』二〇一五年・図13－5）。磐余池は『万葉集』に、この池を詠んだ歌があり、とくに大津皇子が死を賜った時の「百伝《ももづた》ふ　磐余の池に　鳴く鴨を　今日のみ見てや　雲隠りなむ」という歌で知られる。磐余池の比定とは別に大壁建物は、池の築造で壊されたか、または池と関連する施設である可能性もあり、いずれにしても大壁建物の性格や遺跡における変遷を示す例であり、少なくとも通常の住居ではない遺構があったことが推定された。

以上のように大壁建物は朝鮮三国時代のなかでも、とくに百済の特色であることは認められている。これをもとに日本での分布や出土遺物に朝鮮半島系の土器などがみられることに注目し、百済からの移住民と関係する遺構であるとする見解もある（権五栄「壁柱建物に現れた百済系移住民の日本畿内地域定着」『韓国古代史研究』四九、二〇〇八年＊）。このように大壁建物は東アジアのなかで位置づけられており、それは古墳時代の研究を他地域と相対化することに結びついている。

『播磨国風土記』の「韓室」

大壁建物に関連して注目されるのは『播磨国風土記』の説話にみえる「韓室」の語である。この語は飾（餝）磨郡の里名の地名由来譚として「韓室の里というのは、韓室首宝らの先祖は、家が大変に富み、豊かであり、韓室をつくった」として現れる。

この「韓室」が何を指し示すかについては、朝鮮風住宅などの簡単な説明があるだけで（吉野裕訳『風土記』平凡社、二〇〇〇年、七九頁など）、これまであまり、ふれられることはなかったが、考古学的には縄文時代以来の竪穴式住居や穴を掘って柱を立てた造作の掘立柱建物とは基本的な構造が異なり、新たに導入された構造の建物であるとみられる。そもそも「韓室」の「室」の語は『万葉集』（以下の歌の大意は『日本古典文学大系』岩波書店によった）などにみえ、たとえば「新室の　壁草刈りにいましたまはね　草のごと　寄り合う娘子は　君がまにまに」（新築の家の壁草を刈りにおいでなさいませ。草のようにしなやかに寄りなびく少女は、あなたのお心のままです）（施頭歌　巻一一・二三五一）とあるように、「新室」などの場合は「壁草」を用いているとされることから、壁で塗こめた構造であり、これを新しく建てるということであるから、独立した建物であるとみてよかろう（若山滋『文学の中の都市と建築』丸善、一九九一年）。

こうした表現から考えても、『播磨風土記』に記された「韓室」は草を用いた壁で構成された独立の建物であり、またそれは在来の「室」とは異なり、「韓」すなわち朝鮮半島風の建物であると推定される。そして、このような土壁で塗り込められた大壁建物は構造的に窓のような開口部を設けにくく、人が住むには不適当であるため、物資を貯蔵する蔵のような建物ではないかという見方も可能である。もし、そのような推定が正鵠を得ているとすれば、それは「家が大変に富み、豊かである」から、「韓室」を造った、という『風土記』の説明と合致することになる。すなわち、大壁建物が朝鮮半島に由来する構造の建物であり、家が大変に富み、豊かであるために、蔵である韓室をつくった、と解される可能性を示した（門田誠一「『風土記』『万葉集』の生活と習俗」『文学のなかの考古学』思文閣出版、二〇〇八年）。

こうした解釈の当否そのものよりも、その後、韓国の大壁建物の事例が増え、多様な機能と用途が想定されるにいたっており、『風土記』の記述が東アジアの次元で検討できるようになったことが新たな展開といえよう。いっぽう、大壁建物の起源についてはまだわからない点が多いが、既述のように構造的には寒冷地域に適し、暖房施設であるオンドルとの関連があるとみられており、次にこれについてふれたい。

オンドルの起源と変容

竈についてはは祭祀との関連で改めてふれるが、『日本書紀』には存外に取り上げられることが少なく、むしろ、『古事記』にみられる仁徳天皇が竈の煙の少なさによって、民の貧窮を知り、租税を免じた、という仁政の説話が知られる。『日本書紀』では煮炊きに関わる施設としての竈も現れ、それらを含めて後述する。

大壁建物の起源との関連でふれた竈と関連した施設として、注目されるのはオンドル状施設などと呼ばれる遺構である。オンドルは床下に燃焼の熱気を通して床を温める施設であるが、現在は温水や電気などを用いている。ただし、考古学でオンドルという場合は、床下だけでなく、壁面に煙や熱気を通す遺構も含めている。類似した暖房施設として住宅全体ではなく、一部を温めて、その上に布団を敷いたりして休む場合、中国では炕といわれるが、火炕として、オンドル状の施設を含む場合もある。

日本列島でオンドル状遺構とされるのは竈の熱や煙を壁際に通す施設である場合が多く、形態の特徴から煙道のある竈とかL字形（状）竈と呼ばれることもある。この種の遺構は古墳時代にみられ、大壁建物と同じく渡来系集団との関係が考えられることが多い。その典型として、穴太遺跡（滋賀県大津市・六世紀末〜七世紀初め・図14－1）の例が知られ、東アジアの類似遺構との比較検討がなされてきた（上垣幸徳・松室孝樹「石組みの煙道をもつカマド―古代の暖房施設試論」『滋賀県文化財保護協会紀要』九、一九九六年）。形状的に類似した例として、時期的にはさかのぼるが、紀元前一世紀から紀元一世紀頃とされる華城・発安里遺跡一七号住居址（京畿道華城市ほか編『華城発安里集落遺跡　本文1』二〇〇七年＊・図14－2）がある。また、漢江流域の高句麗堡塁（五世紀後半～六世紀中葉）である峨嵯山（阿且山）などで屈曲したオンドル遺構が知られている（図14－3・ソウル大学校博物館ほか編『峨嵯山第4堡塁─発掘調査総合報告書』二〇〇〇年＊）。朝鮮半島を含めたユーラシア東部地域のオンドル遺構は夫余や沃沮などの東北アジアの集団と関連から研究されており、中国東北部や沿海州などの東北アジア地域では遅くとも紀元前一世紀頃にはみられ、現状では起源地域とみられている（宮本一夫「考古学からみた夫余と沃沮」『国立歴史民俗博物館研究報告』一五一、二〇〇九年）。

オンドルの起源に関して、東北アジアの北緯四〇度以上の高緯度地域で紀元前三～二世紀にはみられるが、近年では紀元前八〇〇〇年頃までさかのぼるとする見解もある。たとえば、新石器時代でも最古に位置づけられる内蒙古・興隆溝遺跡（内蒙古自治区赤峰市敖漢旗ほか「内蒙古敖漢旗興隆溝遺址第三地点夏家店下層文化聚落」『考古』二〇〇二年第一期＊・図14－4、5）にみられるように北方地域で原初的なオンドルが存在したとみて、その後、煙道が鍵形に曲がったオンドルへの発展を想定する説がある（オ・スンファン「温突起源地研究」『中央考古研究』三四、二〇二一年＊）。中国では、オンドルなどの施設を火炕と呼ぶことが多いが、その淵源を興隆溝遺跡などの新石器時代に求め、住居暖房として戦国時代から漢代頃とする見方がある（周崇・雲張彤「考古学視角下火炕相関問題研究」『東北農業大学学報（社会科学版）』一五－五、二〇一七年）オンドルの定義や形状の分類には異見もあり、また、新石器時代から漢代にいたる系譜には未詳の部分もあるが、新たな知見による検討が行われている。

朝鮮半島で展開したオンドルは古墳時代には日本列島にも移入され、その系譜から大壁建物と同様に渡来系の集団の遺した遺構と考えられている。いっぽう、大壁建物でオンドルを備えた遺構はそれほど多くないことは、必ずしも人間の常住に適した施設ではない場合もあったとみられる。その場合は倉庫などの暖房施設の必要のない機能をもつ建物であった可能性がある。

1

2

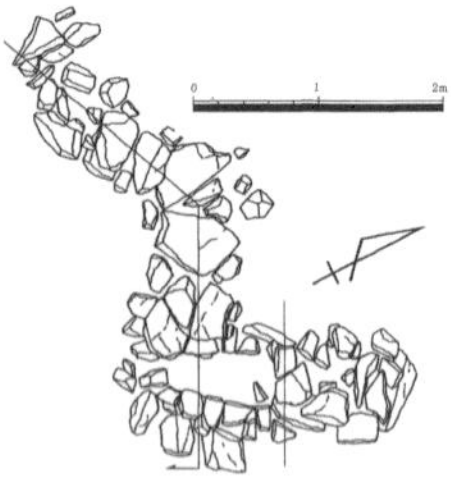

3

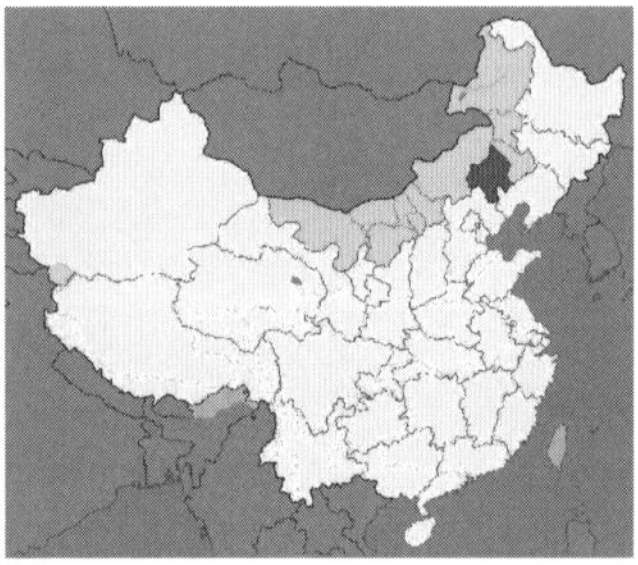

4

5

6

7

図14

1：穴太遺跡オンドル状遺構（移築・復原後）、2：華城・発安里遺跡オンドル状遺構、3：阿且山第4堡塁第3号オンドル、4：興隆溝遺跡のある赤峰市の位置（濃色で示した箇所）、5：興隆溝遺跡住居址のオンドル状遺構（3地点1号住居址）、6：額見町遺跡オンドル状遺構（13号住居跡・飛鳥時代前半）、7：額見町遺跡のカマド（10号住居跡・飛鳥時代後半）

いっぽう、オンドル遺構の時期的な変遷がわかる額見町遺跡（石川県小松市）では六・七世紀頃のオンドル遺構は壁沿いに伸びていた煙道が短くなり（図14－6、7）、障壁を設けて、火熱の通りを抑える構造に変化していくとみられている。これは寒冷な地域に適応しているオンドル遺構が徐々に風土に適合していく過程を示すものとされる（小松市教育委員会編『額見町遺跡（額見町遺跡A地区）』一九九八年、『額見町遺跡（額見町遺跡B地区）』一九九九年、『額見町遺跡（額見町遺跡C・D地区）』二〇〇三年など）。

オンドルと呼ばれる遺構について、研究の一端を瞥見したが、日本では『日本書紀』にみえる渡来人の確実な考古学的痕跡として研究の進む大壁建物とそれに関連するとみられるオンドル遺構は東北アジア全体に関わる社会と生活文化史の課題である。

第二節　新羅の匠と新羅斧

万葉歌と新羅斧

応神紀三十一年秋八月条には、武庫水門に宿った新羅の使の失火によって多くの船が焼けたことを聞いた新羅の王が、驚き恐れて「能《よ》き匠者《たくみ》」を貢上し、これが猪名部の祖であるという記事がある。この猪名部については、猪名川（兵庫県）の下流域に居住させられたため、猪名部と名づけられものとみられている。この説話の背景の一つとして、新羅には優れた木工技術をもつ技術者集団が存在したことがあげられる。

このような新羅の職能技術と道具の点で関連するのは『万葉集』の次の歌である。

梯立《はしだて》の　熊来《くまき》のやらに新羅斧　おとし入れ　わし　かけてかけて　な泣かしそね　浮き出づるやと見む　わし

（十六巻・三八七八）

この歌の左注には「右の歌一首は、伝へて云はく、ある愚人、斧、海の底に堕ちて、鉄の沈みて水に浮く理なきことを解らず。いささかにこの歌を作り、口吟びて喩すことを為しき」、とあり、ある愚かな人が斧を海に落としたが、鉄が水に沈んでしまえばもう浮かび上がることはないという道理を知らなかったため、即興でこの歌を作り、口ずさんで教えさとした、という説明がある。

古代の地方の言葉を取り入れた土俗的な歌とされ、大意は「熊来の沼に新羅の斧を落してしまいどうしよう。泣きなさんな　浮いて来るかと見てみよう」というもので、「梯立」は枕詞で、熊木は能登地方の地名とされ、最後の「わし」は地方言葉で、掛け声のようなものとみられている。

この「新羅斧」については、鉄製農工具のなかでも、朝鮮三国時代から統一新羅時代の古墳や遺跡で出土する柄穴鉄斧とみる説がある（東潮「東アジアにおける鉄斧の系譜」『古代東アジアの鉄と倭』渓水社、一九九九年、伊藤雅文「新羅斧考」『古墳時代の王権と地域社会』学生社、二〇〇八年・図15－2）。この種の鉄斧は別の項（第一章第五節「人と物の関係と地域相」）でもふれた能登の須曽・蝦夷穴古墳（石川県七尾市・七世紀中葉・図15－1）でも出土（雌穴石室攪乱土から）しており、地域的にもこの歌との関連が想定される。これまでの研究において、造船に関わる技術者である新羅の匠を祖とする猪名部と関連する木工の韋那部真根が用いた斧との関連が説かれている。すなわち、雄略紀十二年秋九月条の説話では、どのような時にも斧をふるう手元がくるわないと誇るのに対し、雄略天皇が女官たちに裸相撲をとらせたところ、手元をくるわせ、死罪をいいわたされたが、処刑直前にゆるされた、とある。ここにみえる終日木を削っても刃を損ねないとされた斧が新羅斧にあたるとみられている。

古代の鉄斧の一般的な形態はソケットのような受け口部分を作って、そこに柄を挿入するものが多く、その他には板状鉄板を柄に挿入するものなどがあるが、柄穴鉄斧は斧の身自体に孔があり、柄を挿入する特徴的な形状である。

柄穴鉄斧は、もともと中国古代に発達した利器であり、東北地域の鮮卑の三燕文化（四～五世紀頃）の遺跡でも出土する（遼寧省北票喇嘛洞遺跡・図15－3・遼寧省文物考古研究所ほか「遼寧北票喇嘛洞墓地一九九八年発掘報告」『考古学報』二〇〇四年第二期＊）。周辺地域では朝鮮三国時代の墳墓で出土することが知られており、古墳時代には数例が知られる程度で

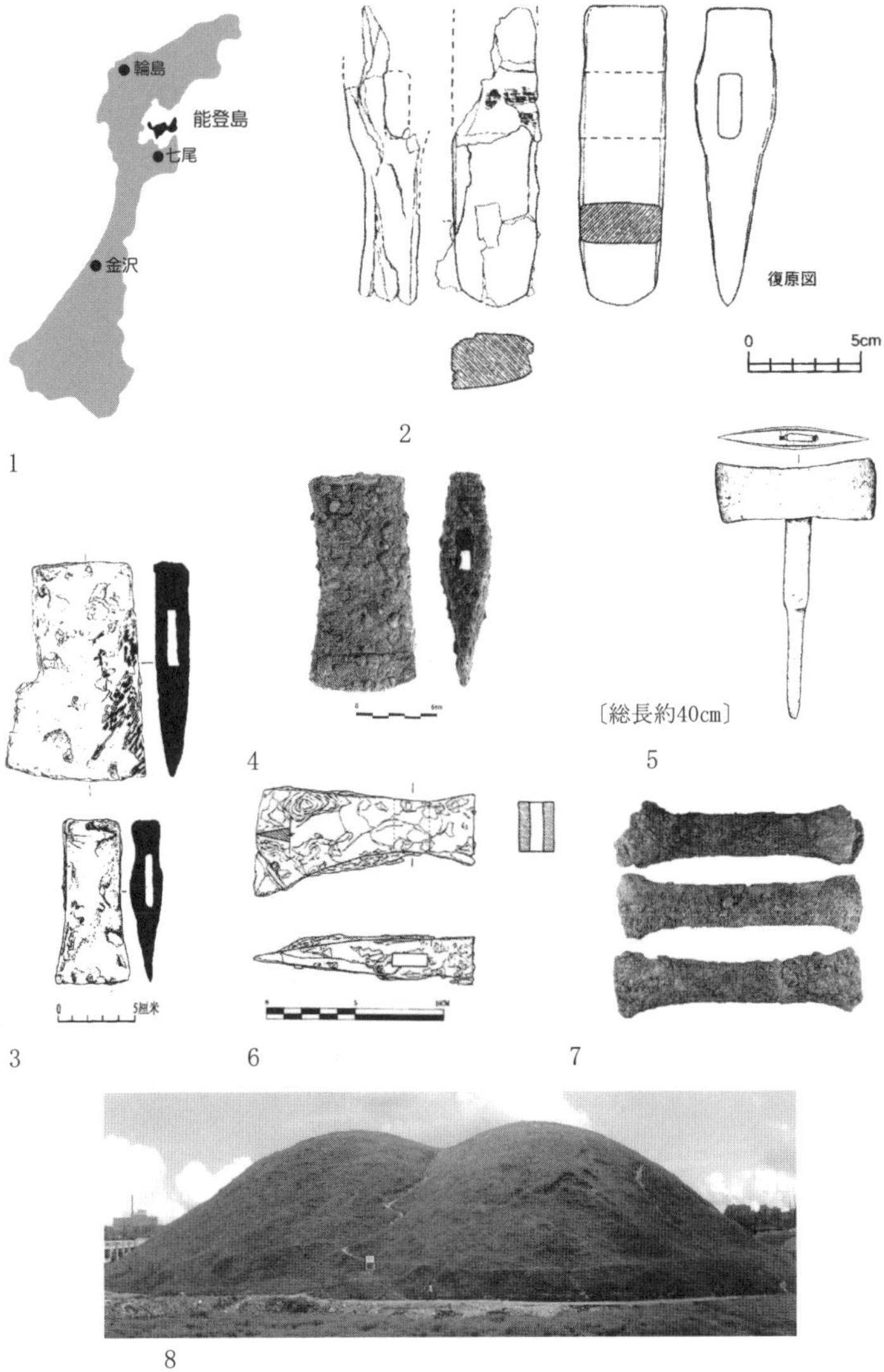

図 15

1：蝦夷穴古墳のある能登島、2：蝦夷穴古墳柄穴鉄斧、3：遼寧・喇嘛洞柄穴鉄斧（上・M49、下・M266）、4：峨嵯山第 4 防塁柄穴鉄斧、5：五女山城柄穴斧、6：皇南大塚北墳柄穴鉄斧、7：皇南大塚南墳鉄鋌の一例、8：皇南大塚墳丘（左・北墳、右・南墳）

あり、稀少な鉄器であったと思われる。朝鮮三国時代の柄穴鉄斧としては五世紀後半〜六世紀中葉頃に漢江流域に築かれた高句麗の軍事施設である堡塁の出土例がある（図15－4・峨嵯山第4堡塁・ソウル大学校博物館ほか編『峨嵯山第4堡塁―発掘調査総合報告書』二〇〇〇年＊）。また、高句麗故地の出土例が知られている（図15－5・遼寧省文物考古研究所編『五女山城―1996～1999、2003年桓仁五女山城調査発掘報告』文物出版社、二〇〇四年＊）、その他には百済・新羅・加耶の出土例があり、朝鮮三国に及ぶ。とくに新羅では慶州の王陵級の古墳で出土しており（図15－6、8・韓国文化財管理局編『皇南大塚北墳発掘調査報告書』一九八五年＊）、他にも王宮の園池である雁鴨池などの出土があることが指摘された（鈴木一有「丁字形利器とその系譜」静岡県富士市教育員会編『伝法東平第一号墳』二〇一八年）。

このような考古資料の状況からみると、新羅斧が柄穴鉄斧であるとしても、ここで用いられた「新羅」の語は直接的に生産地や起源を指すというよりは、朝鮮半島を象徴する語とみてよい。新羅斧の歌の時期は不明であるが、すでに百済や高句麗などの国々がない統一新羅と呼ばれる時代の歌か、それ以前であれば熊来のある能登地域の対岸としての朝鮮半島の認識を示す語とみられる。

新羅の鉄の史的意味

新羅は古くから鉄生産が行われた地域で、慶州・隍城洞遺跡からは、新羅を遡る三韓時代（一～三世紀頃）から七世紀頃までの精錬炉・溶解炉・鍛冶炉などが発見され、朝鮮半島だけでなく、東アジア全体の製鉄の系譜に重要な知見を提供した。最大の王陵である皇南大塚南墳（五世紀前半）からは大小あわせて一四〇〇枚以上の鉄鋌が出土している（慶州文化財研究所編『皇南大塚南墳発掘調査報告書』一九九三、四年＊・図15－7）。これはまさに新羅王が鉄や鉄器の生産を管掌していたことを示している。近年では六・七世紀頃の新羅の北境である京畿道の山城から出土する鉄器について、周辺には鉄や鉄器生産遺構は知られておらず、多少の現地生産はあったとしても、新羅の王都である慶州から遠隔地の山城まで鉄製品を供給する能力と体制の存在が推定されている（金吉植「六～七世紀京畿北部地域新羅城郭と需給関係」『百済文化』五四、二〇一六年＊)。

まさに鉄の王国としての新羅の語が、三国時代に特徴的な形態の柄穴鉄斧に付されたとすれば、万葉集にみえる新羅斧からは、外来系の稀少な鉄製品が、古代の地方において方言を交えて歌われるほどに身近なものであり、能登地域では民衆の次元で日本海を超えた朝鮮半島への歴史的認識が存在したことを示している。七世紀代の能登の有力者の墓であり、石室の構築に高句麗の技術が用いられた可能性があるとされる須曽蝦夷穴古墳(石川県七尾市・七世紀中頃)で柄穴鉄斧が出土していることも、能登地域と朝鮮半島の交流を示している。

猪名部の説話にもどると、祖先が新羅の匠とされる背景には、新羅の木工技術の背景として、伝統的な製鉄・鉄器製作技術の存在と鉄製品の生産・管理の能力と体制があったことを考えることも重要であろう。猪名部などの祖先伝承もたんに説話としてかたづけるのではなく、考古資料の様相と比較することによって、古代における長い時間軸のなかでの説話の背景や意味を考えることができる。

第三節　刀剣と古墳時代の社会

『日本書紀』の刀剣

ここまでふれてきた工具のほかに、利器の代表である刀や剣は『日本書紀』や『古事記』に頻出し、神話には「天十握剣」、「天叢雲剣」「草薙剣」、「布都御魂剣《ふつのみたまのつるぎ》」などが現れ、刀剣が重要なものであったことを示している。神話で天孫に授けられた鏡・剣・玉は、王権の正当性を示す象徴となったが、そのなかでも、鏡と剣は重視された。たとえば、継体紀元年(五〇七)二月辛卯朔甲午(四日)条には継体天皇が樟葉宮(大阪府枚方市)に来られた後のこととして、大伴金村が天子の璽符《みしるし》としての鏡・剣をたてまつって拝礼した、とあり、即位に関わる剣の政治的重要性が記されている。

こうした神器や王権の象徴に関わる記述のほかに、刀の製作とその権限にかかわる内容が、孝徳紀の大化二年（六四六）三月辛巳（十九日）条に東国の朝集使に詔して、国司などが公私の物を取ることを戒める内容としてみられる。朝集使は行政文書の提出や行政報告のために中央に派遣された使者であり、この時に始まったとされ、その後、律令制度のなかで行われた。この詔のなかの報告では、紀麻利耆拕臣が問責されないように、朝倉君に自分の刀を作らせた、とある。また、赴任した国において他人に刀を盗まれ、倭国でも他人に刀を盗まれた、とあり、これは紀臣だけでなく、介つまり次官である三輪君大口・河邊臣百依らの罪過である、と記されている。

この時に全国一律に国司が制度化されたとは考えられておらず、それ以前の国宰と同様であったとみられているが、そのような政治制度の体系化とは別に、地方においても刀の作成や保管が制度的に行われていたことが『日本書紀』編纂時点で認識されていた。

生活の次元にとどまらず社会における刀や剣などの武器の意味を考古資料から探るためには刀剣に記された銘文が重要な手がかりとなる。中国では刀剣の銘文資料が多いが、日本では稀少であり、そのうち時期がさかのぼるのは東大寺山古墳（奈良県天理市・四世紀後半）から出土した鉄刀の金象嵌銘文である（図16－1・ColBase）。そこには「中平□（年）五月丙午造作文刀百練清釦上応星宿（下）辟不（祥）」とあり、中平は後漢・霊帝の年号（一八四～一八九）である。中国からもたらされたこの刀に日本で把頭がつけられたとみられている。『後漢書』倭伝には「桓帝と霊帝の間、倭国が大いに乱れ、かわるがわるたがいに攻伐し、年を経ても、主がいなかった」と記されている。その後に「一女子がおり、名を卑弥呼といった」とあり、「鬼神の道につかえ、よく妖をもって衆を惑わした。そこで共に立てて王とした」とあり、卑弥呼が倭国の女王になる経緯のなかで、桓帝の治世であった「中平」年間が現れることから、この年号のある東大寺山古墳の鉄刀が卑弥呼や当時の倭国・邪馬台国と関連づけられることがある。ただし、この説の手がかりは年号のみであり、それ以外は推測の次元とするほかない。

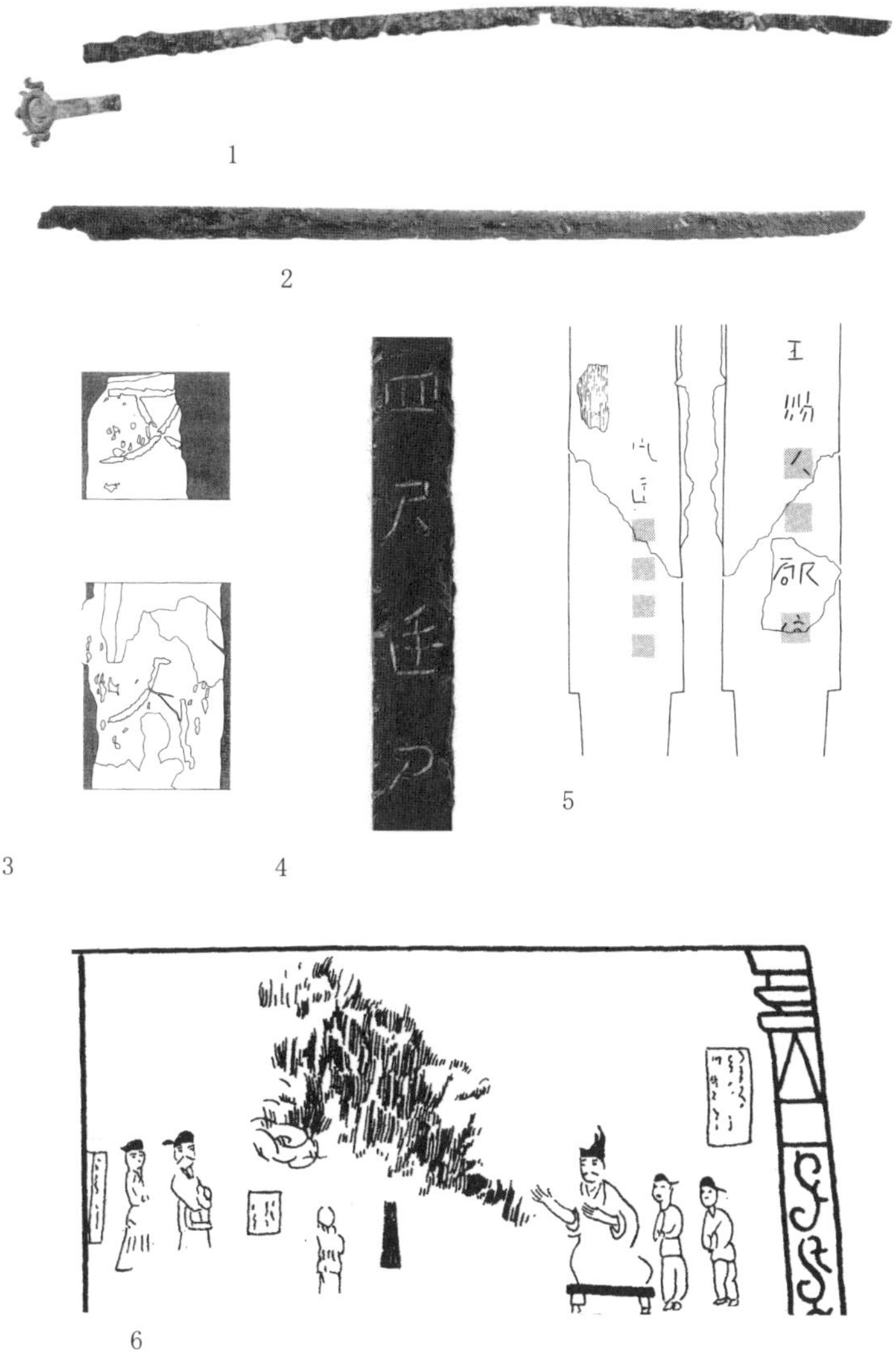

図16

1：東大寺山古墳「中平」「文刀」銘鉄刀、2：江田船山古墳銀象嵌銘鉄刀、3：東大寺山古墳鉄刀銘「文刀」部分（拡大）、4：江田船山古墳鉄刀銘「四尺廷刀」部分、5：稲荷台1号墳鉄剣銘「王賜」（右）、「廷□」（左）、6：徳興里古墳墨書傍題「大廟作食人」（右上の囲み内）

美称としての「文刀」

東大寺山古墳鉄刀の銘文では、この刀を指す「文刀」（東京国立博物館ほか編『重要文化財東大寺山古墳出土金象嵌銘花形飾環頭大刀』吉川弘文館、二〇〇八年・図16－3）という語が金象嵌で記されている。この「文刀」については、早くから中国史書・文献に「剛帯文剣、被羽衣」（『後漢書』酷吏伝）や「文剣」（南朝梁・江淹の「為蕭讓太傅揚州牧表」）などの用例や類語があることが指摘されていた（福山敏男「金石文」『中国建築と金石文の研究』中央公論美術出版、一九八三年）。このうち、『後漢書』酷吏伝の李章の項には、光武帝の時に李章が陽平県令（河北省南東部と山東省西部）を拝した時に清河郡（河北省南部と山東省北西部）の大姓である趙綱が強勢であったのに対し、李章は饗宴を設け、趙綱を招いて会見すると、趙綱は文剣を帯び、羽衣をまとい、兵士百人余りを従えてやってきた、とある。ここで羽衣は鳥の羽をつむいで衣とした豪奢な衣装とともに記された文剣は、趙綱の風姿を壮麗にみせるための優美な飾りのある剣としてよい。こうした意味をもつ類語として、梁・簡文帝の「守東平中華門開詩」（『芸文類聚』巻三九・礼部中・朝会所引）に「文戟未通車、薄雲初啓雨」とある。この詩は早晨などに待中が中華門を開いた時にみた景色とされ、「文戟未だ車を通さず」の表現によって立派な武器を持った威厳のある兵によって守られた堅固な中華門の有様を比喩的に詠んだものである。同じく、隋・煬帝の代表作とされる漢詩である「冬至至乾陽殿受朝」にも「文戟は高殿を衛《まも》る」とある。煬帝が分裂していた中国を再び統一した皇帝として自己の感懐を表した詩のなかで、この部分は華やかな朝見の場面を詠った部分である。もともと「文」の語義には、文様・飾り・色彩となど意味があり、このような用例と類語によって、文刀の語は美称であり、美しい装飾の施された、優れた刀剣を指すとみられる。

「廷刀」の意味

四世紀代の東大寺山古墳の鉄刀を美麗な刀としての「文刀」と表したのとは異なり、五世紀代の刀剣銘文には「廷刀」の語がみられる。その著名な例は江田船山古墳出土鉄刀銘文（熊本県和水町・五世紀後半～六世紀初め・図16－2・

ColBase）であり、刀身に銀象眼された銘文には「〔治〕天下獲□□□鹵大王世奉事典曹人名无〔利〕弖八月中用大鉄釜并四尺廷刀八十練〔九〕十振三寸上好〔刊〕刀服此刀者長寿子孫洋々得□恩也不失其所統作刀者名伊太〔和〕書者張安也」とある。「獲□□□鹵大王」は「ワカタケル」大王を指し、雄略天皇とする説が有力であることから、その治世に「典曹人」として「奉事」した「无〔利〕弖」という名の人物が、この「四尺廷刀」（東京国立博物館編『国宝銀象嵌銘大刀：江田船山古墳出土保存修理報告書』吉川弘文館、一九九三年・図16－4）の所有者であることがわかる。この銘文は人名や職掌を示す語句などから、五世紀後半の大王と地方豪族の関係や王権の組織を知るうえで類をみない資料である。

この他に「廷刀」の可能性のある語句は、稲荷台一号墳（千葉県市原市・五世紀中頃～後半）から出土した鉄剣には表裏に銀象眼があり、一面は「王賜□□敬〔安〕」、もう一面は「此廷〔刀〕□□□」と釈字・釈読されている。「刀」の釈字は推定ではあるが、報告書では江田船山古墳などの用例をあげて、「廷〔刀〕」と解している（市原市教育委員会ほか編『「王賜」銘鉄剣概報：千葉県市原市稲荷台1号墳出土』吉川弘文館、一九八八年・図16－5）。この文字が「刀」であるならば、五世紀代には剣という鉄製武器の形態的な特徴とは異なる刀としての認識があったことになる。

これらの「廷刀」については、これまで官刀、直刀などの解釈のほかに、「廷」の基本的語義は政治を行う場所であって、転じて法による裁定を行う場所の意もあるから、「廷」字の意味からは官や朝廷などを示すとする説があり（福山敏男「金石文」『中国建築と金石文の研究』中央公論美術出版、一九八三年）、これに従うべきであろう。

江田船山古墳鉄刀銘にみえる「典奏人」に関しては、「奉事せし典曹人」あるいは「典曹に奉事せし人」とする解釈がある。いっぽう、江田船山古墳鉄刀には「書者張安」という語句があり、撰文・書写した人物であるとすれば、「書者」は制度的な職掌というよりは、作者としての個人次元での活動あるいはそうした職能を示す語句とみられる。これと対照するならば、「典曹人」は、次にふれるように同時代の東アジアにみられる職役名であって、それを担当するのが「无〔利〕弖」であるとみられる。

朝鮮三国の「人」字職役名と倭

「典奏人」「杖刀人」などの「人」字がついた職名は、舎人に代表される役職名として『日本書紀』『古事記』にも現れ、部民制との関係などから、古代の政治・社会制度のなかで論じられ、さまざまな見解が示されている（堀大介「人制の研究史—五世紀の国家形成史論を見据えて—」『纒向学研究』一〇、二〇二二年）。このような研究には八世紀代の地誌である『風土記』にみられる「人」字がつく語句の事例も含まれており、多様な編纂背景による文献にみられるが、古墳時代の同時代的な資料としては刀剣銘文以外にはない。

倭の刀剣銘の「人」が付された職掌と対比される同時代の資料としては朝鮮三国時代の碑文や古墳墨書にみえる職役名（武田幸男氏による造語）として、それらには「大廟作食人」（徳興里古墳墨書傍題・四〇八年）、「守墓人」（広開土王碑・四一四年）、「典事人」（迎日・冷水里碑、五〇三年）、「書人」「立石碑人」（蔚珍・鳳坪碑、五二四年）、「部書人」（蔚州・川前里書石癸巳銘、四三五、五一三、五一四年その他の説）、「作書人」「作食人」「作功人」（蔚州・川前里書石乙巳原銘、五二五年）、「書写人」（明活山城碑、五五一年）、「書人」「石書立人」（丹陽・赤城碑、五四五、五五〇、五五一年などの説）、「書人」（昌寧・新羅真興王拓境碑、五六一年）、「執駕人」「裏内従人」「騶人」「占人」「助人」（咸興・磨雲嶺新羅真興王巡狩碑、五六八年）、「文作人」（大邱・戊戌塢作碑、五七八年）などの語があり、六世紀代の新羅の事例が多い。

このうち、時期的に遡るのは徳興里古墳墨書傍題の「大廟作食人」や広開土王碑の「守墓人」であることから、高句麗では遅くとも五世紀初めまでに「人」字の付された職掌が行われていたとみてよい。このように多くの事例のある朝鮮三国時代においても、「人」字の付された職役名と関連するその他の職との相対的な関係は不明であり、制度化されていたかは分明ではない。ただし、広開土王碑には「守墓者」と「守墓人」の双方が用いられており、後者は「守墓人烟戸」として現れ、戸別の把握が行われたとみられるのに対し、「守墓者」は一般的な用法であるから、五世紀代の高句麗では「人」が付された職掌に一定の制度化が行われていたとみてよい。

五世紀初頭の徳興里古墳墨書傍題にみえる「大廟作食人」については、これまで言及されることがなかったが、樹木の前で「此人為中裏都督典知七宝自然音楽自然飲食有□之燔□□□□」の傍題のある人物が執り行う「七宝」「自然」の仏教語で説明された儀礼に参加した二人の男性の傍題として記されており（朝鮮民主主義人民共和国社会科学院ほか編『徳興里高句麗壁画古墳』講談社、一九八六年・図16－6）、この二人が「大廟」の「作食人」として関与していることがわかる。一般的には天子・諸侯の始祖を祭る「みたまや」であり、宗廟を指す「大廟」の具体的な実態は不明とするほかないが、高句麗領域において儒教的な祖先祭祀が行われており、それに対する奉食・供献にあたっていたのが「作食人」とみられる。

中国出自の亡命漢人たる「鎮」が葬られた徳興里古墳の墨書傍題に儒教的な「大廟」の語と関連する図像があることは、こうした思想が漢人によってもたらされたことを示している。これを広開土王碑の「守墓人」の語とあわせて考えると、五世紀初めまでの高句麗において「人」字の付された職役名が行われ、さらに亡命漢人の関与による変容を経て、それが伝播した新羅で展開し、これらに影響を受けた倭で「人」字職役名として行われたと推定される。

刀剣銘からみた古墳時代社会

朝鮮三国時代の出土文字資料との対照から知られるのは、「典曹人」「杖刀人」などの「人」字の付された職役名は、五世紀代に「廷刀」の語に示される場とみられる「治天下獲□□□鹵大王」「王賜」の「大王」「王」などが主催する「廷」において用いられたことである。そして、「廷刀」は四世紀代以前の東大寺山古墳出土鉄刀銘の「文刀」と対照する時、その意味がいっそう明らかになる。すなわち、刀剣銘文からは古墳時代前期までの「文刀」から、五世紀代には「廷刀」へと刀剣を示す銘文の語句が変化している。それは刀そのものの壮麗さを示す「文刀」から、一定程度制度化された階層性や社会構成の一端を示す「廷刀」への変化であって、この間に刀剣の社会的意味やそこに記された「廷」において活動した「人」字が付された職役名を介した政治・社会的階層性を顕現するものであった。

東大寺山古墳鉄刀銘「文刀」が吉祥句とともに記され、刀そのものの美麗さや吉祥を示したのに対し、江田船山古墳鉄剣銘や稲荷台一号墳鉄刀銘では「廷刀」として、「典曹人」などが一定の職掌を担う政治的な場としての「廷」であることを論じた。あわせて、このような「廷」では「典曹人」や「杖刀人」などの職掌があり、それらは遅くとも五世紀初頭には行われた朝鮮三国時代の職役名と関係する。すなわち、古墳時代前期までの刀剣そのものの美麗さや吉祥を示す「文刀」から、古墳時代中期の五世紀代には「典曹人」などの「廷」における職役名を有する人士が保有する社会的価値や一定の階層性を顕現する「廷刀」という政治的な意味をもつ武器となった。

さきにふれたような孝徳紀の朝集使に問われた刀剣をみだりに配下に作らせることや自らの刀を奪われることなどの罪過は、刀などの武器の政治的権威や社会的意味を背景としている。その過程として、ここまで述べてきた四世紀代の美麗で立派な「文刀」から、大王に「奉事」する「典曹人」の「无〔利〕弖」が「奉事」した場である「廷」において用いた「廷刀」への変化があったことは、古墳時代における政治的な表徴として刀剣の意味の変容を端的に示している（門田誠一「文刀と廷刀―刀剣銘文にみる古墳時代社会―」同志社大学考古学研究室編『考古学と文化史：同志社大学考古学研究室開設70周年記念論集』二〇〇三年）。

刀剣銘文に現れる「大王」とみられる雄略天皇は『日本書紀』では「大悪」であると同時に「有徳」ともあるように、善悪双方を兼ね備えた特異な天皇として説話的に描かれている。これに対して、刀剣銘文と朝鮮三国時代の碑文・墨書傍題などの同時代の考古資料からは、『記』『紀』に伝えられることのない五世紀代の政治的体制や統治組織などの一端が明らかになる。

第四節　東アジアにおける倭の製塩

塩の呪術と東アジアの製塩遺跡

塩は人間の生存に欠かせないものであるが、『日本書紀』には存外に取り上げられることは少ない。そのなかで、呪術的な意味の塩がみえる記述として知られるのは、角鹿の塩の呪詛を忘れたという以下の武烈紀の説話である。武烈即位前（仁賢十一年）紀冬十一月戊寅朔戊子（十一日）条に、権勢をもっていた大臣・平群真鳥が、大友金村に家を囲まれ、火を放たれた時、日本に王として臨むことを期していた真鳥（同・十一年八月条）は事が成就しないのを恨み、望みが絶えたので、広い海のあらゆる塩に呪いをかけ、ついに殺された。ただ、角鹿の塩だけを忘れ、呪いをかけなかった。このために角鹿の塩は天皇の食用に使われたが、他の地域の塩は天皇の忌むところとなった。この説話の解釈は難しいことで知られるが、その背景としては角鹿が天皇に供する塩の生産地であったという古代の認識がある。

角鹿は敦賀（福井県）であり、敦賀を含む若狭沿岸では古墳時代中期より土器を使った製塩が行われ、約七十五箇所にものぼる製塩遺跡がある。飛鳥・奈良時代になると、敦賀を含む若狭地方で作られた塩が朝廷への貢納品として、藤原京や平城京に納められていたことが木簡から判明している。このように古代における土器製塩が盛行した地域の一つである（福井県編『図説福井県史』「若狭の塩作りと漁業」一九九八年・図17－1）。こうした若狭湾沿岸で生産された塩がいったん敦賀津に集約され、塩生産地の領域を示す地名が角鹿とみられる（堀大介「角鹿の塩の考古学的検討」『古代敦賀の神々と国家―古墳の展開から神仏習合の成立まで―』雄山閣、二〇一九年）。

こうした検討の対象である土器に入れた濃度のたかい海水を炉で煎熬して塩を採る古代製塩は、長い間、日本古代の独特な製塩方法とされてきた。しかしながら、東アジアの考古学の知見には、これに再考を迫る成果が知られている。

中国の製塩は、内陸部の四川省で発見された後漢代の画像石にみられる塩の井戸を用いた製塩が注目されてきた。これに対し、近年では、それをはるかにさかのぼる製塩遺跡が知られている（李水城『中国塩業考古』西南交通大学出版、二〇一九

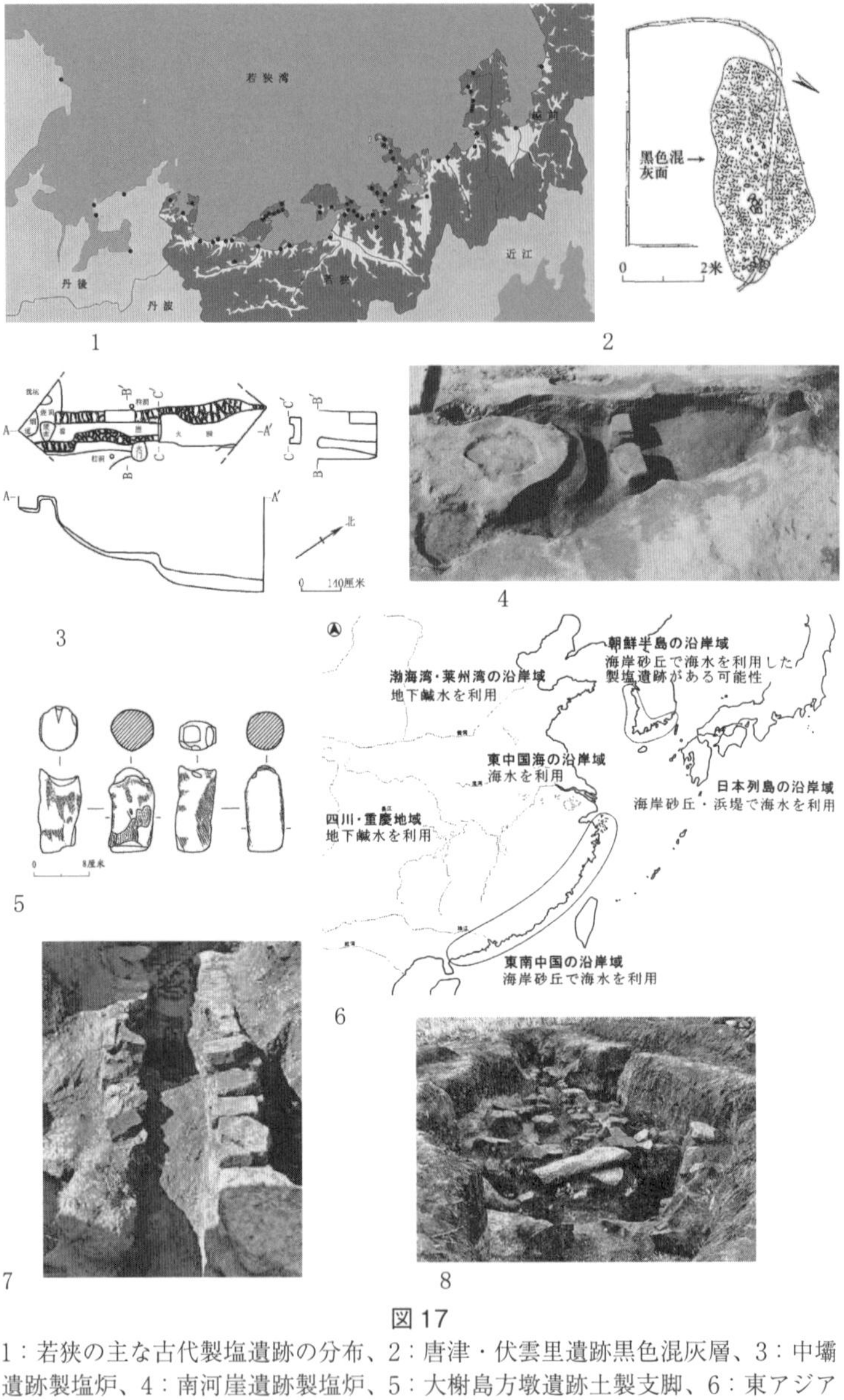

図 17

1：若狭の主な古代製塩遺跡の分布、2：唐津・伏雲里遺跡黒色混灰層、3：中壩遺跡製塩炉、4：南河崖遺跡製塩炉、5：大樹島方墩遺跡土製支脚、6：東アジアにおける初期製塩の立地と原料、7：元邑共同農場遺跡 2014 年煙道、8：元邑共同農場遺跡 2014 年製塩炉年＊、槙林啓介「中国沿岸地域における塩業考古の現状と課題」『日本列島の人類史と製塩』季刊考古学・別冊三八、二〇二二年）。そのうち、新石器時代の製塩炉の可能性がある遺構は中壩遺跡（重慶市）で知られており、陶磁器を焼成する龍窯に類似することから「龍灶」と呼ばれている（白九江・邹后曦「制塩龍灶的特征与演変―以三峡地区為例」『江漢考古』一二八、二〇一三年＊・図17－3）。

発掘調査で詳細が明らかになった例として、西周代の南河崖遺跡（山東省東営市）では、鹹水坑その他の作業行程に関わる遺構とともに製塩炉が発見され、製塩に用いた土器が出土している（王青「西周時代の山東省南河崖製塩遺跡の考古学発見と研究」『東北学院大学論集歴史と文化』五三、二〇一五年・図17－4）。

その後発見された寧波・大榭島方墩遺跡（浙江省寧波市）は東周代の製塩遺跡であり、焼土の堆積が発見された。出土した土器の付着物や土層中の成分の分析によって、濃い塩水を熱して製塩したと推定されている。また、土器以外にも炉内に設置する際に土器の下に置かれたとみられる土製の支脚が出土している（雷少「浙江寧波大榭島方墩東周制塩遺址的試掘与初歩研究」『東南文化』二〇二二年第一期＊・図17－5）。

いっぽう、朝鮮半島でも製塩に関わるとみられる考古資料が知られてきている。たとえば、韓国では製塩遺跡と推定される遺跡として、仁川・雲南洞遺跡（仁川広域市）では、焼土とともに石灰質泥土が発見されており、出土した陶質土器から、三世紀頃の製塩遺跡と推定されている。唐津・伏雲里遺跡（忠清南道唐津市）では黒色の灰混じりの層と深鉢形土器などが出土し、製塩炉の存在と製塩に使用された土器の可能性が指摘されている。両遺跡から出土した土器を化学分析した結果、煮沸して製塩に用いた可能性が推定されている（朴淳発・李弘鍾「韓国古代製塩考古初探」『東方考古』一二、二〇一五年＊・図17－2）。まだ確実な製塩炉の遺構が明らかになったわけではないため、ここでは参照するにとどめるが、韓国古代の製塩の実態解明に向けた進展が期待される。

その他にも高句麗の領域で黄海に沿った地域の元邑共同農場遺跡（朝鮮民主主義人民共和国南浦特別市温泉郡）では、高句麗時代（二〇一四年調査・四世紀中葉）とそれ以前（二〇一七年調査・一～二世紀）の製塩炉やその煙道の可能性のある遺構が発見されている（ヤン・インホ「塩生産遺跡からみた一～五世初めの平安道地域の塩生産方式」『韓国古代史研究』

一〇三、二〇二一年＊・図17－7、8）。これらの遺構については、今後、製塩遺跡としてのさらなる証左や科学的分析も必要であるが、高句麗の領域ではこれまで知られていなかった新たな種別の遺構とみられる。

現状ではすべての地域の製塩遺構や方法などが明らかになったわけではないが、東アジアの初期製塩遺跡の立地と材料を大別した研究もあり、ここでふれた遺跡を含む東アジア地域の製塩関係遺跡の環境史的な位置づけのなかで、日本古代の製塩遺跡も東アジア的視座での位置づけと研究が行われはじめている（槙林啓介「東亜的海浜沙崗和早期塩業」『東方考古』一二、二〇一五年＊，槙林啓介「中国沿岸地域における塩業考古の現状と課題」阿部芳郎編『日本列島の人類史と製塩』雄山閣出版、二〇二二年・図17－6、ここでふれた遺跡を含む東アジア地域の製塩関係遺跡の相対的位置は当該図を参照）。

このように土器と炉を用いた製塩遺跡は東アジア各地で行われていた可能性があり、日本の製塩遺跡との関係は未だ明らかではないにしろ、同様の方法による古代製塩の比較研究が行われる土台が形成しつつある。

製塩に伴う海水を入れた土器の煎熬には大量の木材を必要としたことは、応神紀三十一年秋八月条の以下の説話にも反映されている。すなわち、伊豆から奉じられた枯野という大船が朽ちて使用できないが、この船の名を絶やさず、後に伝える方策として、有司に命じて、その船の材を取り、薪として塩を焼かせ、五百籠の塩が得られ、それらを諸国に施した、とある。この塩を造船の費用にあてさせ、諸国から五百の船が献上され、それが武庫（兵庫県西宮市）の港に集まった、とある。これに続いて、枯野船を塩の薪にして焼いた日に、余り物の焼け残りがあり、それらが燃えないことを不思議に思って献上すると、天皇は怪しんで、琴を造らせた。その音は、さやか（大きく明瞭）であって遠くまで響いた、とあり、この時に詠んだ「枯野を塩に焼き」で始まる歌が載せられている。こうした説話からも、塩焼きは大量の燃焼材が必要としたことが知られる。

遺跡や遺構・遺物などからみると、武烈紀で平群真鳥が塩を呪ったのは、海浜の近傍において土器と炉を用いて行った製法による塩にほかならず、そのなかでとくに角鹿は象徴的な塩づくりの地であったことが背景にあるとみられる。また、大陸にみられる岩塩などのように単純に採取して得られる塩ではなく、日本古代の製塩は濃い鹹水を作り、大量の木材を燃やし、土器を用いて煎熬するという過程を経た複雑な製塩であり、多くの人や熟練した技術などの体系的な集団の把握を前提としていたことが、その生産体制を含めて呪詛するという武烈即位前紀の説話の背景となったと思われる。

古代のみならず前近代を通じて行われた日本列島の製塩に代表される海辺の製塩地を東アジアにおいて位置づけることや次にふれる内陸部の製塩などに対する今後の知見が、この記事の理解をより深めることになろう。

内陸の塩と流通

塩は人間の生活に必須であるため、当然ながら製塩地から遠い内陸の地域にも運ばれる。また、軍事行動にも必須であり、古代の軍事施設で備蓄された記事がある。高安城は天智二年（六六三）の白村江の戦いで唐と新羅の連合軍に対し、百済とともに戦い、破れた倭が防衛のために築いた城であり、天智天皇八年紀（六六九）是冬条には「この冬に高安城を造って、畿内の田税をそこに集めた」とあり、同・九年（六七〇）二月条に「高安城を修築し、籾と塩を蓄えた」とあって、高安城には穀と塩を蓄えたと記されている。その後も『日本書紀』や『続日本紀』に記事があり、六七二年の壬申の乱で倉庫が炎上したとあり、天武・持統・文武天皇の時代には修築されたが、奈良時代前半には廃城となったとされる。

こうした史料にみえる倉庫と考えられる遺構が発掘調査によって明らかになっており、礎石（図18－1）とともに奈良時代初め頃とみられる土器が出土したことにより、造営時期の一端が明らかにされている（山田隆文「高安城」『季刊考古学』一三六、二〇一六年）。高安城跡では塩に関わる遺物は不詳であるが、倉庫跡の発見により、古代山城に塩が貯蔵された状況を類推することが可能となった。

塩と内陸地域との関連を示す記述としては、『播磨国風土記』揖保郡の「塩阜《しおおか》」がある。その内容は「この阜の南に塩分を含んだ泉がある。海から三十里離れているが、海の水と通じあっていて、満潮の時には深さ三寸程になる。

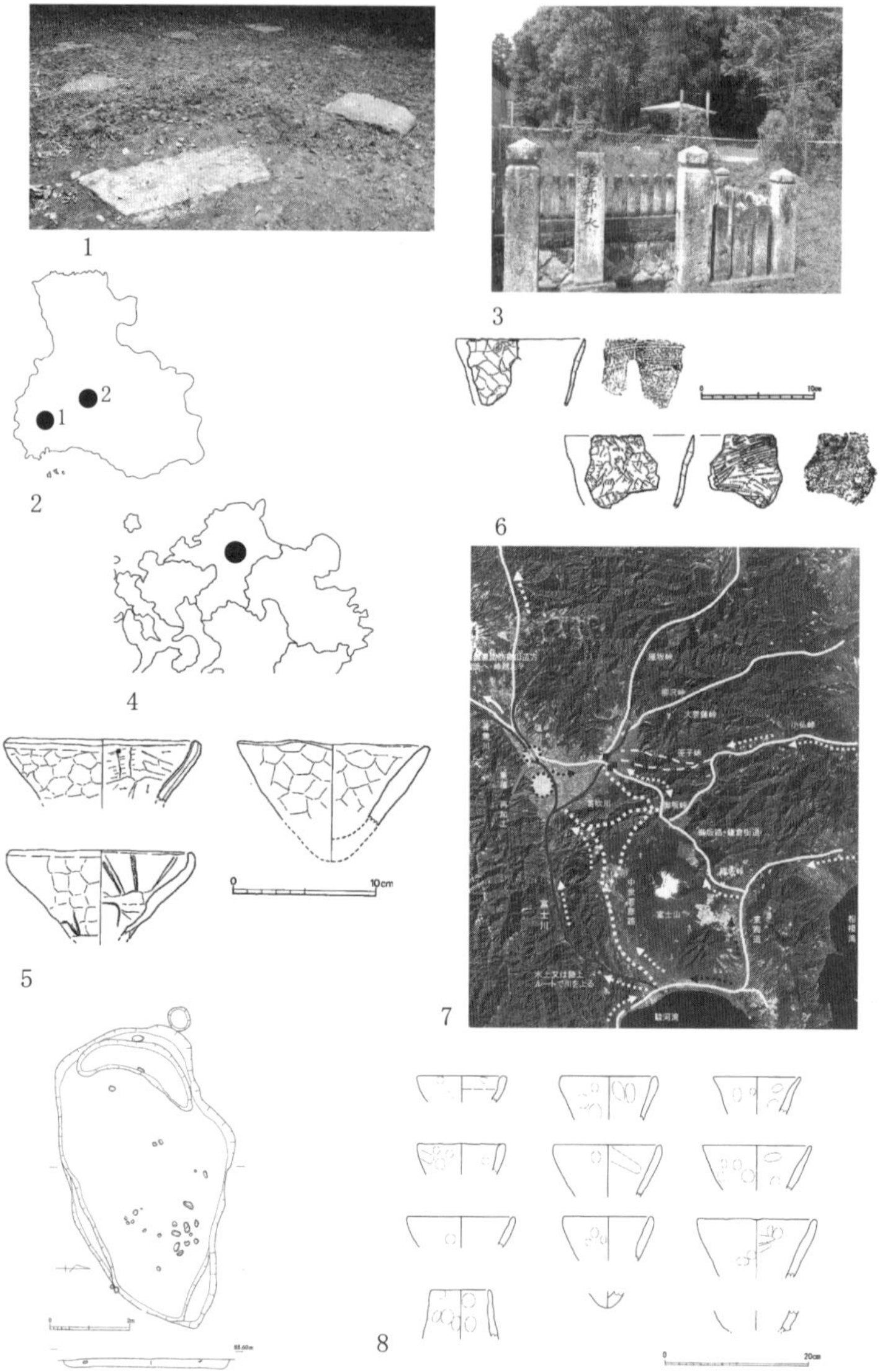

図18

1：高安城跡倉庫址２号礎石群、２：播磨内陸の塩関係遺跡等の位置（1　塩阜髮水、2　桜畑遺跡）、３：塩阜神水伝承地と背後の聖岡、４：塔ノ上遺跡の位置、５：塔ノ上遺跡出土製塩土器、６：鋳物師屋遺跡製塩土器、７：甲斐西部の製塩土器推定移入経路（白色点線・平野修案）、８：桜東畑遺跡焼土土坑（左）製塩土器（右）

牛・馬・鹿などが好んで飲んだ。その泉は、今も聖岡の東南に塩皐神水として祀られている」とある。この丘は現在も聖岡（兵庫県姫路市、標高約六十メートル）の名が残り、その南東麓に、「塩皐神水」（姫路市林田町）として塩水が湧く泉が残っている（図18－2、3）。湧出量は減っているらしいが、今も町内の八幡神社と式内社祝田《はふりた》神社の秋祭りの潮掻き神事にはこの神水を使って行われている。

塩の泉のほかに内陸部と塩の関係を示す考古資料として、海浜部で古代の製塩に用いられた土器が内陸地域から出土することがある。このような事例は数多いが、そのなかで使用方法が知られるものとして、たとえば有明海から五十キロメートルほど離れた奈良時代の塔ノ上遺跡（福岡県朝倉市・図18－4）では、六十一基の竪穴式住居のうち、八十二パーセントに及ぶ六十一基から総数で六三〇点もの製塩土器が出土している。これらの製塩土器は、平城京木簡に「漬塩年魚」「塩年魚」とある鮎の塩漬けを加工するために用いられたとみられている（図18－5・小田和利「製塩土器からみた律令期集落の様相」『九州歴史資料館研究論集』二一、一九九六年）。とくに「塩年魚」に関しては、「霊亀二（七一六）、「霊亀三年」（七一七）の紀年とともに「筑後国生葉郡煮塩年魚」（造酒司地区）と記されている木簡が出土していることから、筑後川の鮎を塩漬けにするために用いられたとみられる。

内陸部で出土する奈良・平安時代の製塩土器について、近年ではたんに海水を煮詰めて結晶化させて塩を作るための土器というより、別に製塩した粗塩を煮詰めて二次的に焼締めて、固形塩にするための土器か、このような塩を運搬するための土器とされるようになってきた。塩の精製と運搬・流通に関係する土器に関して、甲斐などの内陸の遺跡で出土する平安時代頃の製塩土器の研究から導き出された仮説であり、その搬入経路も推定されている（平野修「内陸地域における古代の堅塩生産と流通―山梨県南アルプス市鋳物師屋遺跡群出土資料を中心とした考古学的検討から」『帝京大学文化財研究所研究報告』一六、二〇一七年・図18－6、7）、今後の研究で検証すべき重要な説である。

精製度の低い塩は苦味があったり、あるいは空気に触れると、湿気を含んで溶ける潮解という現象があり、これを防ぐために、再度加熱して、水分を除いたり、成分を変化させて溶けにくくするとすれば、これに用いた炉などが遺構として残されるはずである。管見では、このような遺跡は必ずしも多くはないが、さきにふれた甲斐地域で指摘されており、その他の地域では、直線距離で瀬戸内海（播磨灘）から二十キロメートル以上離れた桜東畑遺跡（兵庫県福崎町・図18－2）で奈良時代の製塩土器が多数出土するとともに炭や焼土の詰まった土坑（長さ三・六メートル）が発見され、淡路島かと推定される製塩地の塩の加熱、精製と関係する可能性があるとみられている（福崎町教育委員会編『桜東畑遺跡』二〇二二年・図18－8）。このような知見の蓄積によって、内陸部での塩の利用だけでなく、古代の塩の流通実態の解明につながることが期待される。

『日本書紀』編纂に近い時代には、さきにふれた武烈紀の「角鹿の塩」のような海浜との関係だけでなく、内陸でも塩は多様に人々の生活と結びついていている。これらを示す考古資料によって、海と内陸を結びつける力をもつ塩と人間の多様な関わりが読み解かれるであろう。

第五節　銭貨と交換財の文化

古代銭貨と考古資料

天武紀十二年（六八三）夏四月戊午朔壬申（十五日）条には詔して、「今より以降は必ず銅銭を用いよ。銀銭を用いてはならない」とあるが、その数日後の乙亥（十八日）にまた詔して、「銀を使用することはやめなくてもよい」とあり、銭の使用に際する混乱がみられる。持統紀八年（六九四）三月乙酉（二日）条には「直広肆大宅朝臣麻呂・勤大貳台忌寸八嶋・黄書連本実等を鋳銭司に任じた」とあり、記述のうえからは、この頃は銭を鋳造する官司があったことになる。その後、『続日本紀』の文武天皇三年（六九九）十二月庚子（二十日）条に「鋳銭司」、和銅元年（七〇八）二月甲戌（十一日）条には「催鋳銭司」の記述がみられ、銭を鋳造する官司の改組や名称変更があったとみられる。近年では鋳造関係遺物と遺構が飛鳥池遺跡で発見されたことから（奈良文化財研究所編『飛鳥池発掘調査報告』図版編〔Ⅱ〕二〇〇五年・

図19－1)、以上の記事にみえる「銅銭」は富本銭とみられている。日本古代の銭貨の出現については、多くの研究があるが、その基本となる銭の形状としては、富本銭やその後の和銅開珎（図19－2・ColBase）などは銭貨のなかでも穴あき銭であり、こうした形態の銭は中国の銭貨に始まるが、朝鮮半島で銭貨が発行されるのは高麗時代であり、それ以前には中国の銭貨がもたらされていたが、その状況は主として考古資料によるほかはない。

朝鮮半島では戦国時代以降に中国銭が出土し、その後、漢代以降に五銖銭や貨泉などが流入する。そのなかでも高句麗で出土した中国銭については総体的な検討がなされている。高句麗遺跡・墳墓から出土した銭貨は、銭種としては、明刀銭・明化銭・一化銭・半両銭・五銖銭・貨泉・大銭五十などがあり、時期としては戦国時代から漢代頃までが主体で、高句麗初期に該当するものが大部分である。出土遺構では墳墓から出土する場合が多い。分布としては、鴨緑江中・下流域の両岸を中心都とし、とくに桓仁・集安一帯に密集する。高句麗の歴史のなかでは国家形成の段階で若干の銭貨出土遺跡が知られるのみで、出土する総数も多くなく、その後の時期にはほとんど出土しないという。このような中国銭貨の出土傾向によって、高句麗国内では貨幣を用いない経済・生産活動や物資の流通が行われたが、対外的には中国の冊封体制下で朝貢貿易を主体とした経済活動によっており、このような体制を無貨幣貿易とする見方がある（パク・ソンミ「高句麗遺跡出土貨幣の検討」『高句麗渤海研究』四七、二〇一三年＊・図19－4）。

いっぽう、新羅では五世紀代の王陵とされる皇南大塚で中国の新代の銭貨である貨泉が出土している。皇南大塚は南北二つの円墳によって構成される双円墳であり、その全長は約一一〇メートルと、新羅のみならず、朝鮮三国時代で最大の墳丘をもつ古墳である。そのうち、南墳で出土した銅銭については、たんなる銭貨ではなく、呪術的な意味をもち、孔に紐を通して装身具のように用いられたという説もある（李柱憲「皇南大塚南墳出土銅銭の性格と暦年代」『新羅文化』四三、二〇一四年＊・図19－3）。

朝鮮三国時代では独自の貨幣を鋳造発行せず、中国の銭貨が流入していたが、このような見解に示されるように、実際にその全てが流通していたかは不明であり、考古資料の面からは、次に述べる実物貨幣の存在が注目されている。

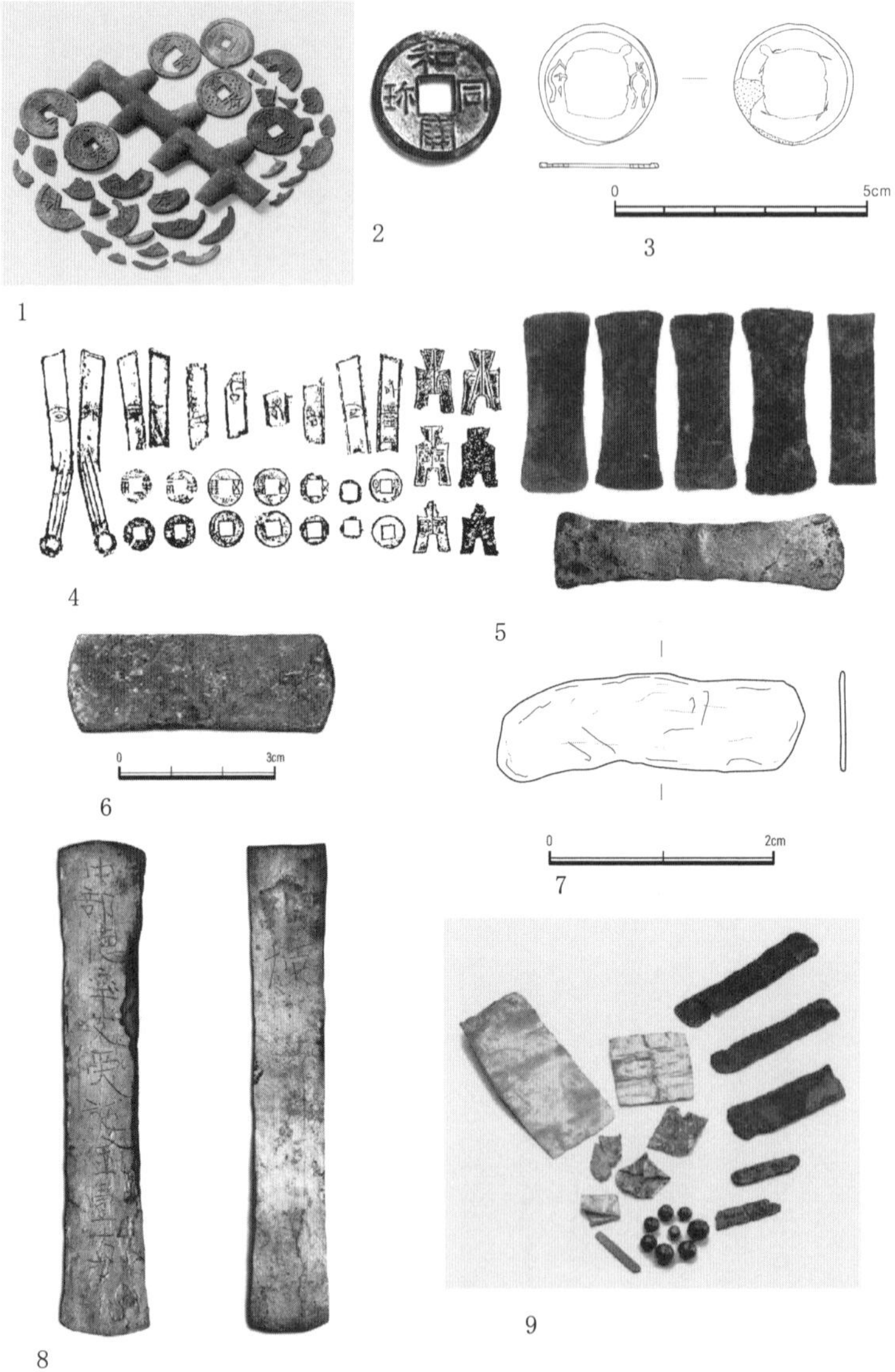

図19

1：飛鳥池工房遺跡富本銭と鋳棹、2：和同開珎（金沢市三子牛町出土）、3：皇南大塚南墳貨泉、4：高句麗集安地域の中国銭貨、5：皇龍寺塔址銅鋌（上）銀鋌（下）、6：王興寺塔址銅鋌、7：王興寺塔址金鋌、8：益山・弥勒寺西塔址金鋌、9：飛鳥寺塔址金鋌・銀鋌など（金鋌は中央から左上・銀鋌は右側）

実物貨幣と出土資料

『日本書紀』に現れる銭の記述を検討するに際して、参考となるのが、古代の朝鮮半島における貨幣や財貨の実態である。そもそも貨とは、銭などの貨幣だけでなく、宝物一般を指し、金・銀や絹などの織物などを含める。こうした価値のある物品をここでは財貨と呼んでおく。

朝鮮三国時代の財貨に関して、とくに高句麗に関する文献記載として、高句麗・平岡王の時の人である貧しい温達と結婚するために自らの「金の釧を売って、田地・家屋・奴婢・牛馬・器物を買ったので、用具類は整った」（『三国史記』巻四五列伝五・温達、現代語訳は井上秀雄訳注『三国史記』四、平凡社、一九八八年）とあることや「城内の市場の物価は布一匹が租三十石あるいは五十石に相当し、百姓たちは聖代（徳のすぐれた君主が治めるめでたい御代）だといった」（『三国遺事』紀典一・太宗春秋公）とあることなどから、貴金属や布などが現物貨幣として使われていたと考えられている。出土遺物の観点からは、新羅の王都である慶州を中心とした流通に関して、三国時代の前半には鉄鋌などの鉄製品が実物貨幣（現物貨幣）の候補とされてきたが、それに続く三国時代の後半から統一新羅代には、皇龍寺出土の銀鋌・銅鋌（銀鋌は長さ八・五、幅二・二、厚さ〇・五センチメートル、銅鋌は長さ一六五〜一七五センチメートル、図19−5・国立文化財研究所編『皇龍寺中心郭出土遺物』二〇一〇年＊）に代表される金属の素材が実物貨幣として用いられたとする見方がある（キム・チャンソク「三国および統一新羅の現物貨幣流通と財政」『歴史と現実』四二、二〇〇一年＊）。

考古資料としてはそれ以外に七世紀前半の益山・弥勒寺西塔址で出土した金鋌がある。この種の遺物については、別の項（第五章第二節「日本古代仏教の淵源」）で仏教儀礼における意味を論じたが、細長い金板であり、延べ板として本来は経済的な価値が基本となる。弥勒寺西塔址から出土した金鋌には「中部徳率支受施金壹両」として、一両という単位を示す銘文があることから、百済の一量は一三・二グラムと推定された。すなわち、これらの金鋌は一定の重さの基準によって製作されており、百済における度量衡の存在を示すとともに、百済時代の貨幣の可能性が指摘されている（朴南守「益山弥勒寺出土金鋌と百済の衡制」『韓国史研究』一四九、二〇一〇年＊、韓国国立文化財研究所編『益山弥勒寺石塔舎利荘厳』二〇一四年＊・図19－8）。百済では銅製舎利函銘により昌王十三年（五六七）に造立されたことがわかる王興寺塔址で金鋌・銀鋌が出土しており、七世紀代の弥勒寺址出土品につながる金鋌・銀鋌などの系譜が知られる（国立扶余文化財研究所編『王興寺Ⅲ―木塔址金堂址発掘調査報告書』二〇〇九年＊・図19－5、6）。

日本では飛鳥寺塔址心礎の出土遺物のなかに金製・銀製板状品があることが知られ、一定の長さと重さであることがわかっている（諫早直人・石橋茂登・田村朋美「飛鳥寺塔心礎出土金・銀製品」『奈良文化財研究所紀要』二〇一八年版・図19－9）。これらは舎利荘厳のための遺物であり、飛鳥寺舎利遺物の淵源は王興寺などの百済王室が造営した寺院にある（第五章第二節参照）。このことを勘案すると、飛鳥寺出土の金・銀製板状品の祖型は、百済の金鋌・銀鋌にもとめられる。百済では弥勒寺西塔址出土金鋌により、度量衡のなかで重さの単位とその重量が知られており、こうした制度に基づいた金鋌が明らかになり、重さの単位に基づいた銀鋌や金銀製品の存在も推定されている。

これらによって、飛鳥寺出土の金・銀の板状品は百済に由来する初期の金鋌・銀鋌であり、日本古代において、貨幣的な財貨としてよりも、舎利荘厳具として移入したことを示している。このような金鋌・銀鋌と同時期に飛鳥池遺跡では富本銭が鋳造され、それに先立つとみられる無文銀銭の存在から、飛鳥時代は複数の貨幣や貨幣的な財貨の現れる時期であり、天智紀などにみられる銭に先行する東アジアにおける財貨として百済や新羅の金鋌・銀鋌・銅鋌などがあったと考えられる。

遺物としては遺りにくい織物や穀物などとともに秤量による貨幣的な財物としての金・銀・銅鋌などを経て、朝鮮半島における銭貨は高麗時代以降に鋳造される。これに対し、日本では金・銀鋌は飛鳥寺にみられるように舎利荘厳具として用いられ、秤量を記された遺物等はみられず、貨幣的な意味をもった痕跡はない。ほぼ時を同じくして、無文銀銭や富本銭が鋳造され、実際の流通の有無の議論とは別に、穴あき銭の実社会での出現は、朝鮮半島とは異なる段階を経ている。その後の和銅開珎の鋳造とあわせて、銭貨の鋳造と流通の歴史的過程は朝鮮半島とは大きく異なることが考古資料からも明らかになってきた。

第三章　生活と文化・習俗の背景

第一節　角抵と力士の文化的様相

角抵と力士

『日本書紀』の文化と習俗に関わる記事のなかで、垂仁紀七年秋七月己巳朔乙亥条には相撲の起源としてよく知られる野見宿禰と当麻蹶速の説話がある。天皇の側近が、當麻の村に當麻蹶速という勇者がおり、彼は常々自分に並ぶ強者と生死をかけた力比べをしてみたいとまわりの者に言っていることを告げると、天皇は、蹶速に並ぶ者はいないか、と問うた。一人の臣が言うことには、出雲国に野見宿禰という勇者がいるとことを聞いているとし、彼と対戦させてみることを提案した。早速、野見宿禰が招集され、當麻蹶速と対戦した。二人は向かいあって立ち、双方足を上げて攻撃しあったが、野見宿禰は當麻蹶速の肋骨を蹴り折り、ついに腰を踏み曲げて殺してしまった。野見宿禰は當麻蹶速の領地を賜り、その地にとどまり仕えることになった。この格闘の描写は現在の相撲とは大きく異なるが、「捔力」という語が用いられており、相撲のような格闘技を指す漢語の「角力」と同音異字である。中国の史料・文献では角抵（角觝・觳抵などの表記もあり）として現れることが多い。

いっぽう、相撲では力士という語を用いるが、この言葉は、兵器を持つ人を兵士というのと同じく、もともとは格闘技の競技者の意味ではなく、力のある人というほどの意味であり、とくに仏典で用いられることが多い。漢訳仏典に出てくる例では、本来はインドに由来する外来のものであり、インドでは「力士」は「力量」の意であり、火葬に際して棺などをかつぐ役割をになっていたとされる（梁白泉「初期の力士造像について」『仏教初伝中国南方ルート』日中学術シンポジウム発表要旨、龍谷大学仏教文化研究所、一九九三年）。

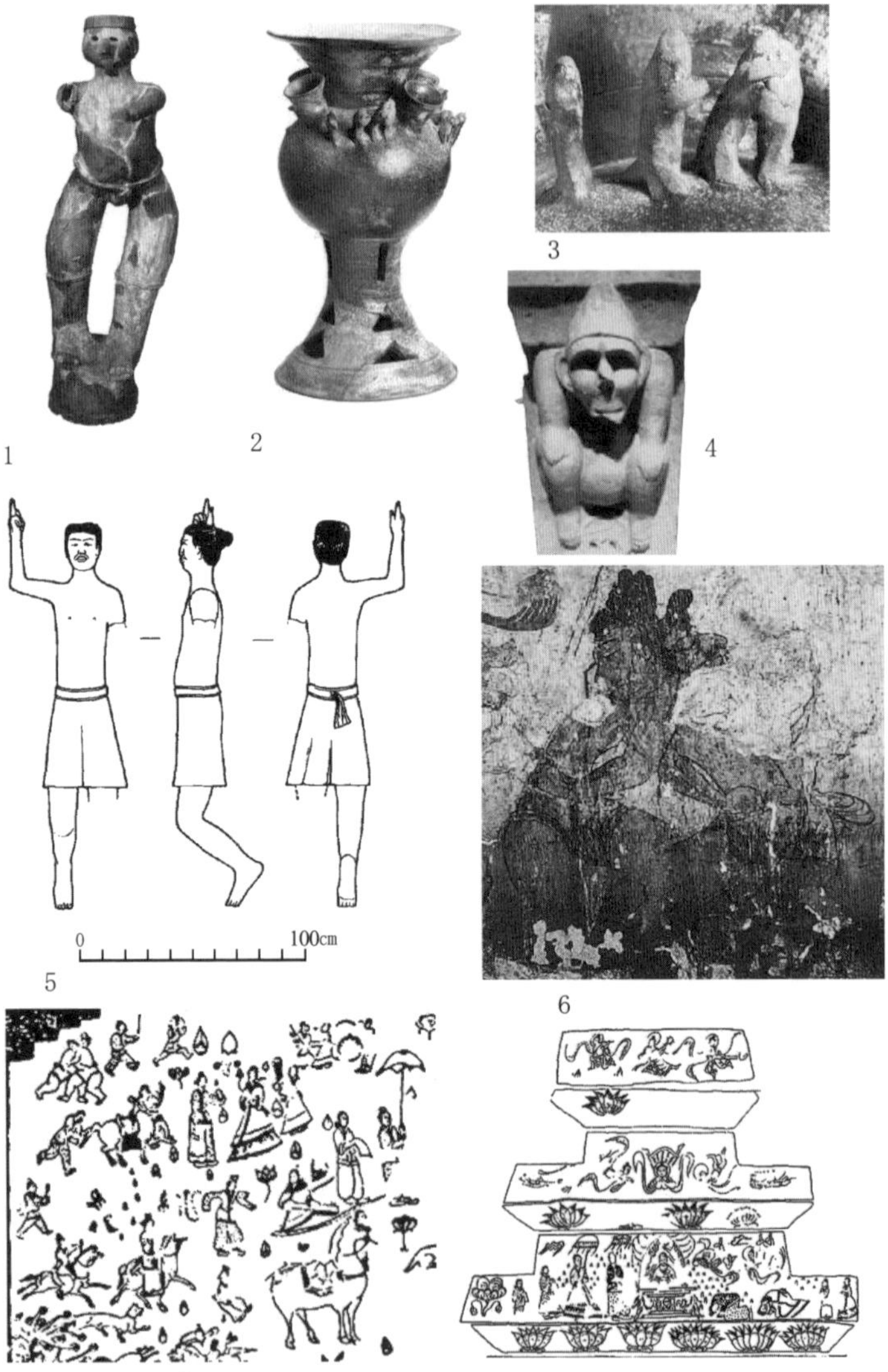

図20

1：井辺八幡山古墳力士埴輪、2：西宮山古墳装飾付須恵器、3：図20-2の格闘人物図拡大、4：画像石力士像（山東臨沂市博物館蔵）、5：始皇帝陵園力士俑（K9901出土）、6：角抵塚壁画人物図、7：長川1号墳角抵・百戯図（左）と仏像図（右）

角抵や力士に関して、古墳時代の人物埴輪には裸体にふんどしをした力士像が知られ（図20－1・森浩一編『井辺八幡山古墳』同志社大学文学部文化学科、一九七二年，和歌山市・六世紀中葉）、他には、二人が組み合った姿の小像が装飾付須恵器にみられ（図20－2、3，西宮山古墳・兵庫県たつの市・六世紀前半・ColBase）、一般的には相撲の場面を表しているとされている。

いっぽう、時期の遡る東アジアの考古資料としては、秦・始皇帝の陵園から複数の力士俑が出土した。力士俑のなかには片手をあげた姿勢をとるものも含まれ、以下にふれる技芸の一種としての百戯俑と報告されている（始皇陵考古隊「秦始皇陵園K九九〇一試掘簡報」『考古』二〇〇一年第一期＊・図20－5）。その後、力士は漢代の画像石などの図像資料にもみられる（図20－4・鞏家楠「山東及徐海区汉画像力士形象探析」『唐山師範学院学報』四〇－五、二〇一八年）。これらの俑や図像の力士は、二人で相対して、格闘を行う人々を指すのではなく、格闘技としての角低とは異なる意味を含む語句であることを示している。

史料・文献にみる角抵

角抵の記述は秦・漢代からみられ、始皇帝をついだ二世皇帝胡亥が甘泉宮で「觳抵優俳」すなわち角抵と雑技をみて楽しんでいたところに宰相の李斯が謁見にきたが、それはかなわなかった（『史記』李斯伝）、などの記述から、優俳は技芸を行う人を指すと考えられており、技芸を行う優俳と並列されたこの記述から角抵はたんなる格闘技ではなく、百戯とされる舞踏や軽業などさまざまな雑技とともに行われたとみられる。

漢代には武帝代の元封六年（紀元前一〇五）の夏に京師（長安）の民が離宮である上林苑にあった平楽館において角抵を見物したとある（『漢書』武帝紀）。北魏代の『魏書』にも、天興六年（四〇三）冬には音楽や楽器の演奏とともに雑伎として角抵が行われ、その有様は「五兵、角觝、麒麟、鳳凰、仙人、長蛇、白象、白虎及諸畏獣を造り、魚龍、辟邪、鹿馬仙車、高絙百尺、長趫、縁橦、跳丸、五案などの百戯を備えて、大饗を殿庭に設けた。これは漢・晋代の昔からと同じである」(『魏書』楽志)とある。色々な雑技の内容は未詳のものも多いが、北魏でもやはり、見世物の一つとして「角觝」(角抵)が位置づけられていたことが知られる。

また、北魏代を中心に四月八日(四日や七日の場合もある)の釈迦の生まれた日に、仏像を車に載せて、練り歩く行像という供養儀礼が行われた。北魏の行像については六世紀代の『洛陽伽藍記』に多くの記述があるが、たとえば、城内の長秋寺には六つの牙をもった白象が釈迦を載せて空中を飛んでいる像があり、釈迦の降誕会にはこの像が市中を練り歩くが、その時には辟邪の獅子がその前を導いた。また、刃を呑んだり火を噴いたりする見せ物もそここで行われ、竿登りや綱渡りなどが奇異の限りをつくした変幻ぶりで、その奇抜な術と異様な服装は都における一番の見物であったので、この像のとまるところには垣根のように見物人が集まり、人を踏みつけたり飛びこしたりしていつも死人が出たほどであった、という。こうした行像供養に際して行われるさまざまな曲技や芸能などは、次にふれる長川一号墳の壁画と類似しており、仏像が描かれたことから、この画題は行像のような仏教儀礼を表したものとみられ、そのなかに組み合った二人の人物すなわち角抵が描かれていることから、仏教儀礼の一つであるとみられる。

力くらべとしての角抵としては、同じく北魏の『洛陽伽藍記』に「近衛の兵士で馬僧相という者がおり、角觝戯が強くて、戟を百尺の樹と同じ高さまで投げ上げることができた。また宿営の兵士の張車渠は刀を楼よりも一丈も高く投げ上げることができた。帝も楼で御覧になったが、いつも両人にさしで力くらべをやらせた」とあり、北魏の都であった洛陽の栄華の様を回顧したなかで、主に六世紀前半の状況を描写している。隋代の角抵として、「正月十五日のいわゆる上元の日になると庶民が角抵を盛んに行って財を消耗するので、皇帝にこれを禁じて途絶するべく上奏した」(『隋書』柳彧伝)とある。隋代には、角抵大戯は端門街で、天下の奇伎異芸を集めて、月末まで行われ、煬帝がしばしば身をやつして、見に行ったとある(『隋書』煬帝紀)。これも「角抵大戯」がすなわち「天下の奇伎異芸」であり、さまざまな技芸としての角抵が記されている。

角抵が雑戯百楽と分離して、いつごろから単独の格闘技として意識されているかについては、『旧唐書』敬宗の宝暦二年（八二六）に「三殿に上御し、両軍教坊内園の分朋の驢鞠と角抵を観る。その戯がたけなわの時に首を砕き臂を折る者が有った」とあって、驢鞠すなわち馬上球技であるポロとともに角抵が行われ、これらによって負傷することがあったというのであるから、ここでは格闘技として行われたとみてよい。

角抵の展開と倭

格闘技としての角抵の図像のなかには、組み合う二人のうちの一方をあきらかに西域系の人物として表現した高句麗・角抵塚（吉林省集安市・五世紀前半）の壁画が知られており、広域の交流や地域認識を示している（図20－6・韓国文化財庁編『世界遺産高句麗壁画古墳』二〇〇四年＊）。また、周囲の図像の状況が知られる例は、高句麗壁画古墳である長川一号墳（吉林省集安市・五世紀中葉～後半）の壁画（前室北壁）に、上段には木の下に侍女を従えた人物を中心とした構図があり、むかって左側には琴のような楽器を弾く人物やお手玉のような曲技をする人物が描かれており、「百戯百楽」とみられている。左隅には腰の部分にのみ着衣をつけた裸体の人物二人が組み合っている様子が描かれており、「角抵」とされているから、この壁画図像では角抵は「百戯百楽」、すなわちいろいろな雑技のなかの一つという認識で描かれている。この図像の上部の天井を構築する石材には円光背のある菩薩像とみられる三体の仏像が描かれており（吉林省文物工作隊ほか「集安長川一号壁画墓」『東北考古与歴史』一九八二年第一集＊・図20－7）、長川一号墳の角抵を含む雑技は仏教儀礼として表現されたとみられ、さきにふれた行像供養と同じ意味であろう（門田誠一「高句麗壁画古墳に描かれた仏教的行事─「百戯伎楽」図の意味と系譜を中心として─」『高句麗壁画古墳と東アジア』思文閣出版、二〇一一年）。

中国では技や伎楽の一つとして角抵が位置づけられ、それが仏教儀礼としの行像供養としての意味ももつ角抵は高句麗古墳壁画にみられるように、東アジアの各地へと広がっていった。

いっぽう、野見宿禰と当麻蹶速の説話は、このような角抵の東アジア的展開とは異なる内容をもつ。垂仁紀三十二年秋七月甲戌朔己卯（六日）条の記事として、皇后の日葉酢媛命が死去したとき、野見宿禰の進言で、それまでの慣習だった生人を埋めることをやめ、かわりに出雲から土部百人を呼びよせ、土で人や馬などの形を作り陵墓に立てた。これを埴輪といい、以後、陵墓には埴輪を立てることにした、という内容がある。これに際して、野見宿禰は土師氏の祖となり、土師氏は土師部を率いて天皇の喪葬に奉仕するようになったという内容もあり、野見宿禰の説話は土師氏の政治的主張を含めた氏族伝承として位置づけられる（溝口優樹「『日本書紀』成立後の野見宿禰伝承：再解釈される『日本書紀』の氏族伝承」『国学院雑誌』一二一－一一、二〇二〇年）。いっぽう、皇極紀元年（六四二）秋七月乙亥条（二十二日）に百済使人である大佐平智積らを朝廷で饗応し、そこで健児（力の強い男）に命じて翹岐の前で相撲をとらせた、とある。また、天武紀十一年（六八二）秋七月壬辰朔甲午（三日）条に大隅の隼人と阿多の隼人が朝廷で相撲をとり、大隅の隼人が勝ったとあり、また、持統紀九年（六九五）五月丁卯（二十一日）条には隼人の相撲が飛鳥寺の西の槻の木の下で行われ、天皇らが見物した、と記される。これらの記事は、さきにふれた中国史書・文献の雑技や見世物としての角抵に近く、また、百済の使者の前で相撲をとったという記事からは、国際的な場面で行われており、外交に関わるものとして示されており、これらの相撲は野見宿禰と当麻蹶速の説話とは背景や状況が異なる。このような視点を含めて、従来のように高句麗古墳壁画などとの単純な類似のみから角抵や相撲の起源を論じるのではなく、考古資料や史書・文献との相対的な比較・検討によって、『日本書紀』の相撲に関する説話を東アジアにおける力士や角抵の流れとその意味のなかで相対的に位置づけてみた。

第二節　香文化の東伝

『日本書紀』にみえる香炉

『日本書紀』の香料や香炉に関する記述として、皇極紀元年（六四二）七月庚辰（二十七日）条には、祈雨の儀礼に際して、大寺の南の広場に仏菩薩像と四天王像とを安置し、多くの僧をまねいて『大雲経』などを読ませた時に、蘇我大臣が手に香炉を取り、香を焚いて発願をした、という記載があり、仏教儀礼に使用されたことがわかる。さらに天智紀十年（六七一）冬十月是月条には、天皇が使いを遣わして、袈裟・金鉢・象牙・沈水香・栴檀香および数々の珍財を法隆寺の仏に奉った、とあり、香炉は仏に対する奉納品の一種としてみえる。持統紀三年（六八九）秋七月壬子朔（一日）条には、陸奥の蝦夷沙門自得が願い出ていた金銅薬師仏像・観世音菩薩像各一躯、鍾・娑羅・宝帳・香爐・幡などの物を賜った、とある。ここでも香炉は仏具の一つとしてみられる。

これらのほかに天智紀八年（六六九）冬十月甲子（十九日）条には天皇が藤原内大臣の家に行幸して、大錦上蘇我赤兄臣に命じて情け深い詔を読みあげさせ、金の香炉を賜った、とある。香炉は仏具として寺院や仏の荘厳や仏教儀礼に用いられることによる威儀をもとに、臣下への賜物となったことを示している。

また、古代の政治史に関する有名な記述として、次のような内容がある。天智紀十年十一月丙辰（二十三日）条に、内裏西殿の織物の仏像の前に左大臣蘇我赤兄臣・右大臣中臣金連・蘇我果安臣・巨勢人臣・紀大人臣が侍したところで、大友皇子が手に香炉をとり、まず立ち上って、「この六人は心を同じくして、天皇の詔に従い、もし違背することがあれば、必ず天罰を受けるであろう」と誓った。そこで左大臣蘇我赤兄らも手に香炉を取り、順序に従って立ち上り涙を流しつつ、五人が大友皇子と共に、天皇の詔を奉り、もしそれに違うことがあれば、四天王が我々を打ち、天地の神々もまた罰を与えることを三十三天（仏の守護神たち）も、これを承知するよう懇願し、（これに違うと）子孫が絶え、家門も必ず滅びる、などと誓いあったという。ここでは仏教の場における誓約に香炉が重要な意味をもって描写されている。

いっぽう、飛鳥時代頃の実物は法隆寺献納宝物とそれと時期的に近いとみられる正倉院宝物の柄香炉などの伝世資料が知られるが、それ以外の香に関する資料はまれであり、現状では『日本書紀』が扱う七世紀以前の香文化は出土遺物からは明らかではない。香炉は中国では戦国時代後半から知られ、漢代以降は博山炉をはじめとして多様な形態の香炉が用いられ、材質も銅などの金属製とともに陶磁器の香炉が用いられ、北朝代頃からは柄香炉がみられる。

このように中国で展開してきた香炉が東アジアのその他の地域に広がっていく様相は考古資料で検討することができる。そのうち、香炉の主な素材である陶磁器そのものは朝鮮三国時代には中国製陶磁器が流入し、地域別では高句麗地域では四～五点、新羅では皇南大塚北墳で一点、加耶地域では釜山市福泉洞古墳群などで数点であるのに対し、百済では二〇〇点以上にも及び、とくに王都とその周辺では一五〇点以上が出土しており、百済における中国陶磁器の重視あるいは需要があったことが明らかになっている（イム・ヨンヂン「中国六朝磁器の百済導入背景」『韓国考古学報』八三、二〇一二年＊、成正鏞「古代東アジアの文物交流—馬韓と百済を中心に—」『専修大学古代東ユーラシア研究センター年報』五、二〇一九年）

百済で出土した中国陶磁器は城址・寺院址・集落址・墳墓などから出土し、青磁・黒磁・黒褐陶器などがあるが、器形としては頸の付いた壺（盤口壺、鶏首壺、四耳壺、六耳壺など）が主体であり、少数の碗や硯などのほかに羊形の青磁（原州・法泉里・図21－1・韓国国立中央博物館データベース）など特殊な器形の製品も出土するが、香炉の出土は明らかではない。

朝鮮三国時代の香文化

百済の香炉としてよく知られるのは、陵山里寺址（韓国忠清南道扶余郡、陵寺とも呼ばれる）で出土した資料で、百済金銅大香炉（高さ六一・八センチメートル、六～七世紀）の名で韓国の国宝として知られている（図21－2・韓国国家遺産庁データベース）。この香炉は台坐部・胴部・蓋部から構成され、台座部の龍は天空を仰ぎ香炉をくわえ、胴部には蓮の花が三段に配置されて、葉には鳥や動物・魚などが浮き彫りで表現され、蓋部には蓬莱山（神仙思想を表す中国の伝説の山）を意味する多くの峰と想像上の動物などや笛・琵琶・太鼓など演奏する楽師や武人像などの多様かつ多数の像がみられ、最上部には、翼を広げて如意珠を嘴と首で抱いている鳳凰が表現されている。このような像と文様から仏教だけでなく、神仙思想または道教が混交した様相を表すとされる（張寅成著：土田純子訳「百済金銅大香炉の道教文化的背景」『古文化談叢』五三、二〇〇五年）。こうした見解を含め、壮麗な金銅香炉は中国の思想や文化のもとに百済で製作され、百済王室の寺院であった陵山里寺址で用いられたとみられる。

いっぽう、高句麗では陶磁器の香炉の出土は明らかではないが、古墳壁画には香炉の使用がみられ、そのうち時期的に最もさかのぼる例は安岳三号墳（平安南道安岳郡・四世紀中頃）の墓主夫人図のむかって右側に描かれた女性が持つ香炉である。この香炉は立面が円形に近く、獣脚が付けられ、上部には三体の鳥形装飾がある。このような香炉は漢代から三国・晋代の青銅製香炉に類似する資料があることが指摘されており、同時代の中国の香炉が移入されたものとみられる（李溶振「三国時代香爐研究」『韓国古代史研究』五、二〇一〇年＊・図21－6，チェ・ククフェ「安岳三号墳壁画に現れた円球形香炉研究」『人文学研究』三一、二〇二〇年＊・図21－7）

高句麗壁画古墳には、仏教的な意味をもつ香炉も描かれており、その例として、双楹塚（南浦特別市・五世紀後半）では僧の前で脚付きの香炉を頭部に載せた人物が描かれ、僧の後ろには二人の人物が続いており、はやくから仏教の儀礼を表現したものとされてきた。中国では類似した青磁香炉があり、双盈塚壁画の香炉も中国から将来された品を表すとみられている（李溶振「三国時代香爐研究」『韓国古代史研究』五、二〇一〇年＊・図21－4、5）。

安岳三号墳の被葬者は墨書墓誌銘と『資治通鑑』などの記述から、三三六年に高句麗に亡命し三五七年に六十九歳で没した「冬寿」（『資治通鑑』では佟寿）という亡命漢人であることがわかっている。安岳三号墳に高句麗でももっとも時期のさかのぼる香炉が描かれていることは、墓主である冬寿に代表される亡命した漢人によって、高句麗に中国の香炉とその文化がもたらされた一面を示している。

日本列島では奈良時代以前の香炉は出土遺物としては明らかでなく、法隆寺の玉虫厨子須弥座正面の舎利供養図とされる図像には円形で獣脚の付く香炉や僧侶が手にとる柄香炉（二箇所）などの図像がある（長谷川智治「法隆寺玉虫厨子考―舎利供養図を中心に―」『佛教大学総合研究所紀要』一八、二〇一一年・図21－8）。

これらによって、玉虫厨子の制作時点の飛鳥時代後半の七世紀頃には、形態や用途の異なる複数の種類の香炉が認

図21

1：三国時代遺跡の中国陶磁器の例（原州・法泉里出土青磁羊形器)、2：百済・金銅大香炉、3：双六古墳二彩片、4：双盈塚壁画の香炉（囲み部分)、5：双盈塚壁画類似の青磁香炉（東晋代・南京市博物館蔵)、6：安岳３号墳壁画の香炉、7：安岳３号墳壁画類似の青磁香炉（後漢代・山東省寿光県博物館蔵)、8：玉虫厨子須弥座正面舎利供養図の香炉

識されており、仏教における供養具としての香炉が総体として受け入れられていた様相を示している。

このような日本における香炉と香の文化の使用の状況は、さきにふれた古墳やその時代の遺跡から、中国陶磁器が出土しないことと関係していると思われる。すなわち、百済で多数出土する中国陶磁器は南朝からもたらされたものであり、朝貢していた南朝の文化的影響が大きい。羊形青磁のような特殊な器種が出土していることを勘案すると、将来、百済では中国南朝の香炉が出土する可能性がある。

これに対し、『宋書』の倭の五王の記述から、南朝の宋に朝貢していたことが明らかな倭では、南朝の影響のある遺物は象嵌文様のある鉄鏡（大阪府堺市百舌鳥大塚山古墳）・画文帯神獣鏡などの銅鏡・銅製容器（銅碗、熨斗、灯盞）と一部の装身具（岡山県宿寺山古墳出土金釵）などに限られ、出土例もきわめて少ない（桃崎祐輔「日本古墳時代的南朝舶来系文物」『東亜文明』二〇二一年版＊）。また、南朝陶磁器は確実な出土例がなく、発掘調査によって出土した中国陶磁器としては双六古墳（長崎県壱岐市・六世紀後半）から新羅土器とともに出土した北斉または隋代の二彩（白釉緑彩）陶器片のみである（壱岐市教育委員会編『双六古墳』二〇〇六年・図21－3）。

このようにみてくると、東アジアでも香炉や香の文化の伝播や展開には地域的差異があり、高句麗では亡命漢人による中国文化の受容の一環としての香炉の移入がみられ、百済では陶磁器をはじめとした南朝文物の移入との関連から、陵山里寺址出土金銅大香炉が製作されたとみられる。これに対し、出土資料からみるかぎり日本古代には中国的な香の文化の段階を経ず、仏教の弘通とともに香炉の使用が広がったとみられる。既述の『日本書紀』の皇極、天智、持統代にみえる香炉使用の記述は東アジアの仏教と関連した香文化の流伝を背景としている。

第三節　文字文化と出土文字資料

『日本書紀』の文字説話と同時代の新字

『日本書紀』には文字に関する記述もみられ、よく知られるのは応神紀十五・六年にかけて王仁が来朝し、菟道稚郎子が彼を師として諸典籍を習った、とあり、同様の内容として『古事記』応神天皇段にも「和邇吉師」の名で百済王が『論語』一〇巻、『千字文』一巻を王仁にもたせて、貢進したという記事がみられる。

ただし、南朝・梁代の周興嗣（四七〇～五二一）によって編纂された『千字文』は、四世紀後半～五世紀初め頃とされる応神天皇代には成立しておらず、王仁がもたらしたという記事に対する疑義は早くから示されている。現在では、江戸時代に百科全書としての『和漢三才図会』を編んだ寺島良安や李氏朝鮮時代に『海東繹史』を著した韓致奫（一七六五～一八一四）、清の黄遵憲などが、この説話をどのように認識したかという博物学史・言語学史的な関心もみられる（盧鏞弼「日本寺島良安と清黄遵憲の百済王仁千字文日本伝播確認論比較検討」『西江人文論叢』六二、二〇二一年＊）。

渡来人と文字の関係でよく知られるのは、敏達元年（五七二）紀五月丙辰（十五日）条にある烏の羽根に書いた高麗からの国書を船史の祖先の王辰爾が黒い羽根を米を炊くときの湯気で蒸し、帛（上質な絹）を羽根に押しつけて羽根に書かれた文字を写した、とある記事である。この記事の文字に関する記述は現実の事象とはかけはなれており、船史の祖先伝承として位置づけられよう。

これらの記事は漢字に関わるものであるが、『日本書紀』が編纂された八世紀初めを前後する頃の中国では文字とも関わる政治的、社会的変化があった。史上に武周（王朝名は周、六九〇～七〇五）と呼ばれる時代で、唐の高宗の皇后であった武則天が唐に代わり建てた王朝であり、中国の王朝でただひとりの女帝となった。武則天は日本では則天武后と呼ばれることが多いが、その治世は短く、考古資料の点では前後の時期である唐代の考古資料と大きな違いは見出しにくいとされる。そのなかで、とくに特徴あるのは文字が記された考古資料である。武后は独特の文字を創出し、則天文字と呼ばれた。よく知られる字形としては水戸黄門でおなじみの徳川光圀の「圀」字がある。『日本書紀』に記された上述の文字に関する内容だけでなく、編纂時点での文字文化を検討するために重要となるのは、同時代に記された墨書土器などの出土文字資料であり、則天文字を典型とする外来の文字の様相によって、『日本書紀』に記された文字文化を含め、編纂された時代の在地における文字の認識と使用の実態を知ることができる。

中国では武周新字と呼ばれる則天文字は合わせて十七種十八字（異説もある）が、載初元年（六八九）正月から聖暦元年（六九七）正月まで五次にわたって制定された。則天文字が中国本土で公式に使用された期間は載初元年（六九〇）から神龍元年（七〇五）の約十五年間であったとされている（蔵中進『則天文字の研究』（翰林書房、一九九五年，張薇薇「従武周新字的通行与消亡看当代的網絡新字」（『漢字文化』二〇一八年第五期＊、柯妍「関于武周新字通行与消亡的認識」『漢字文化』二〇一八年第二四期＊）。

則天文字と考古資料

『日本書紀』に則天文字に関わる内容はみられないが、関連する考古資料としては、下道圀勝弟圀依母夫人の銅製骨蔵器がある。この資料は江戸時代に岡山県矢掛町で発見され、蓋には「下道圀勝弟圀依朝臣右二人母夫人之骨蔵器故知後人明不可移破」「以和銅元年歳次戊申十一月廿七日己酉成」の銘文がある。被葬者である「下道圀勝」は八世紀前期の人で吉備真備の父であり、吉備地方の豪族の出身で、『続日本紀』の吉備真備の薨去記事には圀勝が都で右衛士少尉にまでなったことが記されている。その母は吉備真備の祖母にあたり、和銅元年（七〇八）以下の紀年は蔵骨器作製の日付とみられている。この蔵骨器銘文の「圀勝」「圀依」の「圀」字は「国」の則天文字であり（図22－1・斎藤忠編『古代朝鮮・日本金石文資料集成』吉川弘文館、一九八三年）、紀年からみて、『日本書紀』編纂をさかのぼる八世紀初頭には則天文字が使用されていたことがわかる。

墨書土器を主体とした出土文字資料に記された則天文字に関しては、地方における発掘調査の増加による資料の蓄

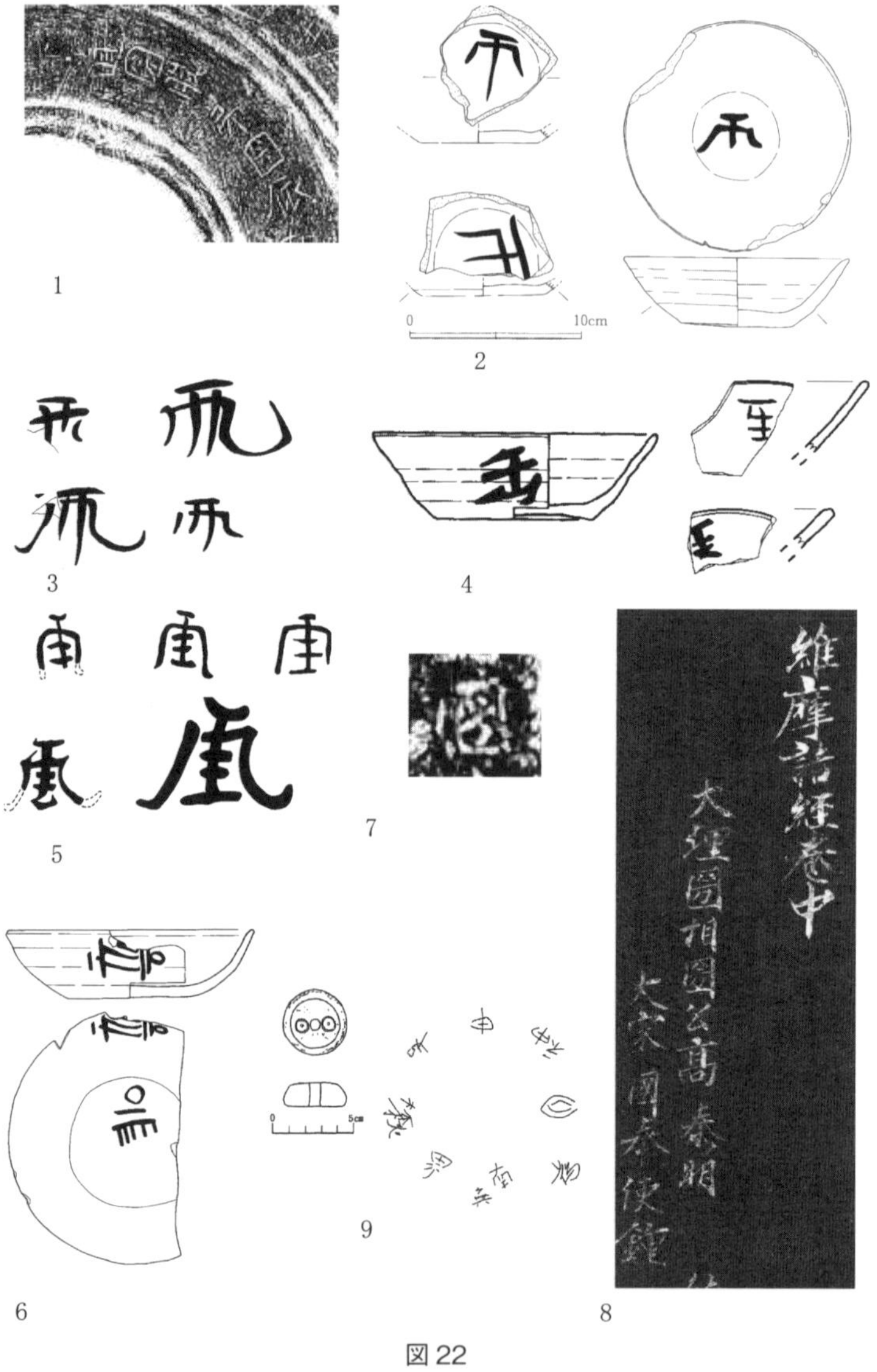

図22

1：下道圀勝弟圀依母夫人骨蔵器（部分）、2：片又木遺跡墨書土器、3：西部遺跡墨書土器、4：谷津貝塚墨書土器、5：下神遺跡墨書土器、6：宮竹野際遺跡墨書土器、7：崇聖寺千尋塔銅片の「圀」部分、8：『紺紙金字維摩経』の「圀」と「国」部分、9：ムコアラク遺跡線刻紡錘車

積がみられる。一九九〇年代の集計では則天文字とその類似墨書土器は秋田県から鹿児島県まで全国約七〇箇所の遺跡から二〇〇点以上、刻書土器は三点が出土しているとされる（高島英之「遺跡出土の墨書土器が語るもの」上田市立信濃国分寺資料館編『古代信濃の文字』上田市立信濃国分寺資料館、二〇〇七年）。ただし、出土文字資料の則天文字とされる事例には則天文字そのものと、則天文字をもとにした記号とみられる場合がある（高島英之『古代出土文字資料の研究』東京堂出版、二〇〇〇年）。

則点文字と関連する墨書が多数出土している例として、片又木遺跡（千葉県市原市）は九世紀前葉から中葉にかけて、谷奥の斜面部に営まれた複数の竪穴建物・掘立柱建物からなる小鍛冶（鉄器製作）工房と推定されているが、出土した三四二点の線刻・墨書土器のうち九三パーセントが則天文字の「西」（天）の異体字に類似することが報告されている（市原市文化財センター編『市原市片又木遺跡Ⅲ』二〇〇四年、図22－2）。これらの文字は工房を操業していた集団の標識であり、記号としての意味あいで用いられていたと推定されている。

これを含め出土文字資料の則天文字が多数出土した例として西部遺跡（新潟市・一〇世紀前半）では、則天文字の「西」（天）の異体字をもとにしたとみられる墨書土器七五点が出土した（新潟県埋蔵文化財事業団編『西部遺跡Ⅱ』二〇一〇年・図22－3）。

則天文字に字形の類似する事例としては、下神遺跡（長野県松本市）では九世紀中頃から後半に属するとみられる墨書土器として、異体字を含む則点文字の「西」（天）、「凧」（君）、「壐」（初）などの外かまえ、または外側の部分に類似するとみられる文字が記された土器二四三点が出土している（長野県埋蔵文化財センター編『中央自動車道長野線埋蔵文化財発掘調査報告書6―松本市内その3　下神遺跡本文編―』一九九〇年・図22－5）。

遺跡出土の則天文字の事例のうち、「天」字に関しては、とくに聖暦二年（六九九）に武則天が自書し、建碑した『昇仙太子碑』に典型的とされる手書きの行草の部分にみられる異体字であり、漢字の「而」に類似した字形である（松井如流『則天武后・昇仙太子碑』二玄社、一九五九年など）。

これら以外にも則天文字あるいは類似の文字を記した墨書土器は数点程度が出土する場合は多いが、以上のような多数出土の典型的な遺跡例から、則天文字墨書土器は特定の遺跡から多数かつ集中的に出土することが特色であり、これはすでに指摘されているように字句と同様に土器に墨書された呪的あるいは祭祀的な記号としての意味が想定される（平川南『墨書土器の研究』吉川弘文館、二〇〇〇年）。

地方の遺跡における則天文字墨書土器の多数出土のほかに、則天文字記号の地方への波及を示すものとして、一遺跡で複数種の則天文字が出土する場合がある。その例として、谷津貝塚（千葉県習志野市・九世紀前半〜一〇世紀前半）では「𠑊」（人）、「𠙺」（正）の則天文字が記された墨書土器が出土している（テイケイトレード株式会社編『谷津貝塚埋蔵文化財発掘調査報告書Ⅲ』二〇一三年、図22－4）。異なる字種の則天文字を一つの土器に記した例として、宮竹野際遺跡（静岡県浜松市）では八世紀末から九世紀前半の須恵器坏に「〇」（星）と「西」（天）に類似した墨書があり、これらが則天文字であるとすれば、「星天」という語句となる可能性が指摘されている（岡県埋蔵文化財研究所編『宮竹野際遺跡』二〇〇六年・図22－6）。

このような則天文字とそこから派生した字形の墨書土器は、中国において則天文字の使用が終わった時期を中心とし、地方に波及するという点で日本古代における則天文字の波及の一面を示している。

中国周辺地域の則天文字

日本の遺跡出土の則天文字の特色を明らかにするために、中国周辺地域の則天文字の様相を参照したい。そもそも中国では則天文字は武周新字と呼ばれることが多いように、原則として武周代以降は使用されなくなるとされるが、地域によっては、その後も引き続き用いられる。とくに雲南地域とりわけ大理国を典型とする西南地域の則天文字使用の動向は、日本の出土文字資料の則天文字と対比すると、双方の文字文化の特色が明らかになる。大理国は雲南省西部の大理を中心に、九三七年に白蛮（白族）の段思平が建国し、一二五三年に元のフビライ（世祖）の攻撃で滅亡した。大理国は則天文字の制定と廃用から相当に時期が下る。大理国での則天文字のなかで、とくに「圀」字に注目すると、大理国成立以後の主な紀年銘考古遺物としては「辛酉歳銘」（一一一六）の大理・崇聖寺千尋塔出土銅片銘文の「平圀公」（邱宣充「大理崇聖寺三塔主塔的実測和清理」『考古学報』一九八一年第二期＊・図22－7）や経巻としては保安八年（一〇五二）銘『仏弟子比丘釈道常薦挙七代先亡写疏』の「十六圀王奉詩文」、文治九年（一一一八）銘『紺紙金字維摩詰経』（メトロポリタン美術館所蔵品データベース・図22－8）の「大理圀相圀公高泰明」などがある。大理国の則天文字使用の認識に関して、中原地域の漢族では武則天の勢力の消失とともに唐代にはすでに則天文字は消失したが、雲南地域では宋代の大理国で広く用いられ、著しい例としては元代の碑刻にもみられるとする（蒋愛花・安劭凡「〝武周新字〟研究情況概述」『渤海大学学報（哲学社会科学版）』二〇一四年第二期＊）。時期的にも長く続いた大理国の則天文字使用の特色としては上述の文治九年『紺紙金字維摩詰経』に「大理圀」「大宋国」とあることに典型的に現れるように、則天文字と正字を使いわけている（陸錫興「論武則天制字的幾個問題」『中国文字研究』二〇一一年第一期＊）。

　このような大理国の「圀」字を主体とした則天文字の使用に関しては、すでに南宋の范成大（一一二六～一一九三）が『桂海虞衡志』雑志で「大理国の南辺にまで文書が普及したのは商人によって仏典や題辞・跋文などが将来されたことによるとし、いまだ則天文字の「圀」を用い、圀は武則天が作った「国」字である」と述べている。最近の研究では、大理国で「圀」「国」が使い分けられるのは、辺境である雲南地域における漢文化の影響と、別の側面として漢人文化に対する大理国の統治者の民族的な心理傾斜を説く見解がある（張楠「武周新字〝圀〟在雲南的流伝考釈」『故宮博物院院刊』一九九二年第三期＊）。

　このように大理国における則天文字の使用は中国の王朝との相関から理解される政治・文化の次元での認識によるものと理解されている。大理国における則天文字の使用に関して、紀年銘資料をもとに概観したが、これと相対化して、地方の集落遺跡等の出土文字資料にみられる則天文字とその類型を検討し、日本古代の在地における則天文字使用の史的特質を明らかにしたい。

日本における則天文字使用の時期と関連する初期的状況を示すのが那須国造碑である。この碑には則天文字自体は使用されていないが、周知のようにこの碑文は「永昌元年」（六八九）の年号を含み、時代としては唐代ではあるが、時あたかも武則天による実質的な権力掌握が行われ、一般的には武則天の年号として取扱われる。日本列島において、武周代に併行し、かつその影響が認められ、後の則天文字流行の史的脈絡を示す資料である。則天文字は、その後、正倉院蔵・慶雲四年（七〇七）書写の『王勃詩序』に用いられていることから、大宝年間の遣唐使（七〇四年帰国）によって将来されたとみられており、日本における則天文字使用の上限を示す資料となっている。

いっぽう、これまで例をあげた在地の墨書土器に記された則天文字に関しては、「㐀」（異体字）「𠀑」「𡈽」の限定した字種が選択的に用いられている。こうした点から、則天文字の流入と展開について、唐から請来された経典を写経していく過程で、則天文字も経文とともに寺院や僧侶を媒介とした各地への伝播と流布、地方の役所とそこに出入りする人々を経由した伝播、渡来人による在地社会への直接的な流入の三つの機会が想定されている（高島英之「古代東国の村落と文字」『古代出土文字資料の研究』東京堂出版、二〇〇〇年、高島英之「則天文字が記された墨書土器」『出土文字資料と古代の東国』同成社、二〇一二年）。

文字文化波及の実態

このような則天文字の波及に対して想定される経路や機会のうち、地方の集落遺跡などで多数出土する墨書土器などとの関連として、地方の集落遺跡から経典に所依する文章や語句などの仏教語が記された遺物の出土することが注目される。たとえば、東国の奈良・平安時代の集落遺跡から出土する石製紡錘車の線刻文には、仏典に所依する語句や文章が記される場合がある。このような石刻紡錘車の線刻文のなかには、たとえば「南無」のような一般的な仏教語のみならず、釈迦や弟子たちがインド各地において、この木の茂る林に滞在して宗教活動を行い、その意味で「学林樹木」の一つとされる「申恕林」を示す「申如林」（ムコアラク遺跡DW三三号住居址・千葉市・九世紀前半、千葉県文化財センター編『千葉東南部ニュータウン8―ムコアラク遺跡・小金沢古墳群―』一九七九年・図22―9）や「十大牛力」「十青牛力」「十凡象力」「十野象力」「十優鉢羅象力」「十那羅延力」などに示される十を単位とした膂力や能力が羅列された経典（『大般涅槃経』巻第十・現病品）に所依する「十大身部力」（皀樹原遺跡・埼玉県・包含層出土のため八～一〇世紀初）などの語句や文章の用いられている例がある（門田誠一「出土文字資料にみる古代仏教弘通の地域的実態」『出土文字資料と宗教文化』思文閣出版、二〇二一年）。

このような集落次元での仏教信仰および仏教的情報の伝達者を考定する際に考古資料として一定の論拠となりうるのが、距離をおいた複数の遺跡から出土する同一筆跡の墨書土器である。千葉県では同じく東金市に所在するが、互いに三・二キロ離れた奈良・平安時代の久我台遺跡と作畑遺跡で同一筆跡の「弘貫」という僧名と考えられる墨書が記された土器が出土した。双方の遺跡ともに、遺構・遺物の面からはほとんど仏教的様相が看取できないことから、僧が定住したとは考えにくく、作畑遺跡を拠点とした「私度僧」の活動の可能性も指摘されている（萩原恭一「久我台遺跡」千葉県編『千葉県の歴史』資料編3・考古3（奈良・平安時代）一九九八年）。

このように仏教語や仏教的文章の集落次元での流布には、仏教の教学によって仏典の内容を知悉した僧などの専門的知識のある加担者の存在が不可欠であり、こうした在地の仏教者などによって、仏典の字句が紡錘車や土器に記されるとともに、則天文字などの字句や知識も在地の集落に伝えられることになったと推定される。この節のはじめにふれた応神記の『論語』『千字文』を伝えた王仁の説話や敏達紀の王辰爾の羽書の解読の記事の背景にある『日本書紀』編纂時期の文字認識や、その一面を示す同時代の地方における文字文化の展開と関連する仏教の地方集落への浸透の実態が考古資料によって明らかになってきた。考古資料から明らかになった同時代の文字に対する認識や理解は『日本書紀』編纂の文化史的背景としても重要である。

第四節　身体変工の思想と背景

入れ墨・身体変工と束髪

『古事記』『日本書紀』には顔面に施された入れ墨に関わる具体的記述が散見されることが特色である。顔面の入れ墨のほかに、景行紀二十七年春二月辛丑朔壬子（十二日）条には、武内宿禰が東国から帰った際の奏言に、東夷の中に日高見国があり、その国の人は男も女も、髪を椎のような形に結い（椎結）、体に入れ墨（文身）をしていて人となりは勇敢で、これをすべて蝦夷といい、土地は肥えていて広大であるため、攻略するとよい、という旨が述べられている。ただし、東夷における文身は漢籍を典拠としており（井上隼人「『日本書紀』における蝦夷の考察―景行紀の神話的背景」『國學院雑誌』一二一―一一、二〇二〇年）、『日本書紀』では、この例のみである。

いっぽう、『記』『紀』にみえる顔面の入れ墨の記述としては以下があげられる。

①大久米命が天皇の言葉を伊須気余理比売《いすけよりひめ》に告げた時に、比売は大久米の入れ墨をした鋭い目（大久米命の黥《さ》ける利目《とめ》）を見て、不思議に思って歌って言う。あめつつ、ちどり、ましとと（訳注・以上鳥の種類）のように、どうして目の部分に入れ墨（黥ける利目）をしているのですか。すると大久米が答えて歌った。お嬢さんにじかにお逢いしたいと思って、私は目の部分に入れ墨（黥ける利目）をしているのです。こうしてその少女は「お仕え申し上げます」と言った（神武記）。

②市辺王の王子（皇子）の意祁《おけ》王・袁祁《をけ》王たちが山代（山城）の苅羽井で食事をした時に、顔に入れ墨をした（面黥《おもてきざめる》）老人が来てその食べ物を奪った。そこで二人の王子が、あなたは誰かと聞くと、「自分は山代の猪甘だ」と言った（安康記）。

③阿曇連浜子を召して、詔して「汝は仲皇子とともに叛逆を謀って、国家を傾けようとした。罪は死にあたるが、大恩を垂れて死を免じて墨の刑を科す」と仰せられ、その日のうちに顔に入れ墨（黥）をした。これによって時

の人は阿曇目（注・阿曇部に特徴的な目）といった（履中紀元年夏四月辛巳朔丁酉条）。

④河内の飼部《うまかい》らが天皇に従って手綱をとった。これより前、飼部の顔の入れ墨（黥）が完全になおっていなかった。その時、淡路島におられた伊奘諾《イザナギ》神が祝《はふり》（注・祭祀に奉仕する職掌）に託宣して「血の臭いに耐えられない」と仰せられた。そこで占うと告宣に「飼部らの入れ墨の傷の臭気が不愉快だ」と出たので、これより以降、飼部に入れ墨を行うことをやめた（履中紀五年秋九月乙酉朔壬寅条）。

⑤鳥官の禽《とり》が、菟田の人の狗《いぬ》に喰われて死んだ。天皇は怒って、顔に入れ墨をして（黥面）、鳥養部とした。その時、信濃国と武蔵国の直丁が宿直をしており、「ああ、われわれの国は鳥が多く、積み上げれば小さな墓ほどにもなる。朝晩食べても、なお余りある。今、天皇はわずか一羽の鳥のために、人の顔に人墨をされた。はなはだ道理にあわない。悪行の主である」と言った。天皇はこれを聞かれて、鳥を集めて積ませようとしたが、直丁らはすぐに集め積むことはできなかった。そこで詔して鳥養部とした（雄略紀十一年冬十月条）。

これらにみられる「黥」とは黥面のことで、顔面に入れ墨を施すことを意味し、すでに魏志倭人伝には「黥面文身」とある。「文身」は体に施す入れ墨であることはすでにふれた。これらの「黥」「墨」の記述の意味として、特定の職掌の表徴やそれを担う氏族・集団の習俗（①、②、④、⑤）であり、それと重なる場合も含め刑罰（③、⑤）として記されている。『古事記』『日本書紀』にみられる「黥」すなわち顔面の入れ墨に関しては、これまで多くの研究があるなかで、考古資料としては、縄文時代の土偶や弥生時代の土製人物像（図23－1・設楽博己「黥面土偶から黥面絵画へ」『国立歴史民俗博物館研究報告』八〇、一九九九年）および古墳時代の人物埴輪などの顔面にみられる線刻表現を入れ墨と推定した研究が展開されている。上記の入れ墨の記述については人物埴輪の顔面装飾などとの関連で多くの研究があり、以下で取り上げる文化・思想的な内容との関係に限ると、入れ墨の伝承が形成されてゆく過程において、過去の異様な習俗であり辺境地帯の野蛮な習俗とする観念があったとされる（辰巳和弘『埴輪と絵画の古代学』白水社、一九九二年）。これまで主体であった『記』『紀』の内容との比較検討は重要であるが、ここではそれらとは異なる東アジア次元で

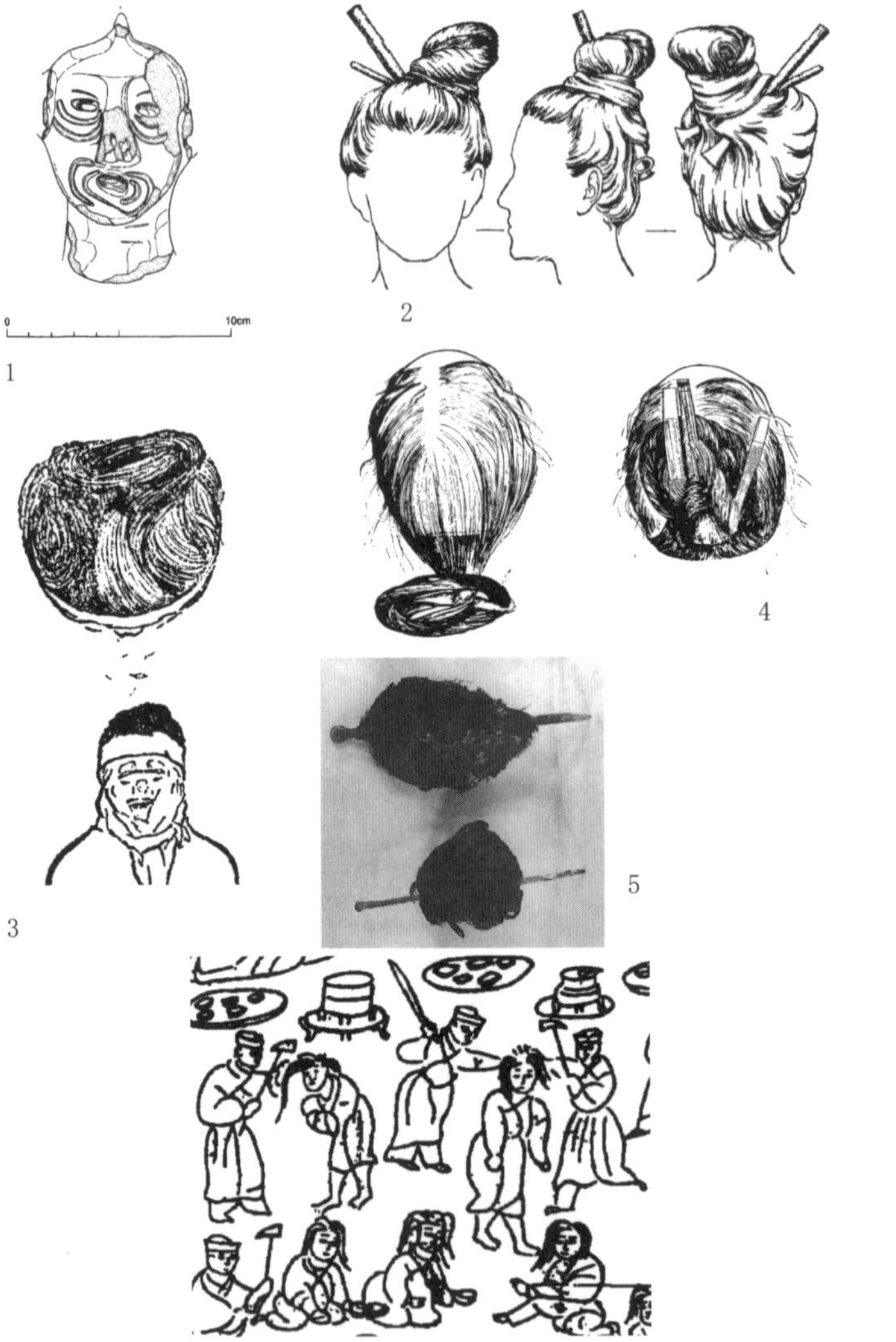

図23
1：鴨部・川田遺跡土偶（香川県・弥生前期）、2：河南・信陽黄君猛夫婦墓（夫人）、3：湖北・黄陵馬山一号楚墓、4：湖南・長沙馬王堆一号墓、5：寧夏・固原北魏漆棺画、6：山東・諸城涼台孫琮墓画像石

の外的な視点から、古代の入れ墨についてふれてみたい。

考古資料としての実際の入れ墨は遺存環境がよほどよくない限り残らず、身体に施された例として、ロシア南東部・南シベリアの山地アルタイにおける遊牧民文化の代表的な遺跡であるパジリク古墳群（ロシア南東部・南シベリアの山地アルタイのパジリク文化の墳墓・紀元前六～前三世紀頃）が学史的に知られている（S・I・ルデンコ「パジリク古墳の秘宝」加藤九祚編訳『西域の秘宝を求めて』新時代社、一九六九年）

上にあげた『記』『紀』の記事には刑罰とみられる記述もあるいっぽうで、特定の氏族や職掌にみられる習俗として記される場合もある。経書などにみえる刑罰として黥があることに逆説的に示されるように、肉体の一部を改変することは儒教では許されないことであった。『孝経』開宗明義章の「身体髪膚、之を父母に受く。敢て毀傷せざるは、孝の始めなり」（自分の身体は毛髪・皮膚にいたるまで、すべて父母から戴いたものである。この大切な身体をわけもなくいため傷つけないように心がけることが孝行の始めというものである）の文章がその典型として説かれることが普通である。これにもとづき、肉体のみならず、髪を切る断髪やそれに類し、束ねない被髪は孝の思想に反するとされている。

それを示す考古資料として、長く伸ばした髪を束ねた束髪を示す被葬者の髪そのものが残存した例がある。典型的な例として、春秋時代の初め頃とされる河南・信陽黄君猛夫婦墓の女性被葬者の頭髪が極めて良好な状態で出土した。これは髪を結い上げて束ね、二本の木製笄を用いて留められている。女性被葬者は黄国の国君の妻の猛姫と推定されている（河南信陽地区文物管理委員会・光山県文物管理委員会「春秋早期黄君猛夫婦墓発掘報告」『考古』一九八四年第四期＊・図23－2）。

さきに示した『孝経』の教えからみると、髪を含めた肉体全体を完全に保つことが孝の発露であることから、日本ではかもじ（髢、髪文字）と呼ばれる仮髪すなわち付け毛をして髪を補ったことが知られる遺体も出土している。

その例として、戦国時代中頃から末頃と推定される湖北・黄陵馬山一号楚墓では四十から四十五歳くらいの女性被葬者の頭髪が残存していた。髪の長さは約十五センチメートルほどであり、後頭部で一まとめにした後、長さ四十センチメートルの仮髪を繋いだ後、二つに分けて丸髷状に結い、木製の簪で留めていた（湖北省荊州地区博物館編『江陵馬山一号楚墓』文物出版社、一九八五年＊・図23－3）。

時期的に遅れる例としては、固原北魏漆棺画（寧夏回族自治区固原市）として知られる彩色図像木棺の出土で知られる磚室墓から墓主夫婦の骨片と二人分の髪が出土している。髪は男女ともに笄で留められており、北魏代の束髪がわかる稀少な資料である。この墓は漆画の図像の様式や出土したペルシャ銀貨・青銅器などから北魏の太和十年（四八六）頃と推定されている（寧夏固原博物館編『固原北魏墓漆棺画』寧夏人民出版社、一九八八年＊・図23－5）。

こうした髪の遺存例のなかでも、漢代墳墓の被葬者の髪形が知られる例として、長沙国丞相で軑侯利蒼の墓である二号墓に隣接し、妻である「辛追」が葬られた湖南・長沙馬王堆一号墓（前漢初期）で付け毛が出土している。この遺骸は奇跡的に良好な遺存状態によって広く知られることとなった。被葬者の頭部も原状が良く残っており、頭髪が少なくなり、下半部は仮髪によって髪全体を上方に結い上げ、鼈甲・竹・角の三種類の材質の異なる笄で留められていたことがわかった（湖南省博物館ほか編『長沙馬王堆一号漢墓』上集、文物出版社、一九七三年＊・図23－4）。この例によって漢代の上位階層の女性が髪を束ねて、笄でとめていた状況が知られるとともに、付け毛をしてまで、髪を結ったことがわかった。これらの事例から現在のように単なる外見上の見栄えやファッションのためだけではなく、成人は男女をとわず髪をまとめて結うことが儒教を背景とした社会習俗として重視されていたこと反映していると考えられている（高木智見「古代人と髪」『先秦の社会と思想』創文社、二〇〇一年）。

束髪と経書

こうした束髪の文化・思想的背景として、『礼記』内則篇では家庭内における礼儀作法や生活規範について、成人男子が父母に仕える際の礼儀作法として髪について、「一番鶏が鳴いたら起きて、手や顔を洗い、口をすすいで、髪をくしけずり、笄などで調え、前髪を拭い、冠をつけて紐を結んで髪を総べる」とある。また、『礼記』曲礼上篇では「男子は二十歳にして冠をつけ、字を用いる」「女子は婚約すると頭に笄をさし、字を用いる」とあり、男子は二十歳になると髪を結って冠を被り、女子は十五歳になって婚約が成立すると髪を結って笄をさすことになっていた。成人男性が冠を被ったこととその意味については、『礼記』冠義に人たる所以は礼儀であると述べたなかで、「冠をつけてはじめ礼儀としての服が備わる」とし、また「冠をつけるのが礼儀のはじめである」から、古の聖王は冠をつけることを重視したとみえており、礼俗において冠をつけることが基本であることが説かれている。成人にとって冠が必須のものであったことについては『史記』儒林列伝にみえる轅固生との問答における黄生の言に君臣関係の比喩として「冠は敝すといえども必ず首に加し、履は新しきといえども必ず足に関す」とあり、すなわち、冠はたとえ破れていても必ず頭に被るものであり、履はたとえ新しくとも必ず足に履くものであると述べられている。同様の内容は『韓非子』に「夫れ冠は賤しいえども頭に必ずこれを戴く。履は貴しといえども足必ずこれを履く」とあり、ここでも冠と履をつけることが必要であることを述べている。『礼記』にはこの他にも地位や身分によって異なる髪や衣服についての記述があり、これらの説くところは、礼法としての詳細かつ煩瑣な規定に基づいて束髪が行われており、その対極にあるのが断髪など髪を切ることや被髪とされた髪を束ねない髪形であることがわかる。

このように髪型は礼俗の規範であり、束髪はたんに髪を束ねるだけでなく、冠を被るための前提となる行為であって、姿態のなかの規律ある表徴といえる。これに対し、中国では髪を切る「断髪」や結いあげずにざんばらにした髪を「被髪」とし、これらの語はいずれも、魏志倭人伝に倭人の習俗として記されている。中国の史料では「被髪」の語は東夷以外にも西戎にも用いられている。すでにふれたように男性は冠を被り、女性は笄などで留めたりすることは、儒教の礼俗であり、東夷や西戎などは、こうした礼が及んでいないことが示されている。

髪を切り、あるいは束ねないことが礼に反する行為であるとされた中国では、さきにふれたように、身体を傷つけることはさらに礼に反する行為であるから、入れ墨は社会に入れられない人たちに対する刑罰とされた。また、髪を切ることも刑罰とされ、髠《こん》刑とされた。髠刑は史書・文献に現れるが、史上に知られる人物に関連した例として、

『三国志』を編纂した陳寿の父の髠刑が知られる。馬謖の作戦の不備によって蜀が街亭の戦い敗れた時に馬謖が斬罪されるに際し、馬謖の参軍であった陳寿の父も連座して髠刑を受ける恥辱を蒙った（『晋書』陳寿伝）。

こうした史書にみえる髠刑を表現した図像として、山東・諸城涼台で発見された孫琮墓の画像石には、跪き、鞭打たれる罪人とおぼしき人物たちが刑吏に今まさに髪を切られる場面があり、その実態を伝えている（任日新「山東諸城漢墓画像石」『文物』一九八一年第一〇期＊・図23－6）。この墓の題記には墓主が「漢陽大（筆者注・太）守」であった「孫琮」であったことが記されており、史料等にはみえないが、関連する文献や碑文の検討から後漢代でも一世紀頃に存命した人物とみられているから、これによって陳寿の父の髠刑を現実的に理解できる。巷間に泣いて馬謖を斬るとして著聞する故事による成語の背景に陳寿の父の悲運があったならば、魏志倭人伝の編纂された時代には髪を切ることが刑として実際に行われたのみならず、子たる陳寿が父の髠刑に直面したという現実の状況が存在した。このことは魏志倭人伝を含む『三国志』の被髪が同時代的な髪の政治性および社会性の具現化であることを端的に示しており、現実の次元での認識を伴う語であったことを示している。『記』『紀』の入れ墨の意味は、このような中国の儒教思想に基づく髪を含む身体に対する認識を背景とすることにより、東アジアにおける相対的な理解を図ることができる。これは後にもふれるように儒教の根幹となる孝の思想が日本古代に展開していくことと深く関わる。

身体変工を示す出土人骨

『日本書紀』にみえる入れ墨を含めて、肉体に手を加えることを人類学では身体変工と呼ぶことが多く、そのなかでも、頭蓋骨を人為的に変形させることは人工頭蓋変形と呼ばれ、変形された頭骨は人工変形頭蓋と呼ばれることが多い。こうした習俗は先にふれた『孝経』などにみえる身体を介した孝の思想とは相反する所業となる。

人工的に頭蓋を変形させる具体的な方法として、完全に接合されていない新生児の頭蓋骨に、石・板・塼などで人為的に圧力を加えて変形させ、変形状態で接合してそのまま固定するものとされる。その例として、古くはイラク・

シャニダール洞窟で発掘された人骨（約四万五〇〇〇年前）に頭蓋変形が確認されているように、こうした習俗は世界各地の歴史に残るだけでなく、習俗として近年まで行われた地域もある（吉岡郁夫『身体の文化人類学：身体変工と食人』雄山閣、一九八九年）。しかしながら、起源や歴史、目的や意味などについては、まだ議論の途上であり、確定はされていない。

東アジアの古い事例としては、吉林省にある後套木嘎遺跡（吉林省大安市・約一二〇〇〇～五〇〇〇年前）で人骨二十五体が発掘され、そのうち十一体で人為的に変形させた頭蓋骨が見つかり、多くの例では前頭骨と後頭骨が平行になるように変形していたという。これらの人骨の推定される年齢は三歳から三十歳前後までと幅があり、なおかつ時期も約一二〇〇〇から五〇〇〇年前までの七〇〇〇年にわたるとされる（Qun Zhang, et al. 2019 Intentional cranial modification from the Houtaomuga Site in Jilin, China: Earliest evidence and longest in situ practice during the Neolithic Age, *Am J Phys Anthropol.* Vol. 169－4・図24－1）。

このように中国における身体変工の起源は新石器時代に始まるとみられているが、朝鮮半島では三国時代の加耶の墳墓群である礼安里遺跡で発掘された人骨の頭蓋骨には人工的に頭蓋骨を圧迫して変形させた痕跡があることが早くから指摘されている（小片丘彦ほか「韓国礼安里遺跡出土の人工変形頭蓋」『日本民族・文化の生成』六興出版、一九八八年・図24－2）。韓国、金海礼安里古墳群で出土した加耶人骨のうち、頭蓋変形が施されたものは四体（八五号墳、九九号墳、一三二号墳、一四一号墳）で、いずれも四世紀初めから中頃であり、三体は女性、一体は性別不明の幼児とされ、『三国志』魏書東夷伝韓条に弁辰の習俗として「児生、便以石圧其頭、欲其褊。今辰韓人皆褊頭」（子が生まれると石でその頭を押さえ、頭を狭くしようとする。今、辰漢人はみな頭が狭くなっている）とみえる内容と関連しているとされた。その後も礼安里遺跡に象徴される人工頭蓋変形については魏志韓伝の語から「褊頭」の習俗として注目され、東北アジアにおける先史時代・歴史時代の事例の集成と整理を試みた研究がある（ハン・ヂンソンほか「古代東北アジアの褊頭古人骨研究現況」『人文学研究』四四、二〇二〇年＊）。この研究で集成した先史・歴史時代の人工変形頭蓋は中国・韓国・ロシア・日本で七十一例があり、今後の広い地域での検討の基礎作業としつつも、これらの事例の検討による現状での傾向として、

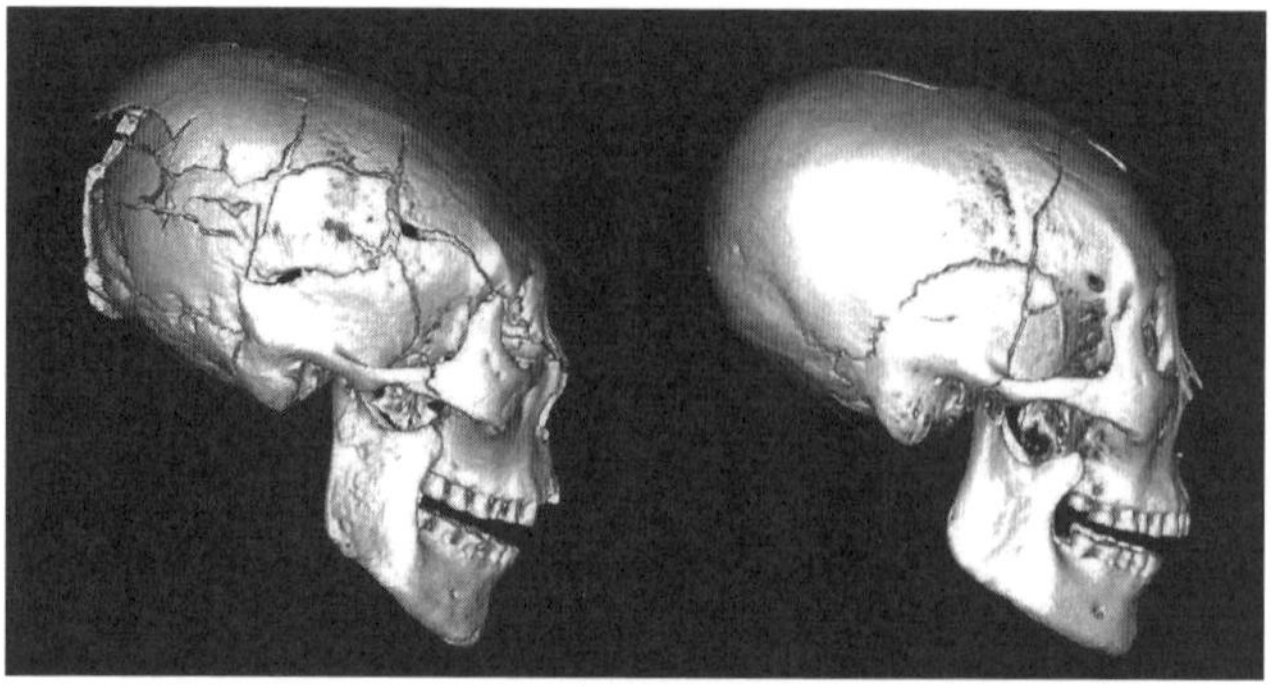

1

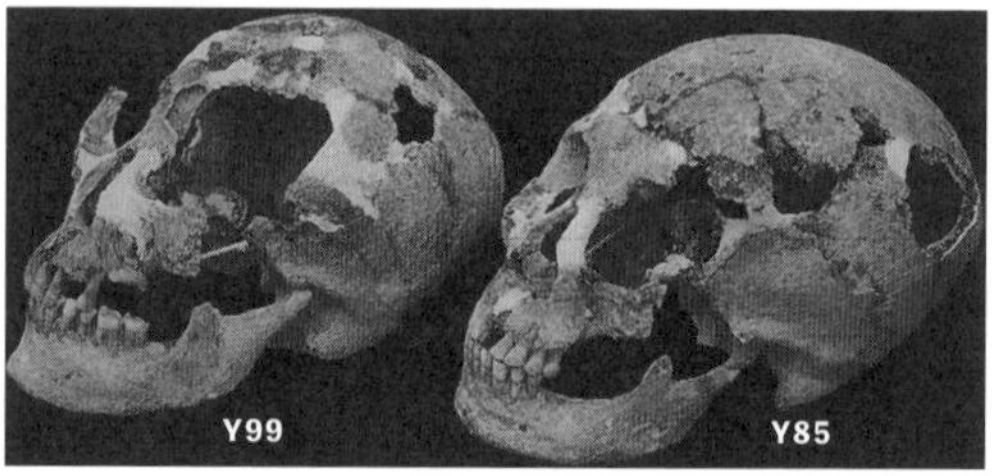

2

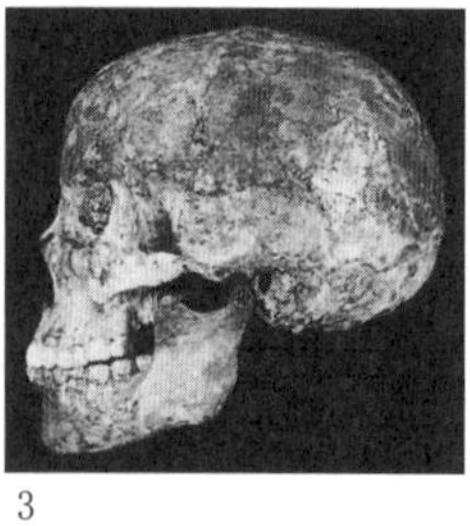

3

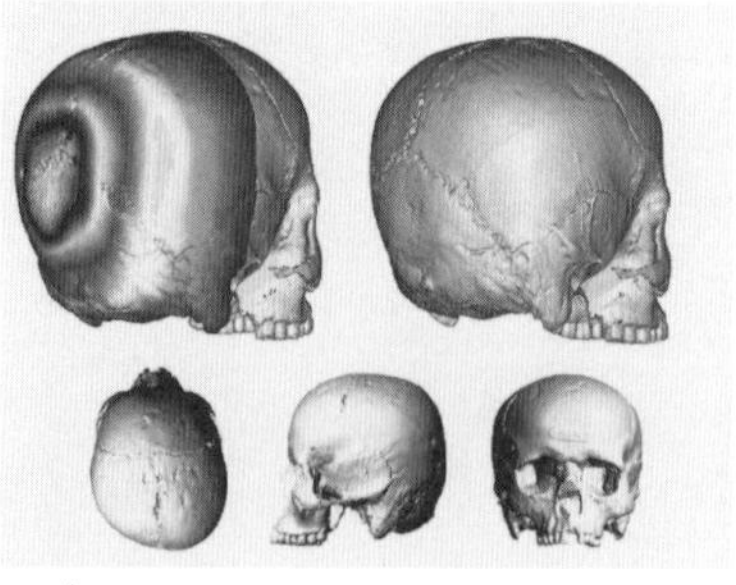

4

図24
1：後套木嘎遺跡人骨、2：礼安里古墳群人骨（左：99号墳、右：85号墳）、3：松坂古墳人骨（6号人骨）、4：広田遺跡人骨

人工変形頭蓋の形状では、先史時代の例は後頭部が一直線になるほど扁平にした比重が高く、時代が下るにつれ、女性人骨の比率が多くなるとされる。歴史時代では遺跡の属性や副葬品をとおして、特殊な身分や地位を象徴するとみられる場合もあるが、必ずしもすべてがそうではないとされる。また、ロシアは沿海州の新石器時代遺跡の類例のみで、韓国は礼安里遺跡、日本は以下にふれる広田遺跡の例であり、中国は歴史時代以前のものがほとんどで（五五例）、歴史時代（一〜四世紀）の例は辺境地域の遺跡（四例）であり、現状では儒教の礼俗が行われた時代と地域の例は知られておらず、ここでふれた孝思想との関係などは今後の課題である。

朝鮮三国と日本列島の人工変形頭蓋

人工頭蓋変形のある人骨のなかで、礼安里遺跡出土例については墓群のなかでの相対的な位置づけが検討されており、古墳群中の墓制や出土遺物と人骨の相関関係の検討では、頭蓋変形された人骨の墓も、その他の墓も構造や配置、副葬品などの点からみて特別な扱いは見いだされず、頭蓋変形された被葬者は上位階層や特殊身分の可能性は少ないという研究が発表された（キム・ミンス、キム・ジェヒョン「副葬と人骨分析による礼安里社会研究」『文物研究』三九、二〇二一年＊）。このような点から、人工頭蓋変形は朝鮮三国時代の一部の地域でみられる習俗とみられている。

いっぽう、稀であるが、日本でも人工頭蓋変形の可能性のある人骨が知られている。たとえば、南方地域との交流を示す装飾のある貝製品の出土で名高い広田遺跡（鹿児島県南種子町・弥生時代後期後半〜古墳時代）では、約一八〇〇年前の人骨のなかに後頭部を扁平にした人工変形頭蓋の事例が報告されている（米元史織ほか「広田遺跡出土人骨の再検討」木下尚子編『広田遺跡の研究―人の形質・技術・移動』科学研究費補助金（基盤研究（B））研究成果報告書，平成二九年度―令和元年度，二〇二〇年，瀬口典子「種子島の広田遺跡における古代の人為的な頭蓋変形習慣を解明する画期的研究」『九州大学 PRESS RELEASE』二〇二三年八月一七日版〔原報告は Noriko Seguchi, et al. 2023 "Investigating intentional cranial modification: A hybridized two-dimensional/three-dimensional study of the Hirota site, Tanegashima, Japan" PLOS ONE 18（8）英文〕・図24－4）。

松坂古墳（熊本県和水町・四世紀末）は江田船山古墳の近くにある前方後円墳で、後円部の箱式石棺と舟形石棺から発見された男女六体の人骨のうち、三体の女性人骨のすべてに人工的に顔または頭を変形した痕跡があったと報告されている。そのなかの一体には眉間を中心として板状の物体が当てられ、紐または帯状のもので頭に縛り付けて変形させた痕跡があったとされる（益永浩仁編『松坂古墳』菊水町教育委員会、一九九九年・図24－3）。また、松坂古墳からも近い前原長溝（まえばるながみぞ）甕棺墓群（熊本県和水町・弥生時代中期）の墳丘墓からも、同じように頭や顔を変形させた女性人骨が出土したという（坂田邦洋「人工変形頭蓋について」『東アジアの古代文化』九九、一九九九年）。これらの知見に対しては同様の人骨資料の増加による検証がもとめられるが、古代人骨研究の一つの視点を提供している。

ここまでみてきた身体変工とその考古資料に関して、日本列島では人体の一部として入れ墨が発見される可能性は少ないが、人工変形頭蓋については今後も出土例がみられる可能性がある。儒教的身体観やそれとは異なる身体変工などとの比較のなかで、『日本書紀』にみられる入れ墨の記述を理解することが東アジア史における倭の文化の位置づけにつながる。その一端として、『日本書紀』の入れ墨の記述は説話や氏族伝承として現れることから、『日本書紀』が編纂された奈良時代初めには、入れ墨を含めた身体変工は実際の風習ではなく、すでに説話として理解されていたとみられる。それは別の項（第五章第五節「仏教・儒教と孝の展開」）でもふれた奈良時代における儒教やそれに基づく孝の顕揚を背景としているのであろう。

第五節　礼俗の姿態と考古資料

匍匐と儒教的礼俗

入れ墨に関してふれた中国の礼俗に関する語句や内容は『日本書紀』に散見され、そのなかには考古資料との関連で検討できる場合がある。その一つが跪拝である。跪拝の語の例としては、「(円)大臣は装束を着けおわって、軍門に進んで跪拝して曰く」（雄略紀三年八月条の円大臣の反乱に際して雄略天皇の兵に囲まれた際）、「日羅は甲を着け、馬に乗って、門を出て進み政庁の前で跪拝して、歎き恨みつつ言うことには…」（敏達紀十二年是年条の日羅の天皇に対する進言）、「（皇極）天皇は南淵の川上にお出でになり、跪いて四方を拝し、天を仰いで祈られると、雷鳴がして大雨が降った」（皇極紀元年八月甲申朔条の皇極天皇による祈雨）などがある。

いっぽう、類似の姿勢を示す語である匍匐があり、これに関しては、神代紀に「伊弉諾尊が伊弉冉尊の頭辺に匍匐して涙を流して号泣した」（神代紀の句句廼馳などの誕生譚の第六の一書）とあり、神話以外では、「新羅王を俘虜として海辺につれてきて、王の膝骨を抜いて石の上に匍匐させた」（神功皇后紀一云の新羅王の処刑）、「今後、跪礼・匍匐礼などは止め、難波朝廷のときの立礼を用いることとする」（天武紀十一年九月辛卯朔壬辰条の拝礼方法変更に関する詔）に用いられている。

これらの跪礼・跪拝や匍匐について、雄略紀、敏達紀では跪拝の状況がわかり、皇極紀の場合は雨乞い儀礼に伴う跪拝である。とくに天武紀の記述では跪拝は旧来の礼法とされ、それを止めて唐風の拝礼へと変容したという認識がみられる。制度や法律などが中国の影響を受けて変化していくなかで、宮廷での拝礼は重要な儀礼の行為である。しかしながら、跪拝については文献の記述からの推定のみで、具体的な拝礼の姿態については手がかりがなかった。

日本では儒教にもとづく跪拝を示す考古資料は知られていないの対し、中国では跪拝の姿態を示す跪拝俑が出土している。俑とは人体を表現した土製品であり、主として漢代以降の墳墓に副葬された。なかでも『日本書紀』の跪拝の参考になるのは、後漢代から唐代の事例であり、これらは跪拝俑と呼ばれることが多く、その姿勢に着目し、匍匐俑とされることもある（門田誠一「跪拝と倭人の搏手」『魏志倭人伝と東アジア考古学』吉川弘文館、二〇二一年）。跪拝は魏志倭人伝に「その会同・坐起には父子男女の別はない。人は酒を嗜《この》む。大人の敬する所を見ると、ただ手を搏《う》ちて以て跪拝に該当させる」とあり、三世紀頃に倭人の搏手すなわち手を搏つ礼を儒教の跪拝にあたるものと認識している。

このような跪拝は基本的に拱手とともに行われ、漢代以降には、跪拝を表現した俑（図25－1・嘉興地区文管会・海寧県博物館「浙江海寧東漢画像石墓発掘簡報」『文物』一九八三年第五期＊）や、それらの姿態を示す画像石（図25－6・綏徳漢画像石展覧館編『綏徳漢代画像石』陝西人民美術出版社、二〇〇一年＊）も知られている。とくに俑は袖のなかで拱手し、地に体を着けてひれ伏した姿勢から、跪拝俑と呼ばれることが多い。このような跪拝俑は後漢から隋唐の資料が多いが、その後も五代（江蘇・揚州蔡庄五代揚呉尋陽公主墓、福建・永春五代墓など）をへて、北宋代にいたる跪拝人物俑が知られる（四川・新津県鄧双郷北宋墓・成都市文物考古研究所ほか「新津県鄧双郷北宋石室墓発掘簡報」『成都考古発現』二〇〇二年版＊・図25－7）。このように漢代から南北朝を経て、隋唐から北宋にいたるまで跪拝の姿勢をとる図像や俑が知られている（王銘「唐宋墓葬中的仰観伏听俑与聖人象征」『北方工業大学学報』三〇－一、二〇一八年＊）。

これらのなかで資料数の多い唐代の跪拝俑の研究によると、河南省からもっとも多く出土しているが（二〇一七年時点で一〇例）、河北省・陝西省・山西省・遼寧省・新疆ウイグル自治区・江西省など中原地域を中心として辺境地域でも出土している。跪拝俑の大きさは概ね全長二十センチメートル程度の小型品と一メートルをこえる大型品があり、姿勢としては頭部や顔面を地に着ける正面を向くかあるいは顔面を下向きにしている場合がある。年代としては最も遡る例が六六〇年であり、八世紀代が多く、武周代から玄宗代にかけて盛行したことがわかっている（李奕周「唐代跪拝俑与伏听俑考弁」『文物鑑定与鑑賞』二〇一七年第八期＊）。

跪拝俑の初現と流行については、小型の例が時期的に早く、これらが出土した河北省・山西省中部の民間習俗として始まり、それが皇族などの高い階層の墓に採り入れられたとみられている（張蘊「関于李憲墓随葬陶俑的等級討論」『考古与文物』二〇〇五年第一期＊）。

漢代から北宋にみられる跪拝俑は拱手の所作を表しており、跪拝の姿勢の基本が拱手であることがわかる。また、このような唐代の跪拝俑に共通する特徴は袖のなかで拱手の所作をとりつつ、手には笏を持つ例があり、文官であることを示し、身体全体を地に着けて平伏した姿勢で、とくに両肘・両膝が地につけられている点から、ひれ伏してい

図25
1：浙江・海寧後漢画像石墓陶俑、2：唐・李憲墓陶俑、3：節愍太子墓陶俑、4：西安市郊区唐墓陶俑、5：塚回り4号墳人物埴輪、6：陝西・綏徳四十舗後漢画像石墓（陝西省楡林市）、7：四川・新津県鄧双郷北宋墓陶俑

る姿勢を全身で表していることであり、これらの特徴によって匍匐の姿勢が跪拝であることの証左とされる（張維慎・梁彦民「両件唐代跪拝俑拝儀考」『考古与文物』一九九一年第一期＊）。顔の表現とともに冠を被り、笏を持つ官吏の特徴から、これらの跪拝俑は男性とみられている。その他に出土資料ではないが、膝を折って平伏し、西安市郊区唐墓出土とされる両手を地につけた女性人物俑が知られている。このような人物俑によって唐代には女性にも跪拝の習俗があったことの証左とされている（張維慎「試論唐代女子拝礼的拝儀及其適用場合」『陝西師範大学学報（哲学社会科学版）』三一－六＊・図25－4）。

唐代の跪拝俑の意味については、李憲（陝西省渭南市蒲城県・開元二九年〔七四一〕没・第五代皇帝睿宗の長男）墓出土例（陝西省考古研究所編著『唐李憲墓発掘報告』科学出版社、二〇〇五年＊・図25－2、全長一〇二センチメートル）をもとに、表現された衣服の彩色が『新唐書』車服志にみえる顕慶元年（六五六）以降の輿服規定にある「緋為四品之服」と合致するとみて、四品相当とし、出土位置と姿勢から、その拝礼の対象は墓内に葬られた被葬者である李憲とみられている。そして、このような拝礼が行われたのは李憲が皇帝の格式で葬られたためであるのに対し、節愍太子（李重俊、中宗の第三子）墓跪拝俑が小型（残存長二二・四センチメートル、陝西省考古研究所・富平県文物管理委員会編著『唐節愍太子墓発掘報告』科学出版社、二〇〇四年＊、図25－3）であることについては、節愍太子は反乱を起こしたが、特別に六品の官吏を表した跪拝俑を用いることを許され、その大きさも半分程度であるとして、跪拝俑の使用は皇族や高位者に限定されたという見方が示されている（張蘊「関李憲墓随葬陶俑的等級討論」『考古与文物』二〇〇五年第一期＊）。また、小型の一群の墓主は中下級官吏や処士であるとされており、跪拝俑の大きさや衣服などの特徴による墓主の階層性が指摘されている（李奕周「唐代跪拝俑与伏听俑考弁」『文物鑑定与鑑賞』二〇一七年第八期＊）。跪拝俑の姿勢としては、袖のなかで掌をあわせているため、掌が見えない所作であることが特徴である。

礼俗としての跪拝

跪拝俑の姿勢と所作に関して、中国古来の礼法である『周礼』にみえる九拝の一つである「空首」について鄭玄が「空首は拝して頭手に至る。所謂拝手なり」と注していることと「先に両手を持って拱して地に至り、すなわち頭は手に至る、これを空首という」（賈公彦疏）という説を参考として、この種の所作を表した俑とみられている（張維慎・梁彦民「両件唐代跪拝俑拝儀考」『考古与文物』一九九一年第一期＊）。跪拝俑の示す姿勢がどの礼法であるかは異論があるにしても、古代以来の礼である跪拝の類型を示している。

このような拝礼にともなう両手の所作は拱手と呼ばれ、拱手を伴う拝礼には多くの種類があった。たとえば、『礼記』曲礼上には「先生に道で出会ったならば、走って前に行き、正しく立って両手を前に組み合わせる」とあるように恭敬を示す拝礼の一つとして記されている。拱手の方法についても、「凡そ男拝するには左手を尚《うえに》す」、「凡そ女拝するには右手を尚にす」（『礼記』内則）とあるように、仔細に示されている。

『論語』微子篇に次のような話が例としてあげられる。すなわち、子路がお共をしていて遅れたとき、杖で竹籠を担いだ老人に出会い、先生を見ましたかとたずねると、老人は「手足も動かさず、五穀も作らないでいて、誰のことを先生というのだ」といって、その杖を突き立てると草取りをはじめた。子路が両手を胸に組み合わせて立っていると（拱而立）、やがて子路をひきとめて泊まらせ、鶏を殺し、黍めしをこしらえて食べさせ、その二人の子供と引き合わせた。翌日、このことを孔子にいうと、隠者であるといったので、子路が再訪してその子供に対し、君に仕え、道を行うことを述べた、という。すなわち、この話では老人が尋常の人ではないと思った時に恭敬を示すために、まずもって拱手を行っており、拝礼の基本であることが知られる。

拱手の礼は両方の掌を重ねることを基本としている。儒教の礼にはさまざまな姿勢があるが、そのなかでも拱手は儒教的礼制の九拝の基本となっている。九拝とは、中国・周代に定められた九種の礼拝形式であって、『周礼』では稽首・頓首・空首・振動・吉拝・凶拝・奇拝・褒拝・粛拝としてあげられており、場面や人に応じている。これらの儒教の拝礼の基本はやはり拱手であって、礼俗のなかで、それが基本的な動作であることは周礼にみえる敬礼としての拝とされる拱手の位置づけをみればわかる。すなわち周礼の九拝とは、拱手をともなう基本的な拝礼である九種をあげたものとされる（藤野岩友『中国の文学と礼俗』角川書店、一九七六年）。

このように漢代や唐代の跪拝俑をはじめとした跪拝の姿態を表した遺物は、拱手を伴い、儒教にもとづいた拝礼方法であることは明らかである。さきにふれた『日本書紀』の跪拝などの記述には拱手については記されていないが、これらの跪拝俑の姿態とその拝礼としての意味を参照すると、当然ながら、拱手を伴う跪拝が想定されていると思われる。すなわち、『日本書紀』編纂の時点で、儒教的な礼法の存在を意識した跪拝の語が意図的に用いられていたとみてよい。このような跪拝礼が実際に敏達紀の時点で行われていたかは、『日本書紀』の記述のみではわからないが、前後の記事の脈絡からは、そのような礼法が続いており、天武天皇の時に廃されたと解される。

いっぽう、『日本書紀』にみえる跪拝の行われた飛鳥時代の遺跡では石敷遺構（伝小墾田宮跡、稲淵川西遺跡、豊浦寺下層遺構、石神遺跡、雷丘北方遺跡など）が検出されている。このような石敷遺構は宮殿や宮殿関連施設に顕著であることから、七世紀代の宮殿遺跡の広場に玉石が敷かれた敷石遺構との関連が指摘され、こうした外を主とした場所で行われた儀式にともなう固有の礼法に跪伏礼、匍匐礼があり、石敷に示される宮殿内の敷地整備と関連し、規制が行われたとする見方がある（小笠原好彦「飛鳥敷石考」『日本の古代宮都と文物』吉川弘文館、二〇一五年）文献史学からは、跪拝が口頭による命令の発布と関わるという説（熊谷公男「跪伏礼と口頭政務」『東北学院大学論集歴史学・地理学』三二、一九九九年）のように、考古学的視点とは異なる見方が示されている。

しかしながら、これまでの文献からの検討では、跪拝などの姿勢の詳細については、論じられることがなかった。いっぽう、人物埴輪のなかには両手を地についてひざまずく姿勢をとる資料がみられる（図25－5・群馬県教育委員会編『塚廻り古墳群』一九八〇年）。これらに対しては敬意を表す場、口頭政務の場、葬送儀礼（殯）の場、王権（首長権）継承儀礼の場、神を祭る祭祀の場などが想定されている（日高慎「人物が跪くのはどのような場面なのか」『埴輪会誌』

二五、二〇二一年）。

このようなひざまずく姿勢の人物埴輪は基本的に掌を露わにしており、拱手して掌をみせない中国の跪拝俑との違いは明白である。すなわち、中国の跪拝俑は儒教の礼であることが基本であるのに対し、人物埴輪の場合は拱手を伴わず、たんにひざまずいた姿勢の礼であって、儒教の礼でないことは明らかである。倭には固有の礼を表す姿勢があり、それが天武紀などにみられる中国の礼俗としての跪拝を受け入れる下地になったとみてよい。天武朝までに跪拝が実際の儀礼として行われたどうかは不明とするほかはないが、姿勢は類似するものの、ひざまずく人物埴輪は儒教の礼俗とは異なる倭の礼であったのに対し、天武紀が示す七世紀頃には倭の礼とは異なる礼俗として中国の跪拝が認識されていたのであろう。

万葉歌にみる跪拝礼

柿本人麻呂の「高市皇子尊の城上《きのへ》の殯宮《あらきのみや》の時に柿本朝臣人麻呂の作れる歌」（巻二－一九九）は高市の皇子がなくなって、殯の宮に葬るときの挽歌である。たいへん長い歌であり、また、解釈や詠まれた地名の比定も異見がある難解な内容の歌として知られる。そのなかで「我が大君皇子の御門を神宮に装ひまつりて使はしし御門の人も白たへの麻衣着て　埴安の　御門の原に　あかねさす　日のことごと　鹿《しし》じもの　這ひ伏しつつ」とあり、ここにある「這ひ伏しつつ」の語は、とくに考古資料との関係からは、これまで注目されてこなかった。この部分の意味としては「わが高市皇子の御殿を神の宮として立派にまつり立てて　宮に仕えた人も　白い麻衣を着て　埴安の宮の原に　茜色に鮮やかに照り映える日は、終日、獣のように体を低く伏して」のように解される。「這ひ伏しつつ」は、訳によりさまざまの用例があるが意味としては「這いまわる」のほかには「匍い廻る」などと解されており、『万葉集』で同様の意味として「匍匐」の語がみられる。

『万葉集』にみえる「匍匐」の語としては、「みどり子の　這ひたもとほり　朝夕に　哭のみそわが泣く　君無しにして」（余明軍・巻三−四五八）（幼な子がはいまわるように、朝も夜もわたしは泣いてばかりいる。あなたがいらっしゃらないので）とある。ここでは「這い」は「匍匐」の語が用いられている。『日本書紀』では既述のように　神話のイザナギ・イザナミの箇所に「匍匐」の語があり、これらの「匍匐」は、「這う」「はらばう」という動作を示すとみてよい。

　これに対し、高市皇子（六九六年没）の殯に際して「這ひ伏しつつ」は御殿においてかつて仕えたことを述べていることから、さきに指摘したように、七世紀後半という時期的にみても中国の跪拝俑との類似が想起される。跪拝俑は姿態から匍匐俑とも呼ばれるとしたが、とくに唐代の例では陵墓などに配置されていることから、葬礼に関するものとみられている。

　また、殯宮における跪拝礼の存在を傍証するものとして、前項でみた『日本書紀』おける跪拝の語の飛鳥時代からみられることとに加えて、孝徳紀には皇極四年（大化元年）（六四五）六月庚戌（十四日）条の記述として、皇極天皇が神器を軽皇子に授けて位を譲ろうとし、固辞した後、古人大兄に譲ろうとした際の記述として、古人大兄は座を去り、退いて手を胸の前で重ねて（於是、古人大兄、避座逡巡、拱手辞曰）固辞したとあり、拱手の語がみられる。この拱手はまぎれもなく、儒教的拝礼であり、袖のなかで手を重ねた姿勢とみてよい。

　これまで指摘されることはなかったが、『日本書紀』の七世紀代の記述や『万葉集』の高市皇子の殯において、儒教的拝礼である跪拝やそれを示すとみられる語があり、これらで示される姿態は中国の跪拝俑や拝礼の図像にみられるような跪拝の姿勢を意識した記述と考えられる。

人物埴輪と中国の拝礼

『日本書紀』に散見される跪拝や孝徳紀にみえる「拱手」すなわち手を合わせて拱く動作は中国における在来の礼として主要な姿勢であり、『礼記』曲礼上でみたように、本来的には上位者に敬意を表す礼法の意味がある。ここまで跪拝として例をあげてきた俑や図像に表現された袖のなかで拱手する姿態をとる人物像は中国の画像資料や陶俑に数多くみられるように、長い袖の中で拱手することは中国の伝統的かつ儒教的礼俗であり（藤野岩友『中国の文学と礼俗』（角川書店、一九七六年）、これまでほとんどふれられることはなかったが、拱手と関連する衣服や姿勢は埴輪や古墳時代の人物図像にも例がある。その典型は渡来人とされる人物埴輪である。大陸風の衣服を着用した人物埴輪は山倉一号墳（千葉県市原市・六世紀後半～末、市原市文化財センター編『市原市山倉古墳群』市原市教育委員会、二〇〇四年・図26－1）や酒巻一四号墳（埼玉県行田市・六世紀後半、行田市教育委員会編『酒巻古墳群：昭和六一～昭和六二年度発掘調査報告書』一九八八年・図26－2）で出土しており、渡来人を表現したと考えられている（日高慎「埴輪にみる渡来文化」『東国古墳時代の文化と交流』（雄山閣、二〇一五年）。

これらの人物埴輪の特徴として、下衣は通有の人物埴輪などにみえる足結などのみられる衣服とは異なり、足元がすぼまらないズボン状であり、なおかつ掌の見えない袖の長い上着の特徴は、舞踊塚などにみられる高句麗壁画の人物像と酷似する。山倉一号墳の人物埴輪は報告書では筒袖表現の人物埴輪全身像とされているが、その他の人物埴輪に脚の中位を結ぶいわゆる足結がみられるのと対象的な衣服や被り物の表現である。このような渡来人とされる埴輪と同様の衣服として、装飾古墳である五郎山古墳（福岡県筑紫野市・六世紀後半）の図像には、拱手と関連するとみられる袖が長く、掌がみえない着衣の人物が描かれており、拱手の姿態を表現したとみられる（図26－3・筑紫野市教育委員会編『五郎山古墳』、一九九六年）。これらの類例からみると、安福寺北群一〇号横穴（大阪府柏原市・六世紀後葉、図26－4・大阪府教育委員会編『玉手山安福寺横穴群調査概要』一九七三年）の中央人物は渡来人とされる人物埴輪と共通する特徴をもつことがわかる。

安福寺北群一〇号横穴中央人物図のような端部から掌がみえないような袖の長い上衣や、裾がすぼまらないズボン状の下衣について、鳥羽のような冠の形状とともに高句麗壁画人物図との類似が指摘されている（山田良三「河内横穴墓の線刻画について」末永先生米寿記念会編『末永先生米壽記念獻呈論文集』乾、一九八五年）。

たとえば舞踊塚（吉林省集安市・五世紀前半）の舞踊人物図は舞踊しているために掌が隠れた長い袖を振るような表現

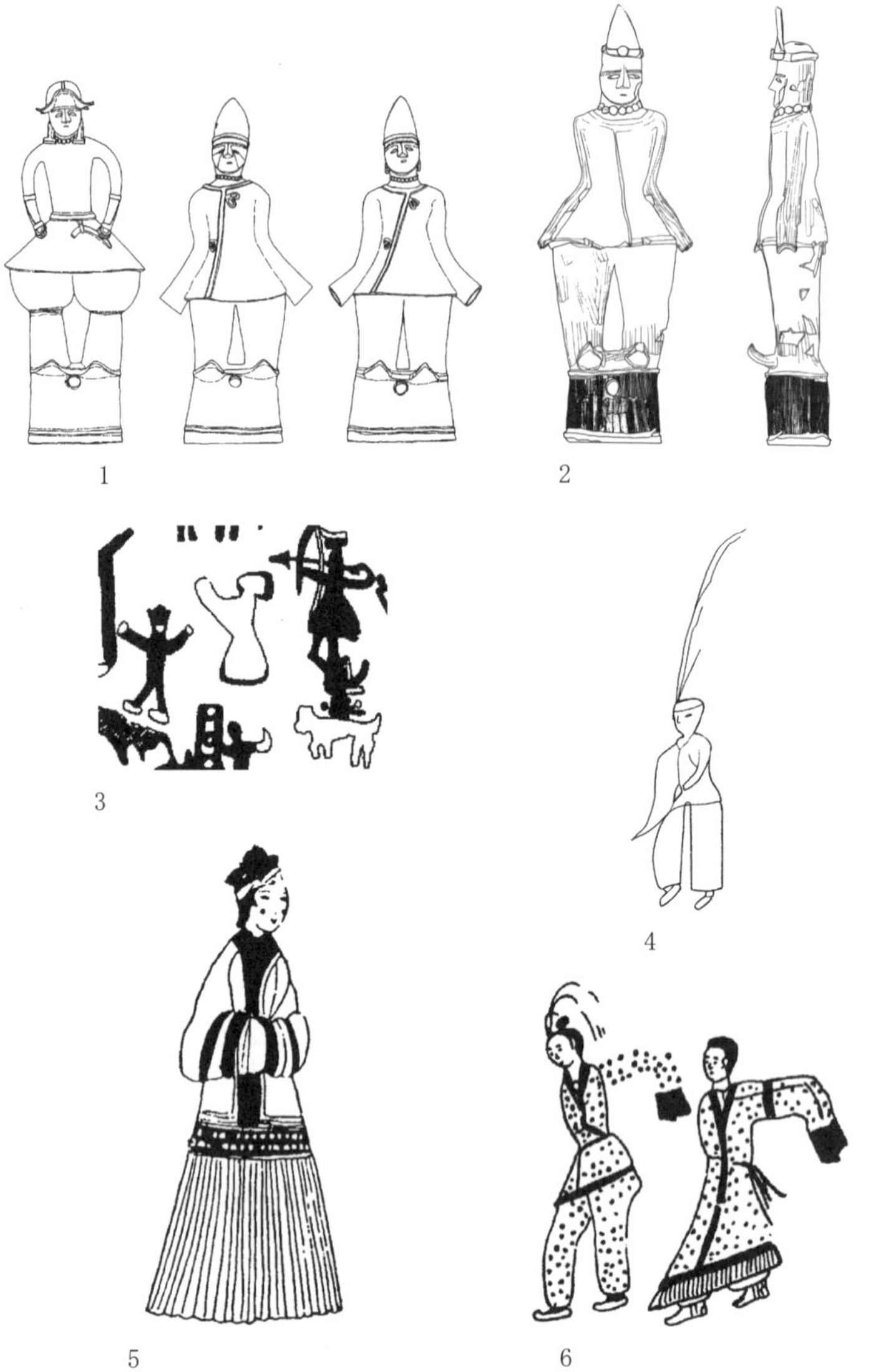

図 26

1：山倉 1 号墳人物埴輪、2：酒巻 14 号墳人物埴輪、3：五郎山古墳壁画人物図、4：安福寺 10 号横穴中央人物図、5：双盈塚壁画、6：舞踊塚壁画

がみられる（朝鮮総督府編『朝鮮古蹟図譜』第二冊、朝鮮総督府、一九一五年，図26－6・書き起こし図は朱栄憲原著、永島暉臣慎訳『高句麗の壁画古墳』学生社、一九七二年）。その他にも、高句麗古墳壁画には、全体にややゆったりした漢人風の衣装や、下衣の形態は異なる場合などもあるが、長い袖の中で拱手した様子を示す図像は多くみられる（図26－5・朱栄憲原著、永島暉臣慎訳『高句麗の壁画古墳』学生社、一九七二年）。

安福寺一〇横穴線刻人物図を高松塚古墳壁画人物との比較や線刻の線の浅さ劣化状況などから後代の所為とする見方もあるが、少なくとも中央人物図に関しては、類似する衣服や姿態を表現された人物埴輪の類例は一九七〇年代はじめに安福寺一〇号横穴線刻が発見された後の発掘調査で明らかになっていることから、偽刻とすれば、その当時には参照が不可能である。加えて、上掲の高句麗壁画人物図像を含む東アジアにおける同様の図像からみて、横穴造営と大きく時間的に隔たらないと考えられ、拱手の姿勢と関係する長い袖の衣服表現がなされた人物図像の系譜とその地域的受容の様相を示している（門田誠一「線刻人物図と古墳時代地域集団の対外認識―安福寺横穴を中心に―」『佛教大学歴史学部論集』一三、二〇二三年）。

以上の知見は渡来人の人物埴輪や袖が長く掌を隠す人物の図像は拱手を行う礼俗の存在を示しており、拱手は儒教的拝礼の基本であるから、これらの人物表現背景には儒教的礼俗の認識があったことは間違いない。『日本書紀』の記述にもどると、跪拝の語そのものは雄略天皇の時代の記述からみられ、七世紀代の孝徳・天武朝では跪拝のほかに拱手の語がみられるから、遅くとも七世紀までには儒教的拝礼が意識されていたとみられる。これらを傍証するのが、さきにふれた掌をみせて、ひざまずく人物埴輪とは対照をみせる渡来人とされる人物埴輪であり、その特徴が拱手をするために袖の長い衣服を着けていることから、二つの人物埴輪は礼の姿勢の違いを示している。

第四章　祭祀・儀礼の系譜と展開

第一節　桃の儀礼と祭祀

古代遺跡出土の桃核

『古事記』『日本書紀』（第九の一書）に黄泉比良坂でイザナギノミコト（伊邪那岐命、伊弉諾尊）が三つの桃の実を投げて、イザナミノミコト（伊邪那美命、伊弉冉尊）の命をうけた追手である雷神を逃げ帰らせた、とある。『日本書紀』では「これが桃をもって鬼をふせぐ縁である」（此用桃避鬼之緣也）とあり、鬼を避ける方法の由来としている。こうした記述を考古資料と直接に結びつけることは難しく、『日本書紀』編纂時点における説話として理解すべきであろう。また、『日本書紀』には、たんなる果実の名のほかには、陵墓や墓の所在地を含む地名などを除くと、桃にまつわる具体的な説話や内容がとぼしく、允恭紀十四年秋九月癸丑朔甲子（十二日）条にみえる阿波の海人の男狭磯が命がけで採取した明石の大真珠の大きさを大きさ桃の実ほどもあった（其大如桃子）とする記述がみられる程度である。これに対し、上述の神話では、鬼を防ぐなどの桃がもつ霊性を伝えている。

桃そのものは縄文時代から出土し、その形状からは複数の種類に分類されており、時代によって出土桃核の種類が変わることが指摘されている（原正明「古代モモの形態と品種」『考古学ジャーナル』四〇九、一九九六年）。ただし、現状で最も時期のさかのぼる事例とされた縄文時代前期の伊木力遺跡（長崎県諫早市）出土例は、その後の放射性炭素年代測定では弥生時代中期頃の年代と推測されている（工藤雄一郎・水ノ江和同・百原新・野澤哲朗・門叶冬樹「長崎県伊木力遺跡から出土したモモ核の放射性炭素年代」『植生史研究』二九－二、二〇二一年）。こうした資料のほかに、縄文時代の桃については、全国規模の詳細な集成によって、複数の地域で出土していることが明らかにされている（小畑弘己編『列島初期農耕史の

新視点』種子出土遺跡地名表、日本考古学協会、二〇〇七年）。

桃核出土遺跡の地域的な研究をあげると、たとえば山陰地方の桃核出土遺跡の集成的研究では鳥取・島根両県で三三遺跡六十一例であり、そのうち縄文時代が二遺跡二例（目久美遺跡・縄文中～後期、古市河原田遺跡・縄文晩期）、弥生時代が十九遺跡三十七例、古墳時代が四遺跡十例、その他が十一遺跡十三例とされている。このうち弥生時代の例として建物の柱穴やピットの中から桃核が出土した例が三遺跡（押平尾無遺跡・弥生後期～古墳初頭、古御堂笹尾山遺跡・弥生後期～古墳前期、南谷大山遺跡・弥生終末期）あり、桃を使用した祭祀または呪術的な行為が行われたことが推定されている（鳥取県教育文化財団埋蔵文化財センター編『茶畑遺跡群　茶畑第1遺跡　押平尾無遺跡　古御堂笹尾山遺跡　古御堂新林遺跡』二〇〇四年）。

二〇〇二年の時点において、千葉県域では古墳～奈良・平安時代の柱穴出土の桃核について、集成と整理がなされており、古墳時代十七遺構八十六点、奈良・平安時代十九遺構四二点の事例が報告されている。出土傾向として、古墳中・後期では玉類や手捏土器など、奈良・平安時代は鉄製品が同一層位から出土するとし、古墳時代は竪穴住居址の埋没過程で祭祀遺物とともに桃核が出土すると推定し、奈良・平安時代には竈廃絶時の祭祀行為に伴って桃核が出土するとされた（大谷弘幸「モモ核の出土状況と祭祀行為」『千葉県文化財センター研究紀要』二三、二〇〇二年）。

以上を参照すると、日本列島全域に及ぶかどうかは未詳であるとしても、弥生・古墳時代には地域を越えて、建物の祭祀などに桃核が用いられていたことの一端が明らかになってきている。その他の地域でも出土事例が知られており、桃の出土状況に関しても言及されている。たとえば、岡山県では縄文後期の津島岡大遺跡（岡山市・第六次調査）では、縄文時代後期前半の桃核が出土しているのをはじめとして、弥生時代後期になると出土遺跡数は二〇を超え、そのうち上東遺跡（岡山県倉敷市）では九六〇六点、津島遺跡では二三五九点と大量の桃核が出土し、また、井戸から赤色顔料とともに桃核が出土した例（鹿田遺跡第一次調査井戸1、13など・岡山市）は、弥生時代の井戸の祭祀行為における桃の用法の例とされる（南健太郎「縄文のモモ、弥生のモモ」『岡山大学埋蔵文化財調査センター報』五五、二〇一六年・図27－1）。

弥生・古墳時代にはその他の地域においても桃核の多数出土が知られており、たとえば姫原西遺跡（島根県出雲市）の弥生時代後期初頭から後期終末頃の貝塚では総数で約一五〇〇点の桃核が出土したとされている（島根県教育委員会編『姫原西遺跡』島根県教育委員会、一九九九年）。

極めて稀な出土遺物としては、小山遺跡（島根県出雲市）の弥生時代終末から古墳時代前期前葉の溝（SD〇〇三上層）で桃の形を模した土製品が出土しており、この時期の祭祀における桃核の意味を象徴するものとみられる（図27－3・出雲市教育委員会編『小山遺跡第3地点発掘調査報告書（第4次発掘調査）』出雲市教育委員会、二〇〇二年）。その他では南郷大東遺跡（奈良県・古墳時代中期）では祭祀遺構とみられる導水施設の近傍の遺構から、土師器・韓式土器・製塩土器などともにヒョウタンや桃核が出土している（奈良県立橿原考古学研究所編『南郷遺跡群Ⅲ』二〇〇三年・図27－2）。これは古墳時代固有の祭祀と関連して桃が用いられた可能性がある事例としてあげておく（坂靖「古墳時代の導水施設と祭祀：南郷大東遺跡の流水祭祀」『考古学ジャーナル』三九八、一九九六年）。

纒向遺跡の土坑（第一六八次調査SK三〇〇一、報告書では庄内3式新相頃とする）から二七六九点の桃核が出土した（桜井市纒向学研究センター編『纒向遺跡発掘調査概要報告書─トリイノ前地区における発掘調査─』二〇一三年・図27－8）。これに対し、科学的年代測定によって紀元一三五～二三〇年頃と発表された（中村俊夫「纒向遺跡出土のモモのAMS14C年代測定」『纒向学研究』六、二〇一八年）。こうした纒向遺跡から出土した桃核については、時期的には邪馬台国と近いとか、卑弥呼が桃を祭祀に用い、それを中国の西王母信仰と関連付ける報道がみられた。ただし、後にもふれるように西王母と桃の説話が生成するのは六朝以降とみられ、弥生時代後期から古墳時代初め頃の桃核の出土のみをもって、西王母の説話や信仰と結びつけることは難しい。

このように弥生・古墳時代の出土桃核は中国起源とされることが多い。これらを含め、対照するために中国の遺跡・墳墓での桃核の出土例を論じたことがある（門田誠一「中国の桃関係遺物に関する覚書─弥生・古墳時代の出土桃核検討の前提として─」『歴史学部論集（佛教大学）』一四、二〇二四年）。これをもとに漢代を中心とした中国の出土桃核についてふれ

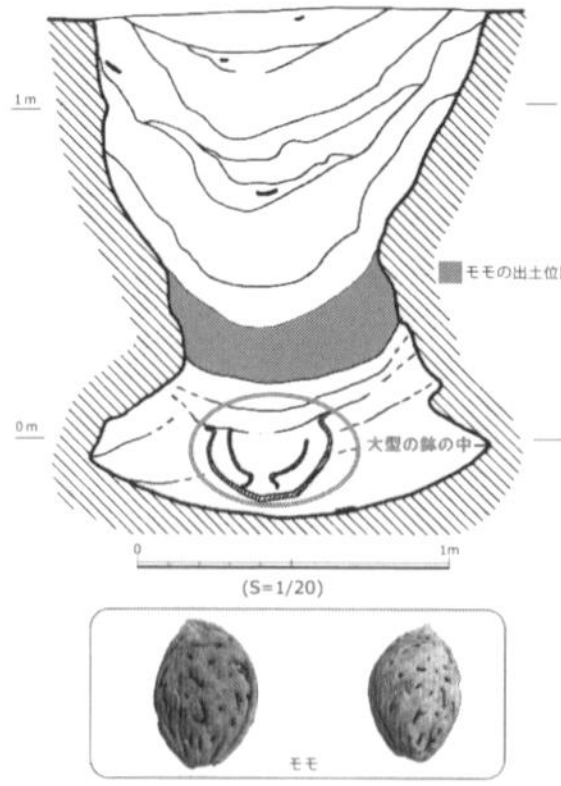

1

2

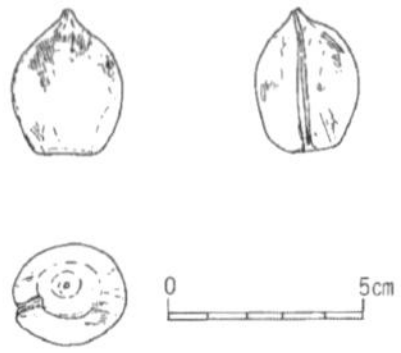

3

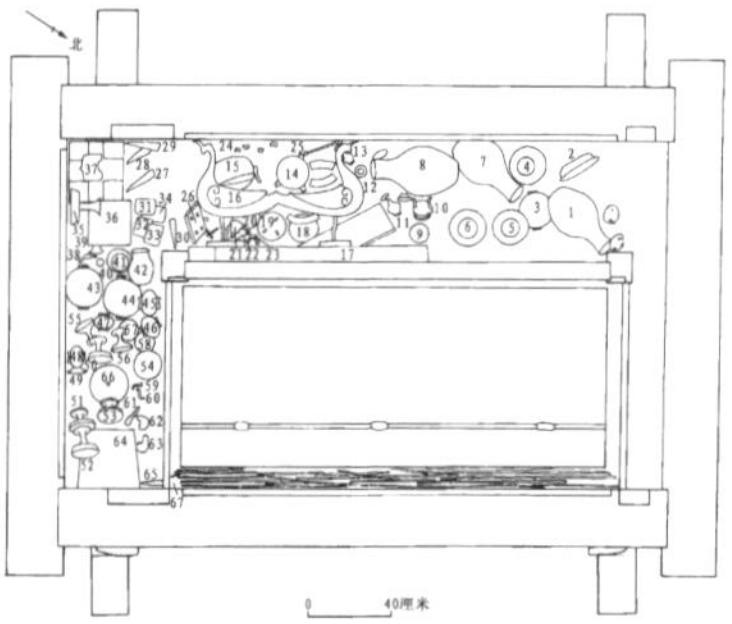

4

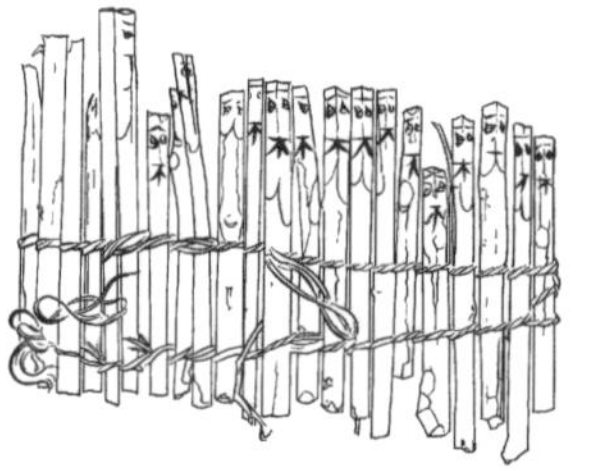

5

8

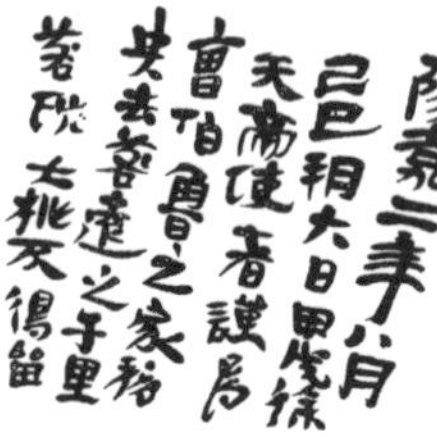

6

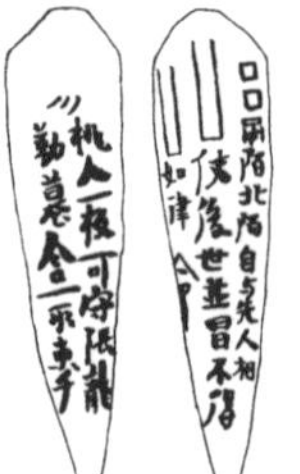

7

9

図27

1：鹿島遺跡第1次井戸13（弥生終末）網掛け部分から桃核出土、2：南郷大東遺跡導水施設遺構、3：小山遺跡桃形土製品、4：湖北・黄州18号楚墓（木棺左上に接して桃核出土竹製容器）、5：馬王堆1号墓桃木製辟邪木俑、6：陝西・戸県朱家堡後漢墓陶罐朱書（部分）、7：アスターナ古墓木牌、8：纏向遺跡出土桃核、9：河南・南昌墩墩漢墓陵園井戸桃核たみたい。

中国の桃関係遺物

ここでは日本の出土桃核と比較するために、中国で出土した多くの桃核や桃関係資料のなかで、図・写真などの詳細によって出土状況のわかる主な事例をあげる。

中国出土の桃に関する出土資料としては、まず墳墓から出土する桃核がある。そのなかでも、時期がさかのぼる例をあげると、湖北・黄州楚墓群（湖北省黄岡市・戦国中期後半・紀元前一一六年頃）一八号墓の木槨からは竹を編んだ筒四点（口径三センチメートル）が出土し、各々のなかには桃核・杏仁・八角・花椒が残存していた（黄鳳春・洪剛・劉焰「湖北黄州楚墓」『考古学報』二〇〇一年第二期、図27－4）。このような出土状況から、果物や香辛料を竹製容器に入れて副葬したものとみられる。

井戸から出土した桃核は後代の混入も多い中で、時代が確定する資料としては、前漢海昏侯劉賀（紀元前九二～紀元前五九）の陵墓である墎墩漢墓（江西省南昌市）の陵園の井戸跡出土資料には、桃核の中にある桃仁を取り出したとみられる資料があることから、果実の食用のみならず桃仁を薬品として使用したと解されている（祁学楷・梁同軍・楊軍・蔣洪恩「南昌墎墩漢墓陵園水井出土果実類植物遺存初探」『南方文物』二〇一七年第一期＊・図27－9）

実用品ではなく葬送・祭祀に用いられたことが確実な桃関係遺物として、人形桃枝・桃木製品がある。その典型的な事例は、二千年以上前の生けるがごとき女性の遺骸が発見されたことで知られる長沙・馬王堆漢墓（湖南省長沙市・前漢早期）の一号墓と三号墓から桃枝・桃木人形が出土した。一号墓の出土遺物のなかで、「桃木小木俑」とされる三三点は、桃の枝に目鼻などを墨書しており、そのうち二十二点（長さ長さ八～十二センチメートル）は二条の麻縄で結束された状態で出土し、辟邪の意味をもつ俑と報告されている（湖南省博物館ほか編『長沙馬王堆一号漢墓』上集、文物出版社、一九七三年＊・図27－5）。

同様の資料は西域の新疆・トルファン・アスターナ古墓でも（新疆ウイグル自治区トルファン県・六世紀頃）桃の木板（長さ二一×上部幅五×厚さ一・一センチメートル）が出土している。これは木片の上部の両隅が切り落とされ、下部の尖った簡状の板で木牌と報告され、片面の上部には墨書で斜めに三筋の墨線があり、人面の髭の残筆と推定されている。その下部には「桃人一枚可張龍／勒墓舎一所東千／□南自与先人相／使」（／は改行）の墨書があり、これによって木牌作成時点での名称が「桃人」であったことが知られた（柳洪亮「吐魯番阿斯塔那古墓群新発現的〝桃人木牌〟」『考古与文物』一九八六年第一期＊・図27－7）。また、文言から、墓主は張龍勒という人物で、この桃人は、その墓を守るために用意されたとみられている。

これらの他に、戦国時代から漢代頃までの墓では、桃核がその他の食糧とともに出土するのではなく、漆器や青銅器などの間から桃核のみが出土する事例が複数あることから、当該時期には埋葬にともなう祭儀に用いられたとみてよかろう。

出土文字資料としては、陝西・戸県朱家堡後漢墓（陝西省戸県）で出土した陶器のなかには朱書による文章の記された罐があり、「陽嘉二年八月己巳朔六日甲戌徐。天帝使者、謹為曹伯魯之家移殃去咎、遠之千里、咎□大桃不得留、□□至之鬼所。徐□□、生人得九、死人得五、生死異路、相去万里。従今以長保孫子、寿如金石、終無凶。何以為信、神薬圧填、封黄神越章之印。如律令」と記されていた（禚振西「陝西戸県的両座漢墓」『考古与文物』一九八〇年第一期＊・図27－6）。後漢順帝の陽嘉二年は一三三年であり、「天帝使者」「神薬」「黄神越章之印」「如律令」などの道教的呪句がみられ、後漢代の道教的符籙であり、初期的な道教的鎮墓文とされる（王育成「東漢道符釈例」『考古学報』一九九一年第一期＊）。文意に関わる要な部分に未詳の字句があるため、正確な復原は難しいが、鬼の至るところと関連して、「□大桃」が咎を留めず、などとあることから推して、死者の鬼魂を離れさせ、死者の霊魂を鎮める呪術的な桃に関する内容とみられている。

以上のように比較的詳細な報告がある事例のみでも、その他の果実や香辛料とともに出土していることから、先秦時代から南北朝時代にいたるまで桃が食糧として副葬され、また、木簡の記述や桃木製祭祀具などから桃に関する祭祀・儀礼が知られている。

東アジアにおける日本古代の出土桃核

中国の出土遺物と出土文字資料からは、戦国時代から漢代を中心として、桃核や桃木を用いた人形、出土文字資料などとして桃に関する遺物が知られ、それらを整理すると、食物としての副葬品、墓に関わる祭祀、祭祀具としての関わる桃木・桃枝の人形、道教的文言を含む符札などに大別されることが知られた。いっぽう『博物志』『漢武故事』『漢武帝内伝』などには、西王母が漢の宮廷を訪れ、三千年に一度だけ実を結ぶ桃の実を武帝に与えたことや、東方朔が三度も西王母の桃を盗んだなどことなどが記されており、桃は西王母と結びついた長生の仙果とされる。これらの西王母と桃の説話に関する文献のなかで『博物志』は現存の内容は後補によって一書にまとめられたものであり、西晋・張華の撰とされるとしても、その成立は三世紀の最末年とされる（王媛「《博物誌》的成書、体例与流伝」『中国典籍与文化』二〇〇六年第四期＊）。また、『漢武故事』には漢王朝が魏に滅ぼされるという内容があるのに対し、後漢の早い時期に没した班固がこれを知るはずはないことなどから、班固の著述とする説は否定されており、『漢武帝内伝』などとともに後漢初期の班固に仮託された小説の一つとして認識され、成立年代も六朝期とするのが定説となっている（竹田晃・黒田真美子編『穆天子伝漢武故事神異経山海経他』明治書院、二〇〇七年）。さらに『漢武帝内伝』については東晋代以降の上清派道教の展開に対抗する意味で編纂されたとする見方がある（小南一郎「「漢武帝内伝」の成立」『中国の神話と物語り』岩波書店、一九八四年）。西王母伝説の展開と変容に関する研究では、道教に取り込まれる六朝時代以前の西王母には、土地あるいは国、半人半獣の怪物、天帝の娘、不老不死の女神、不死の薬を持つ存在などの多様な属性がみられ、多少の差異はあっても天上を統べる女神として認知されるのは道教成立後であって、西王母と桃の伝承は『博物誌』『漢武故事』『漢武内伝（漢武帝内伝）』からであり、それ以前には西王母と桃を関連付ける文献はみられないことが端的に論じられている（若林歩「西王母と桃の関係性―不死の薬と仙桃・蟠桃」『国文目白』五一、二〇一二年）。こうした文献学的研究によって道教的祭祀に関連する西王母に関連する桃の説話が広く流布するのはおおむね西晋から南朝頃からとされ、早くとも三世紀末以降とみられている。漢代の画像石などの図像資料では、宝珠または火焰が桃と誤認されている場合があるが、これらを除くと、西王母と桃の図像は顕著ではなく、こうした桃と西王母の文献学的研究の知見と整合している（謝偉「漢画像西王母図像近三十年研究総述」『平頂山学院学報』三六―四、二〇二一年＊）。これらによると、弥生時代後期から古墳時代初め頃の中国は桃と西王母の関係する説話の生成される時期であり、これに併行する時期の日本列島でこの種の説話に基づく祭祀が行われたとは考えにくい。

いっぽう、朝鮮半島における出土桃核に関して、安承模氏は朝鮮半島における出土桃核の集成とその検討を行った。それによると新石器時代から朝鮮時代までの出土桃核は二〇一五年時点では六九遺跡であり、そのうち新石器時代から三国時代までに限ると六〇遺跡であった。出土遺跡の種類としては、住居址・竪穴・墓・井戸と貯水場・旧河道・低湿地水池などとし、具体的な根拠はあげられていないが、墓や井戸から出土する事例には霊力や辟邪の呪術的・儀礼的な目的を推定している（安承模「考古学からみた桃栽培と儀礼的機能」『馬韓・百済文化』二六、二〇一五年＊）。朝鮮半島の出土桃核のなかで、含層出土など単一の遺構でない場合も含むが、数量の多い事例をあげると、扶余・双北里遺跡旧地表（五十六個、三国時代）、金海・官洞里遺跡低湿地（四十七個、原三国〜三国時代）、光州・林岩洞笠岩遺跡低湿地（二十七個、青銅器時代）、烏山・内三美洞遺跡一九号住居址（十四個、三国時代）などがあげられる。朝鮮古代の桃関係遺物については、さらなる検討が必要であるが、桃木を用いた俑や木簡、桃字を含む出土文字資料などは知られておらず、中国古代の桃に対する葬送・祭祀との違いがみられる。

これらの地域と比して、日本では桃核は縄文時代以降に出土し、時代によって種類は変わるとされつつも、桃核の出土は弥生・古墳時代へと続いていくが、ここまでふれてきたように中国古代の桃核や桃に関する遺物とは様相が異なる。むしろ、弥生時代とくに後期頃を中心として、桃核が多数出土することについては、桃と西王母の説話を含め外来系遺物の多数伴出などの知見が蓄積したうえで、よほど確実な中国や朝鮮半島に由来する遺物や遺構の裏づけがない限り、大陸の状況と関連づけることは難しい。むしろ、中国の出土例と比較しても、弥生時代とくに後期頃を中心として桃核が多数出土する傾向は文化的な特徴であるとみられる。『日本書紀』などにみえる桃の記述を理解する際には、このような考古資料から知られる古代の桃に関する属性を背景として把握することが基礎的な作業であり、日本神話や中国の説話などを安易に援用するのではなく、今後も様々な知見が増えていくなかで、東アジアの桃関係出土資料との比較による相対的な検討が重要であろう。

第二節　竈祭祀の系譜

竈の記述と竈形土器

『日本書紀』には竈そのものに関わる直接的かつ具体的な記述は多くない。いっぽう『古事記』では仁徳天皇が民の竈に煙が立っていないのをみて、民の貧しさを知り、三年間、徴税を禁じた、とある。その結果、天皇自身の衣服や履物は破れるまで使用し、屋根の茅が崩れても葺かなかったが、三年の後、再び高殿から見渡すと、人家の煙は盛んに上っていた。これに対して、皇后が暮らしの貧しさを訴えると、まつりごとの基本は民であり民が富まねば天子も富んだことにはならないと、と答えた。民に力が戻るとようやく税を解禁して、課役を命じたが、民は大挙して都に集まり、自主的に御殿の造営や納税に励んだ、とある。この説話は天皇の諱である仁徳を顕現する説話であり、もとより古墳時代である仁徳天皇の時代に税制があった証左はない。また、古代史研究では、本来は一人であった天皇の事績を仁徳と応神の二人に分けて記述した、とし、これらの天皇の実在性そのものに懐疑的である立場も早くからみられる（直木孝次郎「応神天皇の実在性をめぐって」『古代河内王権の研究』塙書房、二〇〇五年〔初出は一九七三年〕）。

『日本書紀』にもどると、竈に関係する語は神話にもみられ、神武東征の際に、神武の長兄である五瀬命は竈山に葬られたとされ、同じ内容は『古事記』にもある。神話の竈の字句は、実際の生活に竈が用いられて以降の生活を反映しているのであろう。

『日本書紀』にみえる実用の竈としての描写は顕宗紀にみえる。清寧二年冬十一月条に、名を変え、身分を隠して縮見屯倉首に仕えていた弘計王（顕宗天皇）と兄の億計王（仁賢天皇）が履中天皇の孫であることを明かす場面で、播磨国司山部連の先祖である伊予来目部小楯が赤（明）石郡で親しく新嘗の供物を供えた時の酒宴で、新築祝いにきていた縮見屯倉首が、弘計王らを竈のそばに座らせて、左右に火を灯させた、とある。この後、二人は身分を明かし、清寧天皇に迎えられることになる。ここでは五世紀末頃の地方豪族の居館に竈があり、酒宴などの行われる場であったという『日本書紀』編纂時点での認識がわかる。

推古紀三年（五九五）夏四月条には沈水（香木の一種）が、淡路嶋（島）に漂着しその大きさは一囲（周囲三尺）であった。島の人が沈水ということを知らずに薪に混ぜて竈で焼いたところ、煙が遠くまでよい香りを漂わせたので、不思議なこととして献上した、とある。この記述からは飛鳥時代にはすでに地方にまで竈が広まっており、民の家にも設置されていたことが読み取れる。

その後、『万葉集』（巻五―一八九二）にみられる山上憶良（六六〇～七三三）の貧窮問答歌に「竈には火気（ほけ）吹きたてず　甑には　蜘蛛の巣かきて　飯炊しく　事も忘れて」（かまどには火の気がなく、米を蒸す土器にはクモの巣がはってしまい、ご飯を炊くことも忘れてしまった）と詠われていることがよく知られているように、『日本書紀』編纂時点でも地方を中心として身近な生活に関わる設備であった。

現代にいたっても、一部で竈は現役で使われており、千数百年の長きにわたって、日本人の生活を支えていた。かつて日本列島で竈が使われるようになったのは五世紀頃であり、本格的に用いられるのは六世紀頃からとされてきた。その後、西新町遺跡（福岡市・三世紀後半～四世紀前半）などの確実な知見により、竈の使用はよりさかのぼる時期にはじまったとみられている。その後、六世紀代を中心として、近畿地方を中心とした一部の古墳で実用品の竈形土器より小型で、実際には使用できないほど小さな竈形土器が副葬されるようになる（図28－1・柏原市教育委員会編『柏原市遺跡群発掘調査概報一九九二年度』柏原市教育委員会、一九九三年）。このような小型の竈形土器について、形態だけでなく、祭祀の内容も含めて考察した内容（門田誠一「古墳時代竈形土器副葬習俗の系譜」『鷹陵史学』四九、二〇二三年）をもとに以下にその系譜について考えてみたい。

中国の竈祭祀

中国において竈は炊さんのための実用品であるだけでなく、祭祀の対象であることから、古墳時代の雛形ともいえる大きさの竈形土器副葬の意味を検討する際に、史料や経書にみえる中国の竈祭祀が参照されてきた。

中国の竈祭祀に関する具体的な記述の例として、東晋初め頃の葛洪『抱朴子』微旨に引かれた緯書に「月晦《げっかい》の夜、竈神もまた天に上り、人の罪状を白《もう》す」との内容に典型化されるように晦日の夜、竈神は天に上り、天上の司命神に人の罪過を報告する、とあり、竈神の属性として広く説明される根拠となっている。東洋史の碩学たちの研究では、このような竈神の信仰は漢代には成立していた可能性があり、唐代以降にも行われたという。

竈の祭祀については、儒教の経典である経書その他にも記述がみられ、『礼記』祭法には王の祭祀すべき神々を七つあげ、その一つとして灶すなわち竈をあげている。『礼記』月令には五祀の一つとして灶をあげている。また、祭祀の方法としては、『礼記』礼器には孔子の言として「臧文仲（知者として知られた魯の大夫）が、どうして礼をわきまえるのか。夏父弗綦（魯の大夫）が逆祀（間違った祭祀）をしたのを止めず、奥の神の祭祀に燔柴（柴を燃やして祀る）したのを咎めなかった。奥とは老婦という（神の）祭祀で、盆に（食物を）盛り、瓶に（酒を入れて）尊ぶだけでよい」とある。この「奥」は鄭玄の注では竈と解されている。

『論語』八佾篇には「王孫賈が孔子に、奥の神に媚びるよりは、むしろ竈の神に媚びよ、ということわざがあるが、どのような意味かと、と尋ねると孔子は答えて、そうではなく、罪を天に得ないように心がけることであり、罪を天

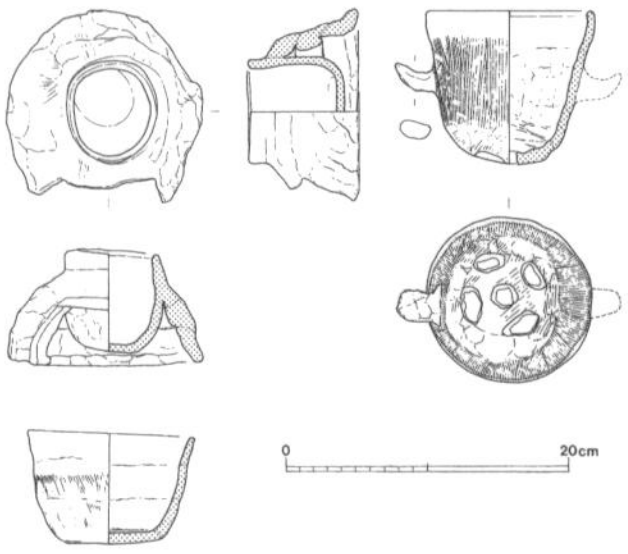

1

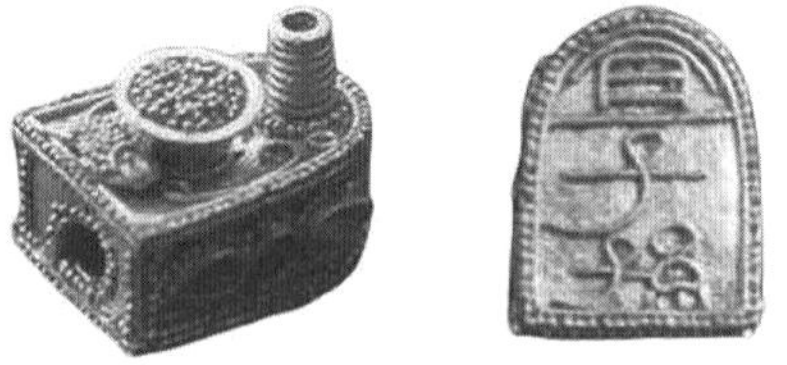

2

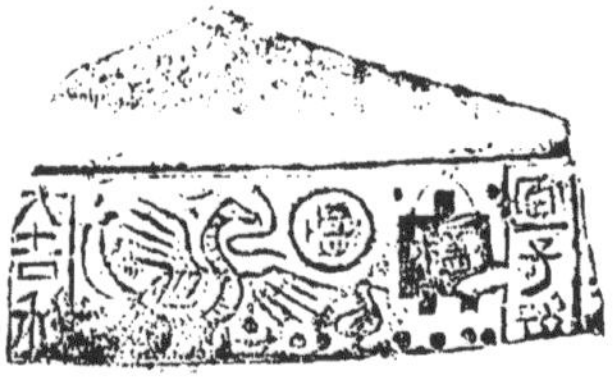

4

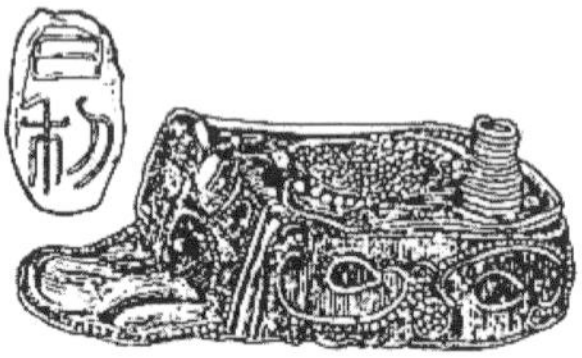

3

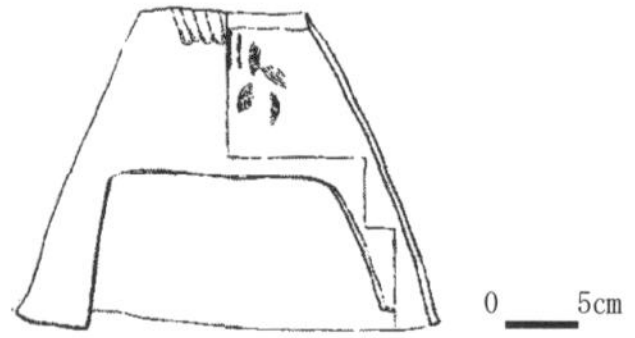

5

6

7

8

図28
1：平尾山古墳群平野大県20支群3号墳（大阪府柏原市・6世紀後半～7世紀初頭）、2：山東・双合村後漢墓金製竈形明器と「宜子孫」銘（長さ1.25×幅0.9×高さ0.9㎝）、3：西安・沙坡村後漢墓金製竈形明器と「日利」銘（長さ3×幅1.5×高さ1.1㎝）、4：西安北郊漢墓陶製竈形明器銘「宜子孫」「大吉利」銘、5：迎日・冷水里古墳竈形土器、6：龍湖洞1号墳鉄製竈形明器（長さ約67、高さ約28㎝）、7：河南・甘一洞古墳群1-③地点15号墳竈形土器（長さ22.5㎝）、8：河南・甘一洞②-5号地点1号石室墓青磁鶏首壺

に得たら、どこにも祈りようがないものだと述べた」とある。この内容は衛の主君よりも権臣である王孫賈自身に媚びよ、という隠喩であるとされるが（金谷治訳注『論語』岩波書店、二〇〇一年）、いずれにしろ、奥すなわち建物の部分に依る神とともに竈神が身近なたとえとして用いられている。

また、竈そのものについて、『漢書』五行志には昭帝の元鳳元年に燕王宮の永巷で豚が竈を壊した内容に際して、「竈灶は生養の本なり」（竈者、生養之本）とあり、竈が人を生かし、養う根本であると述べている。

『捜神記』と『後漢書』陰識伝には、「前漢の宣帝の頃、南陽に陰子方という男がおり、親孝行で、仁徳があり、十二月臘日（八日）の朝に飯を炊いでいる時、竈神が姿をあらわしたので、黄色の羊を供えて祀ったところ、それから名士に並ぶような大金持となり、子孫が繁昌した後に常に臘日に竈を祀った」という内容がある。

東アジアの竈形遺物・明器と系譜

竈を象った土製のミニチュアは、明器と呼ばれる副葬のための器物として漢代に盛行し、地域ごとの詳細な研究が行われるほどである。それらのほかに数は少ないが、後漢墓からの出土例がある金製の竈のミニチュアのなかに、吉祥句である「宜子孫」すなわち「子孫に宜し」の語がみられる例がある（山東・双合村東漢墓、劉雲濤「山東莒県双合村漢墓」『文物』一九九九年第一二期＊・図28－2）。このほかにも金製竈形明器の銘として、同様の吉祥句とされる「日利」の語がみられる資料がある（西安・沙坡村後漢墓、崔鈞平「金銀爍輝―西安博物院館蔵金銀器賞析―」『芸術品鑑』二〇二〇年第一二期＊・図28－3）。また、材質は異なるが、「大吉利」の語が記された陶製の竈形明器がある（西安・沙坡村東漢墓、武瑋「漢墓出土金灶寓意探析」『考古与文物』二〇〇八年第五期＊・図28－4）。これらの字句は自家や子孫に良いことがあることを示す「宜子孫」「大吉利」などの語で、銅鏡銘文などに頻出の吉祥句であり、これらが記されている漢代の竈形明器を含む漢代の明器の葬送における意味として、死後の世界における福と富などに象徴される吉祥の祈願があげられる。経書などにみられる竈の祭祀やこのような竈形明器は中国の竈祭祀の実態を示している。

いっぽう、朝鮮三国時代の古墳でも少数であるが小型で実用性のない竈形土器の副葬例が知られている。そのうち、竈形土器を副葬する習俗の系譜がしられるものとして、迎日・冷水里古墳（慶尚北道迎日郡・六世紀前半）があげられる（国立慶州博物館編『冷水里古墳』一九九五年＊・図28－5）。冷水里古墳は耳室を有する横穴式石室の形態や竈形土器を含む土器を主体とした出土遺物などから高句麗系とされ、近距離にある冷水里碑（立碑年代は四四三または五〇三年）が示す新羅によるこの地域の領有後の築造とみられているが、竈形土器の副葬も高句麗系の習俗と位置づけられている（李仁淑「四〜六世紀浦項蔚珍地域の古墳文化」『韓国古代史研究』九三、二〇一九年＊）。このような遺物の特徴から一歩進めて、冷水里古墳その被葬者に関しては新羅の領域であった地域に高句麗からの移住を推定する見方もある（洪譜植「新羅・加耶の移住資料と移住類型」韓国考古学会編『第三四回韓国考古学会全国大会発表資料』韓国考古学会、二〇一〇年＊）。

高句麗古墳の典型的な土製竈形明器は施釉されたものがみられ、平面長方形で長辺に焚口があることが特徴であり、この点を除くと掛口が複数あることなど共通点が多い。近年の研究によると現状で土製竈形明器が出土する高句麗古墳（麻線溝一号墳、将軍塚、長川二号墳、長川四号墳、三室塚）は四〜五世紀頃の鴨緑江流域にみられる。高句麗古墳出土の竈形明器には吉祥を表す図像や銘文がないことが特徴であり、漢代を中心とした中国の明器とは伴出する器物の様相などの点でも異なることから、中華社会で流行した明器の風習の一部を受容したものと推定されている（イ・スンミ「高句麗土器の副葬様相と土器に反映された社会的背景」『高句麗渤海研究』五九、二〇一七年＊）。

このような見解を参考にすると、大型品ではあるが、龍湖洞一号墳（平安北道雲山郡龍湖里・六世紀後半）出土の鉄製竈形明器（図28－6・関野貞ほか『高句麗時代之遺蹟図版下冊』『古蹟調査特別報告』五、一九三〇年）のような形態的に中国の影響をうけた副葬用とみられる典型的な事例がみられる。ただし、これを含め、中国に比すと高句麗の竈形明器は際立って普遍的な副葬品とまではいえない。

百済では甘一洞古墳群（京畿道河南市・四世紀後半から五世紀前半頃）からミニチュア竈形土器が出土しており、楽浪漢墓や六朝墓の影響などが想定されている。また、甘一洞古墳群からは六朝代の陶磁器などの中国製品がみられる（キム・テホン「河南甘一洞百済古墳群発掘調査成果」『百済学報』七二、二〇一九年＊・図28－7、8）。これらの遺物からみると、ミニチュア竈形土器も中国六朝墓の影響とみられる。ただし、甘一洞古墳群のミニチュア竈形土器は六朝からの直接の移入品ではなく、在地の製作であることから、中国六朝墓に残存した竈形明器副葬の習俗に影響を受けて、百済でミニチュア竈形土器が副葬されるようになった事例と推測される。すなわち、三国時代の朝鮮半島南部の小型品やミニチュアを含めた竈形土器の副葬の背景には、中国の竈形明器を媒介した高句麗あるいは中国六朝という複数の系統があり、それらの影響によって、三国時代の朝鮮半島南部で副葬用竈形土器として創出されたものと考えておきたい。ただし、百済のミニチュア竈形土器は時期的にはさかのぼる可能性があるが、中国六朝の系譜を引くとする見方にたったとしても事例としては単発的であり、百済古墳の副葬習俗として、その後盛行する証左はない。

以上の点から、古墳時代の竈形明器について、漢代の竈形明器とその銘文資料や朝鮮三国時代の近年の出土例から物質面だけでなく思想的な観点からも相対的に位置づけられる。すなわち、漢代を中心とした竈形明器は文献などにみられる竈の祭祀と関連すると考えられ、竈形明器の銘文からは吉祥を願う内容がみられた。いっぽう、朝鮮三国時代のミニチュア竈形土器は高句麗と中国南朝など複数の系統があるが、古墳時代の竈形明器は形態的にも漢代以降の竈形明器やその影響を受けた高句麗の竈形明器とは異なり、朝鮮半島南部の三国時代古墳出土例に近い。また、漢代の竈形明器の銘文や図像によって、福と富などの吉祥を祈願するものであるのに対し、朝鮮三国時代の類例にはこうした特徴が見られず、その点は古墳時代のミニチュア竈形土器と共通することから、朝鮮三国時代の竈形土器を用いた祭祀が古墳時代の日本列島に流入し、特定の地域や集団でそれらへの帰属や同一性を象徴する副葬品となったと考えられる。『日本書紀』では為政者の徳を象徴するなどの政治的な意味のあった竈は、考古資料を通して再検討すると、東アジアにおける文化習俗の伝播を示すことがわかる。

第三節　殺牛の儀礼・祭祀

日本古代の殺牛祭祀

牛馬を殺して行う祭祀儀礼に関するもっとも遡る記述として、皇極紀元年（六四二）七月戊寅（二十五日）条に次のような内容が記されている。すなわち、日照りが続いたので雨乞いのため、村々の祝部の教えにしたがって、牛馬を殺して諸社の神を祀り、しばしば市を移したり、河伯（河の神）に祈ったりしたがまったく効果がなかったと群臣が語り合ったのに対し、蘇我大臣蝦夷は、諸寺で大乗経典を転読悔過し、雨を祈ろうと提案した、とある。

ここでは降雨を祈る儀礼として牛馬を殺すことが行われているが、このような祭祀はこれ以降の古代の文献記述にもあり、時代は下るが、『続日本紀』延暦十年（七九一）九月甲戌（十六日）条には伊勢・尾張・近江・美濃・若狭・越前・紀伊に対し、百姓が牛を殺して漢神を祀ることが禁止された、とある。『類聚三代格』にも同日に「応禁制殺牛用祭漢神事」という太政官符がみられ、これに違反した場合は故殺馬牛罪という罪科に問われた（『類聚三代格』禁制・延暦十年〔七九一〕九月十六日太政官符）。また、『類聚国史』『日本紀略』には延暦二十年（八〇一）四月八日のこととして、越前一国に対して、牛を屠って神を祀ることを禁止している。

牛を殺す祭儀とは異なるが、平安時代初頭に成立した『古語拾遺』には、御歳神の祭式の起源伝承として、神代の頃に大地主神が耕作の日に牛肉を田人に食べさせていたことを御歳神が怒り、蝗（いなご）を放ってその田を枯らす祟りを起こした。そのために白猪・白馬・白鶏を献じて謝罪すると、御歳神がその災いを解く方法があり、そのなかに、蝗が去らなければ、牛肉を溝口に置いて男茎形を作り、それを添えて祓え、とある。

説話のなかの牛としてよく知られるものとして、『日本霊異記』（中巻第二四・閻羅王の使の鬼、召さるる人の賂を得て免す縁）の楢磐嶋の話があり、そこには斑牛がみえる。すなわち、諾楽（奈良）の左京六条五坊の人である楢磐嶋は聖武天皇の時代に大安寺の修多羅分の銭三〇貫を借りて、越前の都魯鹿（敦賀）津に行き、購入した品物とともに船で琵琶湖を渡って帰る途中、急病にかかった。そこで船を留め、馬を借りて帰ろうとして、北陸道を南下し、山城の宇治橋に至ると、閻羅王によって自分を召しに遣わされた三人の鬼に会った。しかし、鬼たちに自分の家にいた二頭の斑の牛を殺して食べさせたので、鬼は同年生まれの人を磐嶋の代わりに召していったため、彼は助かり九十歳以上まで長生きしたという。ここでは次項以降で述べる中国の礼式や祭儀で用いられることのない「斑牛」が取り上げられ、特別視されていることがわかる。次にこうした日本古代の斑牛を含む牛に対する祭祀と儀礼の系譜を知るために、東アジアの殺牛祭祀に関する祭祀習俗を示す史料・文献や考古資料にふれたい。

中国の殺牛儀礼・祭祀

中国古代には儀礼に伴う殺牛が知られ、天子が社稷を祀る時の供物とされる大牢は牛・羊・豚の三種の犠牲であった。犠牲の「犠」の字は後漢・許慎の『説文解字』（『説文解字』巻三・牛部）によれば、「犠、宗廟之牲也」すなわち、犠とは宗廟のいけにえである、とみえている。同じく、『説文解字』（巻三・牛部）には「牷、牛純色」とみえ、南朝梁の顧野王によって編纂された字典である『玉篇』にも「犠、純色牛」とあり、牷や犠と表記される犠牲（いけにえ）の牛とは、そもそも毛色が単一な牛の意であったことが知られる。

儀礼に際して牛を屠っていた例として典型的な記述をいくつかあげると、まず、天と地を祭る儀式である郊祀を行うにあたり、『礼記』曲礼篇には「天子は犠牛を以ってし、諸侯は肥牛を以ってす」と記されている。また、『周礼』大使徒には「五帝を祀り、牛牲を奉ず」とある。

経書の犠牲の序列のなかで、牛の飼養と供犠がもっとも重視されたことは『大戴礼記』曾子天圜では、諸侯の祭祀たる大牢は牛・羊・豚を合わせ、大夫の祭祀である小牢は羊・豕であり、士の祭祀である饋食などは豚一頭であると規定しており、五牲すなわち牛・羊・豚（豕）・犬・鶏の祭儀を階層ごとに示している。牛をより上位の犠牲とすることは『易経』や『礼記』坊記に「東の隣家では牛を屠って豊かな祭りをするが、それは西の隣家が豚を供えた質素な祭によって充分に幸福を授けられるのに及ばない」と説いており、中国の礼制では祭祀に牛を屠ることが、推奨されたことが知られる。

『漢書』郊祀志には、秦の始皇帝が五名山大川を祀る際の供え物として、「牛・犢各一頭」を用いている。同じく、前漢の高祖の二年に黒帝祠というものを建て、その四年後に天下がすでに定まってから二年後、すなわち紀元前一九九年のこととして、ある人が言うのには、周が興った時に、邑ごとに后稷の祠を立て、今に至るまであまねく天下に血食、すなわち動物の血を供えて祀っている、という。そこで高祖は天下に令して、霊星祠を立て、毎年、季節ごとに牛を供えて祀れ、と御史に詔を下した。

祭祀に伴う殺牛行為

礼楽における牛・羊・豚などが牲として供えられる以外にも牛を殺して行う祭祀がある。まず、病気平癒のための祈りと殺牛として、『韓非子』外儲説右下には次のような大意の内容がある。秦の襄王が病んだ時、民は王のために祈り、王の病気が癒えると、人々は牛を殺して神に感謝の祭りをした。郎中（近侍の官）の閻遏と公孫衍がこれをみて、王に拝賀して、王の徳が堯舜にも勝るというと、王は驚いて、なぜか、と聞いた。これに対して二人は堯舜も未だ民がそのために祈るところまでは至らなかったのに、今、王が病んだ時に民が牛を以って祈り、病が癒えると牛を殺して感謝の祭りをしたのであるから、王は堯舜に勝る、というと、王はそれがどこの里かを調べて、里正（里の長）や伍老（隣組の長のような役職）を罰し、一つの屯（家の単位）ごとに甲二領を取り立てた。閻遏と公孫衍はこれを恥じて、なにもいうことができなかった。その後、数ヶ月してから、酒を飲みながら、二人が王にその理由を聞くと、王は民がそのような行為をなしたのは、民が自分を愛したからではなく、権勢のゆえであり、自分が権勢を捨てて、民と互いに親しんで治めていけば、そうでなくなった時に民はなにもしてくれなくなるだろう。そのためについに恩愛で治める道を絶ったのだといった。

ここでは王の病気平癒を感謝するために牛を殺して神を祀っていることが知られる。『韓非子』には本来的に存在した部分と後補の部分とがあり、この部分は後者とされるが、後補部分も韓非子の学統を継いで書きつがれていることは認識されている。

同じく病気平癒のために牛を殺して祈っている事例が『三国志』陳矯伝にみえる。すなわち、曹操が陳矯を魏郡の西部都尉にした時、曲周（河北省邯鄲市）に住む民の父が病気にかかった時、子は牛を犠牲に捧げて祈祷した。県は法律にこだわり死刑にしようとしたが、陳矯はこれを孝行であるとして、上奏してこの男を赦免した、という内容である。

また、死者の冢への祭りとしての殺牛は『漢書』于定国伝にみえる。前漢の丞相となった于定国の父の于公は公平な裁きで、人々に慕われ、存命中から彼のために祠が建てられたほどであった。東海郡（山東省）に孝行な婦人がいたが、姑を殺したという冤罪を晴らせず、断罪された。その後、旱魃となり、占った于公はその原因を孝婦の冤罪に求めたため、後任の太守は牛を殺し供えて、自ら孝婦の冢を祭り、また、墓に対してその孝を顕彰したところ、たちどころに大雨が降り、穀物が実ったので、郡中の人々は大いに于公を敬重した、という。

祭祀にともなう謝礼・報奨としての殺牛として、『漢書』広陵厲王劉胥伝に次のような内容がある。武帝には六人の男子がいたが、武帝の死後、広陵の厲王胥は昭帝が年少で子がないことから、これに取ってかわろうという野心をもっており、李女須という巫女に祈祷させて願をかけた。すると李女須に武帝がのりうつって胥を天子にする、と言った。胥は李女須に多額の銭を賜い、巫山で祈祷させた。時に昭帝が崩御したので、胥は李女須が良い巫女である、といって、牛を殺して供え、祈祷して、報い祭った。

誓約と民間祭祀・漢族以外の殺牛

誓約に伴う殺牛として、『三国志』韓当伝の裴松之の註に引く『呉書』には、呉の孫堅の有力な武将であった韓当の子である韓綜の記載に以下のような牛を殺して行う誓約がみられる。いったん、叛逆を企てた韓綜は、左右の者が言うことを聞かぬのではないかと恐れ、父を埋葬するからといって親戚の姑や姉をみな呼び戻して、彼女らを残らず将兵に嫁がせ、お手付きの女中でさえも全て側近たちに賜与してしまい、牛をつぶして酒を呑み、血をすすって誓約を行った。この記載は礼楽に関してではなく、誓約に際して牛を殺して誓いあったことを説明したものである。

劉宋代に益州刺史の劉道済が費謙・張熙らを信任して酷政を布いていた時、帛氐奴がこれに怒り、人を集めて盗賊をなし、趙広らとともに叛乱を起こすに際して、五城令の羅習は刺史の劉道済の腹心であるにもかかわらず盗賊を止めないが、一旦発露した時には禍は測り知れないとして、誓いを結び、ともに戒めあって牛を殺して盟誓した（『宋書』劉道済伝）。ここでも、やはり一味同心するのに際して、牛を殺して盟誓を行っている。

地方における殺牛祭祀については、『後漢書』第五倫伝に、会稽では習俗として、淫祀が多く、占いを好み、民は常に牛を以て神を祭る、とある。これに続けて、第五倫が会稽の太守になった時、この地方に殺牛祭神が流行し、牛の肉を食べて祭らなければ病気になり、死ぬとき牛の鳴き声を出すと信じられていた、そこで、第五倫は、この祭りを断つために属県に対して、巫祝が鬼神に依託し、偽って農民をおそれさせるものがあれば、皆これを抑え、みだりに牛を殺す者がいれば、罰するという命令を出した。はじめ民は恐れ、呪詛妄言したが、ついに牛を殺す祭祀を断つことができた。

また、地方の信仰として城陽景王や項羽神に対して、牛を殺して祭祀を行っていた。たとえば、南朝梁の蕭琛が呉興郡の太守に遷任された時、郡には項羽廟があり、土民はこれを憤王と名づけ、はなはだ霊験のあるものとしていた。そのうちに郡の役所では幕を張って神座を設け、公私にわたって祈祷をし、二千石程度を用いて、居室を避けて他の部屋へ移し、祠を拝した。蕭琛は牛を殺すことを禁じ、祭祀を解放し、乾し肉をもって、生肉に代えた、という（『梁書』蕭琛伝）。

周辺民族のなかでは夫余の殺牛祭祀が知られている。『後漢書』夫余伝には、戦争の時に天を祭り、牛を殺してその蹄で吉凶を占う、とみえる。『三国志』夫余伝にも同じ記載があるが、殺した牛の蹄の開き方によって、開いていれば凶であり、閉じていれば吉であるという記述が加わっている。

北魏時代には甘粛南部に拠ったチベット系遊牧民の宕昌羌について、その習俗として文字がなく、ただ草木の栄落によって時候を知り、その歳時を記すのみであり、三年に一度皆が集まって牛を殺して天を祭る、と記されている（『魏書』宕昌羌伝）。

また、北朝代や隋代には党項すなわちタングートについて、その習俗についてふれるなかで、三年に一度、集り会して、牛羊を殺して天を祭る、とあり（『北史』党項伝）、隋代以降にも党項が三年に一度集って、牛羊を殺していたことが記されている（『隋書』党項伝党項）。これらのように夫余、宕昌羌、党項などの漢民族以外の祭祀において、牛を殺して行為を伴う祭天儀礼がしばしば行われていた。これらは天を祀るという点において、後述する新羅金石文の内容と関連している。

考古資料としての家畜を殺す盟約・祭祀

牛馬を含めた家畜を用いた盟約に関する考古資料としてよく知られるのが侯馬盟書（山東省侯馬）である。これは春秋時代の晋に関わった盟誓の資料で、盟約が朱書された石簡・玉玦・玉片が多数発見され、文章の内容には盟約の際に牛馬を犠牲にして祭祝を行ったことが記されている（山西省文物耕作委員会編『侯馬盟書』文物出版社、一九七六年・図29－1）。その他にも春秋・戦国時代には祭祀に牛を用いた遺跡は多いが、ここでは春秋時代に秦の都であった雍城遺跡（陝西省宝鶏市鳳翔区）の馬家庄一号宗廟遺跡では一八一基の祭祀坑のうち一五三基には牛・羊・車・人のいずれかが埋められており、このうち牛だけが埋納された祭祀坑が二十二基あった例をあげておく（滕銘予「秦雍城馬家庄宗廟遺址祭

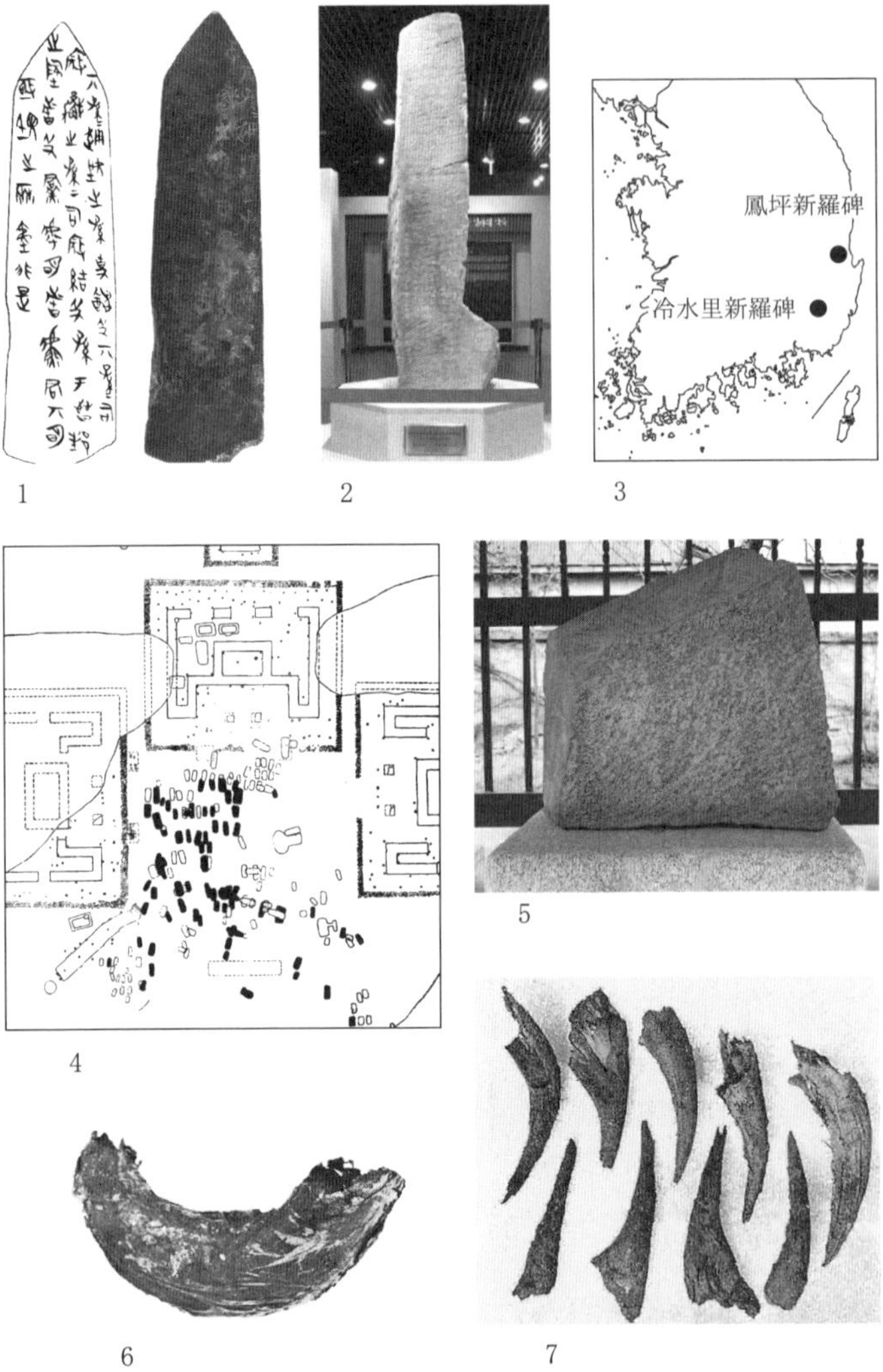

図29

1：侯馬盟書の一例、2：鳳坪新羅碑、3：鳳坪碑：冷水里碑の位置、4：雍城馬家庄一号宗廟遺跡牛坑、5：冷水里新羅碑、6：天馬塚漆器角杯、7：天馬塚牛角祀遺存的再探討」『華夏考古』二〇〇三年第三期＊・図29－4）。

実物の犠牲や遺構のほかには竹簡に祈祷を行う儀礼である祭祷が記されている。たとえば包山二号墓（湖北省荊門市）で出土した包山楚簡は書写年代が紀元前三一六年頃とされているが、そのなかに「戠牛」「特牛」などの牛の犠牲を示す語がみえ、これらは主として祖先神の祭祀において行われたと考えられている（陳偉「湖北荊門包山卜筮楚簡所見神祇系統与享祭制度」『考古』一九九九年第四期＊）。その他では紀元前四世紀代の秦の祭祷玉版の銘文に「用牛犠（牲）貳」の語がみえる。この銘文の大意は祭主にあたる作器者が病気になって、華山で祈祷したところ、効験があって平癒したので、報恩の祭祷を行った、という内容で、このような祭祀に牛が犠牲として用いられていたことがわかる（李零「秦駰祷病玉版的研究」『国学研究』六、一九九九年＊）。

斑牛を用いた新羅の盟誓

新羅時代の碑文には祭政に関する内容があり、牛を殺す儀礼が散見される。鳳坪新羅碑（慶尚北道蔚珍郡・法興王十一年〔五二四〕・図29－2、3・韓国国家遺産庁データベース）では新羅王の命令を違えたために処罰された高句麗との境界に位置する村々の首長たちの名前と、彼らに加えられた刑罰（杖六十、杖百）が記され、そのときに新羅の官人によって斑の牛（斑牛）を殺して天を祭る儀式が行われており（新羅六部殺斑牛□□□事大人）、それに参与した者、立碑に関係した人々の名前に続いて首長と三九八（文字数とみる説などもある）人の村民が、以後、王の命令にそむくことのないように天の前で誓った盟誓が記されている。

冷水里新羅碑（慶尚北道迎日郡・図29－3、5・韓国国家遺産庁データベース）には「癸未年」という干支紀年があり、四四三年と五〇三年などの説があるが、韓国の国宝指定の際には五〇三年に比定された。碑文の内容は地方における有力者の財物取得の紛争に新羅の高官七人が調停し、王の命令でその次第について規定し、またそれにそむけば「重罪」を科するとあり、牛を殺してお祓いをし、（天に）語り告げ（「殺牛抜□誥故記」）、その際に二人の在地の人物が調停に立ち会ったことを記している。このうち、牛を殺して行う祀りの手順としては、七人の新羅の役人（「典事人」）がひざまづき（「跟□踪」）、言葉を告げ、牛を殺した後に呪術的な文句を発する（「殺牛抜□誥」）というものである。

このように新羅では誓いをかわす時には、当事者や立会人が集まって牛を殺して、天を祭っていたことがわかる。そして、その誓いや盟約が王権の統治や行政に関わるものの場合、碑文にして皆に知らせ、また、後世に伝え示すべきものであったことが知られる。

金石文の記載によって、同様に牛を殺して盟誓を行っていたことが明らかになった新羅では、殺牛そのものを示す考古資料は知られていないが、牛が死んだ際にのみ得ることができる牛角が古墳から出土している。牛角に関する動物学的な知見では、ウシ科の動物の角は骨と皮膚組織の上にかぶさった角質で、一生落ちることはないが、死ぬと角質と骨がきわめてうまく分離するという（三浦慎悟「角のできかた、使われかた」『アニマ』一三三、一九八四年）。つまり、牛の角は鹿などの角と違って、内部が皮膚組織であるため、生きている状態でうまく切断することは難しく、逆に言うと、牛の角がうまくとれるのは牛が死んだ時、あるいは殺した時に限られる。

こうした点から注目されるのが、天馬塚（慶尚北道慶州市）出土の牛角である。天馬塚では副葬櫃下段の部分からは、実物の牛の角が二〇本と牛角の形態をした漆製品が出土した（韓国文化財管理局『天馬塚─慶州市皇南洞第一五五号古墳発掘調査報告書』学生社、一九七五年・図29－6、7）。天馬塚の報告書では被葬者の有力な候補として、炤知王（在位四七九～四九九）や智証王（在位五〇〇～五一三）があげられているように、王または王族の墓と考えられることからも、新羅では王墓・王族の葬送のなかで牛に関わる祭祀が存在したと推定される。

日本古代の殺牛祭祀の系譜

日本の七世紀以降の殺牛に関する記述の特色は、「漢神」という字義にも端的に示されるように、外来の祭祀として認識されていたことである。いっぽう、『日本霊異記』の記述で、「斑牛」を飼育していたとされる楢磐嶋の出自に関して、『続日本紀』には宝亀八年七月甲子（十五日）条に左京に住む楢日佐河内ら三人に長岡忌寸を、山村許智大足らに山村忌寸を賜った、という記事がある。このうち、長岡忌寸を賜った楢氏はいうまでもなく楢磐嶋の属する氏族であり、『新撰姓氏録』大和国諸蕃には己智氏と同族であるとし、また、秦太子の後裔とされる己智すなわち巨智氏は秦氏と同族であり（『新撰姓氏録』大和国諸蕃）、ともに新羅系の渡来系氏族とされる（平野邦雄「秦氏の研究（二）」『史学雑誌』七〇－四、一九六一年）。

このように説話ではあっても、新羅の殺牛儀礼に特徴的な「斑牛」が新羅系とされる氏族と関連することは、その前提として、朝鮮半島のなかでも新羅における「斑牛」の特別視という史的背景が存在した可能性が考えられる（門田誠一「東アジアにおける殺牛祭祀の系譜―新羅と日本古代の事例の相対的位置―」『東アジア古代金石文研究』法藏館、二〇一六年）。

このように日本古代の殺牛祭祀や牛に関する説話は、中国古代の礼俗における犠牲としての殺牛儀礼の直接の系譜を引くのではなく、民間で行われた殺牛祭祀にちかい。新羅で牛の種類として斑牛を殺して天に誓うことに関して、日本の七世紀から九世紀頃までの史料や説話との比較からは、牛を殺して祭祀を行い、加えて、『日本霊異記』のように斑牛を特別視するという二つの点で新羅の要素がみられる。こうした殺牛に関連する習俗は『古語拾遺』にみられる牛の肉を溝口に置いて蝗の害を防ぐことや『日本書紀』に皇極天皇元年（六四二）の祈雨のために牛馬を殺して諸社の神を祀ることに示されるように在来の信仰習俗として取り込まれることとなった。それがやがて『日本霊異記』にみえるように仏教的価値観との相関などを経て、習俗として禁止とされるようになるのであろう。

第四節　殉死と従死

殉葬と人物埴輪の起源

中国では儒教の拝礼のなかでも基本となる拱手やそれを含めた跪拝などの拝礼の存在と関連して、『日本書紀』にみえる葬送に関係する中国の文献・史料に依拠する語句として「従死」があげられる。この語が現れるのは垂仁紀にみられる日葉酢媛皇后の薨去を契機として、野見宿禰が埴輪を創出する説話である。その大要を示すと、垂仁天皇二十八年に倭彦命の埋葬にあたって近習の者が生きながら陵の周に埋め立てられ、数日間死なず、昼夜にわたって泣き声をあげ、死後は腐って犬や烏の餌食となった。天皇はこの泣き声を聞いて悲傷し、群卿に詔して、「生きている時に愛し使われた人々を、亡者に殉死させるのは痛々しいことだ。古の風（古風）であるといっても、良くないことは従わなくてもよい。これから後は、合議して殉死を止めるように」と言った、とある（垂仁紀二十八年十一月丙申朔丁酉〔二日〕条）。ここにみられる生きた人を埋め立てる殉葬を廃する詔では「夫以生所愛令殉亡者」「止殉」の語として「殉」の語が用いられている。

さらにこの後に皇后の日葉酢媛命が薨去したとき、天皇は（倭彦命の殉死者の悲惨を思ってのことであろうが）近習の者を生きたまま埋め立てる殉葬（従死）の是非を群卿に諮る。すると、野見宿禰が生きた人を墓に立てるのは後世に伝えるべき事ではないとして、人や馬など種々の物の形を土で作って置くことを提案し、天皇は心にかなうことだとして、出雲国の土師部百人を召し出して日葉酢媛皇后の墓に埴輪を立て、この後は陵墓には埴輪・立物を立て、人を損なってはならないとした、という記述がある（垂仁紀三十二年秋七月甲戌朔己卯条）。ここでは殉葬に対して「従死」の語が用いられている。

これらの記述にみられる「殉」（死）と「従死」は、ともに死んだ人を慕い、あとを追って死ぬこととか、主君などが死亡したときに、臣下や妻子らが死者に随従するために自殺または強制的に殺されること、などの意味であり、同義とみてよい。中国史料・文献での用例では「従死」はおおむね『史記』以降に清代までみられ、「殉死」は唐代以降の例が主となる。いっぽう、考古資料としての殉葬は漢代以降にはほぼみられなくなり、それ以降の史料にみえる「従死」は殉葬のためではなく、選択的あるいは主体的な行為とみられる。

『日本書紀』の「殉」の語は、垂仁紀（上掲）、安康紀、孝徳紀（後述）、持統紀（後述）にみえる。安康紀元年春二月戊辰朔条では、安康天皇が大草香皇子の同母妹である幡梭《はたび》皇女を天皇の弟である大泊瀬皇子（雄略天皇）の妃に迎えようとした際に大草香皇子が拒絶したという使者の讒言によって、大草香皇子の家が兵に取り囲まれ、攻め殺された時に、つかえていた難波吉師日香蚊の親子は、皇子が罪なく殺されたことを悲しみ、父は皇子の御首を抱き、二人の子はそれぞれ皇子の御足を抱えて、泣き悲しみ、親子三人が君の生前にお仕え申し上げ、その死に殉じなければ、臣下とはいえない（我父子三人生事之、死不殉是不臣矣）、と述べ、自ら首をはねて、みかばねの傍に身を伏せた、とある。ここでは大草香皇子の臣下としての殉死が記されている。

また、大津皇子が謀反の意ありとして捕えられて磐余の自邸で死を賜ったのに伴い、朱鳥元年紀（六八六）冬十月庚午（三日）条に妃の山辺皇女が殉死した、とある。その描写は「被髪徒跣、奔赴殉焉、見者皆歔欷（髪を振り乱して裸足でかけつけて、殉死した。見る者は皆すすり泣いた）」と記されており、「被髪徒跣」は、儒教での礼俗で本来は束髪に櫛や冠をつけ、足には履をはくのに対し、それらを整えられない尋常ではない状況やそうした習俗の異民族を表す語であり、『魏志倭人伝』には「徒跣」は倭人の習俗として、「被髪」はとくに倭の女性の髪形の表現に用いられている（門田誠一「被髪と徒跣の同時代的認識」『魏志倭人伝と東アジア考古学』吉川弘文館、二〇二一年）。『日本書紀』には、このように「殉」と「従死」の両方が用いられる例は倭彦命と日葉酢媛命の薨去記事のみであるが、有意に使い分けているわけとはいえない。

その他に、孝徳紀五年（六四九）三月には蘇我倉山田石川麻呂が謀反を起こそうとしているという讒言にあい、孝徳天皇により派遣された兵が山田寺を包囲した際、石川麻呂は妻子八人とともに山田寺で自害するにいたる。その際に「私は世々の末まで決して我が君を恨まない」と言い、誓い終って自ら首をくくって死に、妻子ら死に殉ずる（殉死）者は八人であった、として現れる。これらの記述は、殉死という行為の認識を含めて記されており、中国の考古資料に遺る葬法としての殉葬とは異なるが、行為としての殉死に関する数少ない記述である。

垂仁紀の二つの記にもどると、これらは殉死や従死の禁止と人物埴輪の起源説話とされ、埴輪そのものの起源と関連して論じられることが多い。人物埴輪は四世紀末までさかのぼるとみられる例（茅原大墓（奈良県天理市））もあるが、家形埴輪の出現がさらにさかのぼるとされている。こうした埴輪の起源よりも、説話の主題に関して注目されるのは、この記事で殉死を禁じた内容とされる垂仁天皇の言として、「従死之道、前知不可。今此行之葬、奈之爲何」（死に従う道、前に不可《よからず》と知れり。今し此の行《たび》の葬にいかがせん）とあり、実際には「殉死」ではなく、従死の語が用いられている点が重要である。墓に対する人の殉葬と関連する記述として、『古事記』では崇神天皇の時に御子である倭日子に関して、「この王の時に、始めて陵墓の周りに人垣を立てた」とあり、殉葬の始まりを述べた伝承であるが、垂仁紀の「従死」との語の違いに注目して以下に論じてみたい。垂仁紀の説話では前段は従死つまり殉死を禁止した垂仁天皇の徳を記し、後段ではそれを勧め、さらに古墳の埴輪を立てて葬礼を行うことになった野見宿禰を顕彰し、その系譜を引く土師氏の祖先伝承としての性格があらわれている。これらの説話で重要な語として「殉」と「従死」が用いられている。

これらに対し、孝徳天皇大化二年（六四六）三月甲申（二十二日）条のいわゆる大化薄葬令に、「およそ人が死んだ時に、殉死（自殉）したりあるいは殉死を強制したり、死者の馬を殉死させたり（人殉及強殉亡人之馬）、死者のために宝を墓に収め、あるいは死者のために生きている者が断髪したり、股を刺したりして、誄《しのびごと》を述べたりする旧俗はことごとく皆やめよ」という記述がある。この規定の実効性には早くから議論があるが、殉死の部分に関しては、「断髪」や「股を刺」す、などの哀悼傷身とされる習俗がみられるが、人の殉葬を示す遺構を含めて考古資料からは裏づけることができず、文飾の可能性がたかい。

中国の従死

以上のように従死や殉死は『日本書紀』では頻出の語ではなく、編纂の時点においても身近な風習であったかは疑わしいが、漢籍にみえる語としての認識があったことは確かであろう。すでにふれたように従死は中国の文献・史料には多くみられ、その古い例として、『史記』秦本紀に秦の武公二〇年（前六七八）の武公を平陽に埋葬するに際して、「初めて人を以って死に従う。死に従う者は六十六人」とあるのが、秦代の従死（殉死）の始まりとされている。

秦の従死の記事として、春秋時代の秦の穆公の死に際する三良の故事がある。すなわち、秦の穆公が世を去った時、殉死した百七十七人の中に善良の誉れ高い三人の臣（奄息・仲行・鍼虎）がおり、人々は彼らの死を悼み、「黄鳥」の詩を作って哀しんだ（『史記』巻五・秦本紀・第五）。この故事は後代にも、漢詩の題材とされた。魏晋のものとしては曹植の「三良詩」があり、曹操の死に際して、殉死がかなわなかった苦衷から詠まれたとする見方もある。曹植も含めた建安七子とされる後漢末を代表する文人である王粲、阮瑀などをはじめとして三良が詩に詠まれ、魏志倭人伝とほぼ同時代における殉死に対する認識が知られる。唐代には陶淵明が「三良詩」を詠じており、歴史的故事として知られていた。

殉死に対する禁止を示す端的な記述としては『史記』秦本紀・献公元年（前三七四）に「止従死」すなわち死に従うを止（とど）む、とあり、史書・文献にみえる殉死を禁じた早い時期の記述として知られる。ただし、その後も秦における殉葬の記述はみられ、『史記』秦始皇本紀には始皇帝が死んだ際に、二世皇帝は先帝の後宮から子のない者を出すのはよろしくないといい、みな従死させ、死者は甚だ多かった、とある。いっぽうでは始皇帝陵の兵馬俑に象徴されるように、この秦・献公元年（前三七四）の従死の禁を機に人の殉葬から俑などの副葬へと習俗の変容がみられとする見方がある（文笑・徳省「秦国人殉制度的演変」『文博』一九九八年第六期＊）。

殉葬に対する否定的な見方は『礼記』檀弓下に以下の記述がある。斉の陳子車が衛で死んだ際に、その妻子と家の大夫が殉葬を行おうとした。その時孔子の弟子である陳子亢は、殉葬は礼ではなく、どうしても病の世話をしたいのならば、それは妻と家老を殉葬するにこしたことはない。殉を付すことを止められるものなら止めたいが、やむをえなければ、私はその二人を殉にしたいと思う、と述べ、このような殉を用いることはなされなかった、と述べられている。

史書における従死の語の出現頻度は、たとえば従死の語が初見する『史記』では六つの記事に一三回にわたって現れるのに対し、『漢書』本文では従死の語の出現は三回（趙敬粛伝・匡衡伝・匈奴伝）にとどまる。『三国志』では、孫権の三男である孫和を新都に居らしめて死を賜った際に孫和の嫡妃の張氏が「従死」したという記述だけである。

東アジアの殉葬と『日本書紀』の殉死・従死

このように文献・史料のうえではとくに漢代以降には従死の語が用いられることは少なくなっていく。殉死は自発的意思によって単独で行われることも想定されるが、この場合は文字資料が伴わない限り、考古資料として認識されることは難しい。殉死が考古資料として残る場合は、主たる墓に伴う多数の小規模な埋葬の場合であり、殷墟で知られるように大きな墓の周辺から多数の首のない遺骸が出土し、典型的な殉葬の例とされる。殷墟の中でも多数の殉葬者が発見された例をあげ、殉葬盛行の典型例をみておくと、発掘調査による知見で陪葬坑などを含まず、墓内の殉葬者の多い事例として、侯家荘の大型墓である一〇〇一号墓では九〇人が殉葬されていた（黄展岳「殷商墓葬中人殉人牲的再考察―附論殉牲祭牲」『考古』一九八三年第一〇期＊・図30－1）。このほかに、殉葬者の位置が詳細に把握された例として武官村一号大墓では墓壙内から四一人の殉葬人骨が発見されている（郭宝鈞「一九五〇年春殷墟発掘報告」『中国考古学報』第五冊、一九五一年＊・図30－3）。

その後の戦国時代にも殉葬が盛んであり、その典型としてあげるならば秦公一号大墓（陝西省宝鶏市）がある。この墓では主槨室・側室の周囲や上部の土層などから少なくとも一八二人の殉葬者が発見されている。墓主は墓の規模や出土遺物からみて、景公（在位紀元前五七七～五三七）の可能性が高いとされている（丁雲・王曺「秦公一号大墓的発掘与秦史

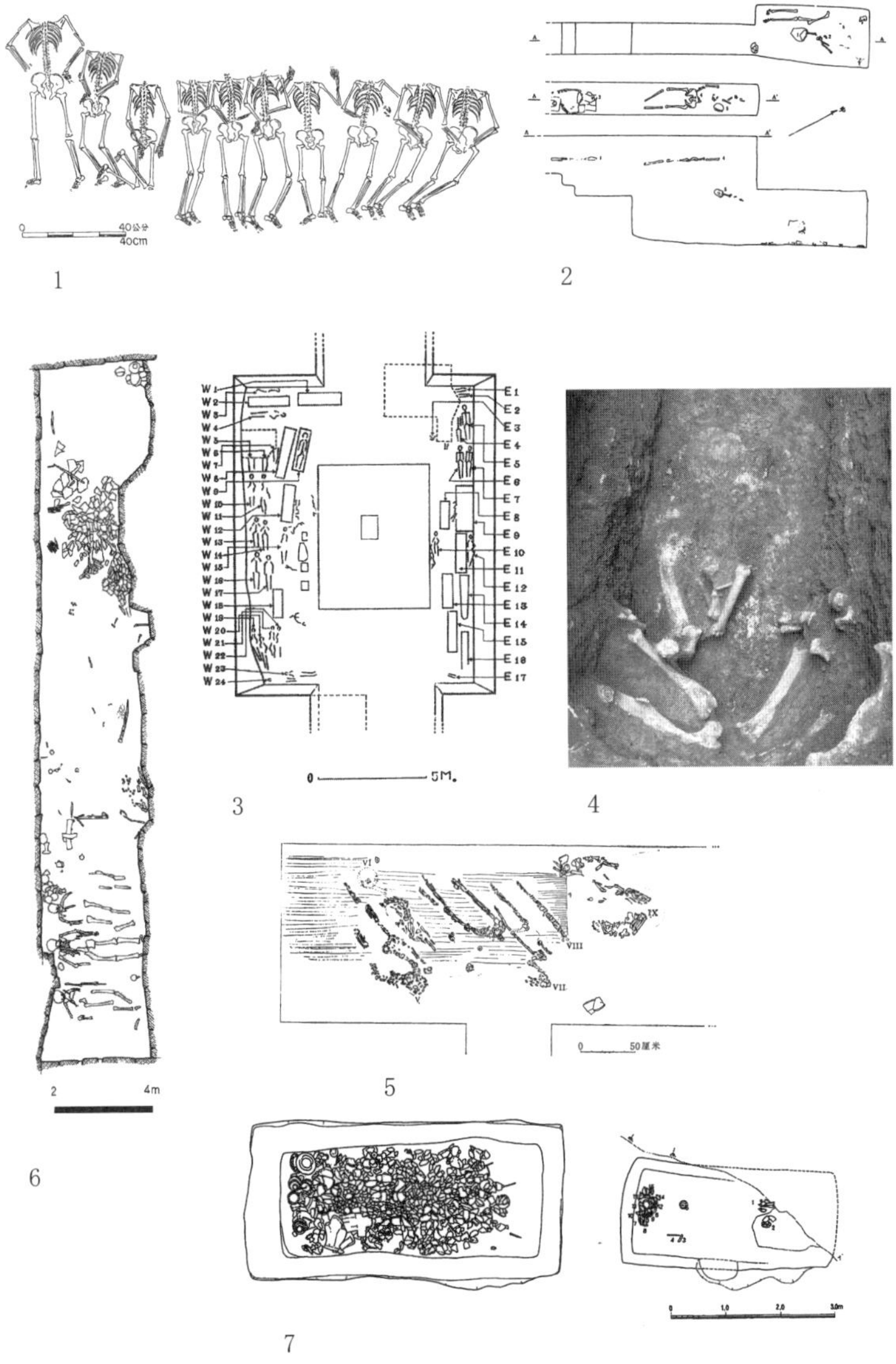

図30
1：侯家荘1001号墓の殉葬、2：陝西・鳳翔城郊隋唐墓、3：武官村1号大墓の殉葬、4：秦公1号大墓1号坑（車馬下層の殉葬）、5：南越王墓の殉葬、6：昌寧・松峴洞8号墳の殉葬、7：釜山・福泉洞57号墳の殉葬坑（副槨）

研究新認識」『渤海学刊』一九八八年第三期＊）。その後、南東側にある陪葬坑が発掘され、埋納された車馬の下部から殉葬者の遺骸が発見された（陝西省考古研究院ほか「陝西鳳翔雍城秦公一号大墓一号坑考古発掘簡報」『考古与文物』二〇二一年第六期＊・図30－4）。

漢代以降の殉葬の事例は極めてまれになるが、前漢代の殉葬の例として、南越王墓は主室のほかに東西の側室・前室・東耳室・墓道からなる複室構造の木槨墓であり、墓道に一人、墓道南側の外蔵と報告されている木槨に一人、西側室に七人が殉葬されていた（広州市文物管理委員会ほか『西漢南越王墓』上、文物出版社、一九九一年＊・図30－5）。これらの人骨に伴う棺等は発見されておらず、多数の器物や犠牲とみられる牛などの動物骨とともに発見されており、埋葬に伴う祭祀に際する殉葬者であるとみられる。西側室の殉葬者は年齢が鑑定されており、それによると六人が成人で、一人が児童と推定されている。殉葬者の北側からは牛・豚などの家畜や魚骨などが堆積しており、銅製の器皿などもみられることから、この部分が墓内での厨房に該当し、殉葬者は厨房作業に従事した侍者と推定されている。その他の場所からも、殉葬者が発見されており、そのなかには銅印の職名から宦官や楽器である銅編鐘の傍らに葬られているため、これを演奏する楽伎とみられ十八歳前後の男性などの職掌が知られる殉葬者もある。また、墓道と墓室への出入口である甬道から発見された殉葬者は門を司る官吏である門亭長とみられ、外部へと続く墓道の傾斜部分の殉葬者はそれより下位の身分に属すとみられている。南越王墓は出土した金印の字句などから南越国第二代の文王・趙眛（在位紀元前一三七～一二二頃）の陵墓とみられており、王の埋葬に際する殉葬が行われた。

これ以降の時代にも、後漢末頃や唐代（盛唐～中唐期）に下る殉葬がわずかに知られるが（雍城考古隊「陝西鳳翔県城南郊唐墓群発掘簡報」『考古与文物』一九八九年第五期＊・図30－2）、これらはきわめて特殊な事例とみられる。

朝鮮半島では殉死を伴う殉葬遺構が三韓から三国時代の三世紀頃から六世紀代にかけてみられ、厳密に同時期の埋葬かどうか検証の必要な場合もあるにしろ、とくに加耶（金海・大成洞遺跡、金海・良洞里遺跡、東萊・福泉洞古墳群、咸安・道項里古墳群、昌寧・松峴洞古墳群、高霊・池山洞古墳群、慶山・林堂洞遺跡など）、新羅（皇南大塚を典型とした慶州・皇南洞墳墓の例）に多い（金龍星「新羅高塚の殉葬」『古文化』五九、二〇〇二年＊）。殉葬方法の類別では、副槨内への殉葬（金海・大成洞遺跡、釜山・福泉洞古墳群〔図30－7・釜山大学校博物館編『東莱福泉洞古墳群―第四次発掘調査　五七号・六〇号―』一九九六年＊〕、慶山・林堂洞遺跡など）、主槨内への殉葬（咸安・道項里古墳群、昌寧・松峴洞古墳群〔図30－6・慶南発展研究院歴史文化センター編『昌寧校洞と松峴洞古墳群第Ⅲ－一号墳・八号墳』二〇一七年＊〕）などが中国の殉葬と比較できる。

いっぽう、日本列島において、古代の殉死の記述として知られるのが、魏志倭人伝に「卑弥呼が死去したときには、大きな陵が作られた。その陵の径は百歩余りもあって、百人以上の奴婢が徇（殉）葬された」とある卑弥呼の死に際する殉葬である。しかしながら、三世紀前半頃の卑弥呼の時代を含めた弥生時代から古墳時代のみならず、「従死」の語がみられる『日本書紀』編纂の時代を含め、それ以降も考古学的に明らかな殉死やそれらの人を伴う殉葬とみられる遺構は知られておらず、魏志倭人伝に記された殉葬も、あくまでも倭の習俗に対する『三国志』編纂時点での認識として理解すべきであろう（門田誠一「奴婢の殉葬にみる卑弥呼の冢の認識」『魏志倭人伝と東アジア考古学』吉川弘文館、二〇二一年）。

以上のように、考古資料から知られる東アジアの殉葬の検討のなかで、日本では考古資料としての殉葬は知られず、垂仁紀にみられる殉死を表す「従死」の語は中国の故事や古典を典拠とした語句であり、『日本書紀』編纂時点をはるかにさかのぼる時期にすでに説話化されていた。日本列島の考古学的知見では時代をこえて殉葬はみられないことから、「従死」「殉死」の語は『日本書紀』では漢籍にみえる語としての認識をもとに用いられたとみてよい。先にふれた倭彦命の埋葬に際して「古の風」としたのは、考古資料と文献の双方から論じてきたように、こうした中国における殉葬の衰退にもとづく文言と考えられる。

第五節　倭の殯と東アジアの考古資料

殯と考古資料

『日本書紀』では殯は大王の葬送に関する儀礼として現れ、死から埋葬にいたるまでに行われた仮埋葬や葬送儀礼をいう。いっぽう、後にふれるように中国は殯の語を含む喪礼は儒教と深くかかわっており、それらを示す考古資料や自然科学的研究から知られた殯についてふれてみたい。

『日本書紀』等にみえる殯については和田萃氏による基礎研究により、天皇ごとの殯の期間や、殯が行われた場所が殯宮であること、欽明天皇から文武天皇の殯宮は埋葬地とかなり隔たりがあることや、殯儀礼を担った人々の属性や火葬の採用による殯の変容などの多様な事象が明らかにされている（和田萃「殯の基礎的考察」『日本古代の儀礼と祭祀』上、塙書房、一九九五年）。いっぽう、その後の研究で皇后・皇太后から夫人・侍女にいたる女性が籠って殯に奉仕したとされていた殯期間における女性の政治的、宗教的活動があったことが明らかにされ（稲田奈津子「殯儀礼の再検討」『日本古代の喪葬儀礼と律令制』吉川弘文館、二〇一五年）、殯の新たな側面が明らかになっている。

これまでの殯の研究によると、『日本書紀』では殯は神話にも現れ、天皇の殯は暴虐で知られる武烈天皇などを除いて、天皇の崩御に際して行われた。そのなかには神武から開化天皇までの実在しない天皇も含まれ、また、殯の期間は数ヶ月から翌年までが多いが、もっとも長い敏達天皇の場合は五年八カ月、これにつづく斉明天皇は五年三カ月、さらに天智天皇の場合は、約二年二ヶ月にわたって営まれたとされる。

このような殯は中国の儀礼を取り入れて倭独自の様式に変容した殯宮儀礼であるとされ、天武天皇の殯では、僧尼による殯宮での発哭・無遮大会・殯宮としての寺院での布施と設斎・国忌の斎などの従来とは異なる仏教を含めた儀礼が行われたという記述が根拠としてあげられる。

史料にみられる倭の葬礼としては、『日本書紀』の「殯」とは別に魏志倭人伝にみられる「停喪」などを含むものがあり、これらについて筆者は後にふれるように中国の礼俗を規範とした語句として用いられているとみている。

殯のみならず、儀式や祭祀などの行為に関しては、形の残る遺物や遺構からの検討は難しい点が多い。いっぽうで、古墳時代の殯をはじめとした葬送儀礼と考古資料を関連づける方向性も模索されている。たとえば、推古紀二十年紀（六一二）二月辛亥朔庚午（二十日）条に堅塩媛（欽明妃、推古の実母）を檜隈大陵に改葬し、軽の街で誄の儀式を行い、その後、さらに、推古二十八年紀（六二〇）冬十月条には、「砂礫を檜隈陵の上に葺き、周囲に土を積んで山を造り、各氏に命じて、土の山に大きな柱を建てさせた。倭漢坂上直の柱が一番高かったので、大柱の直とよんだ」、とあり、古墳の墳丘周囲で発見される柱穴を、この記事と対応させて解釈する場合もある。

このような葬送儀礼の考古学的研究のなかで、古墳築造にともなう遺構で殯と関連づけられるものは、墳丘の上（図31－1・中津市教育委員会編『幣旗邸古墳一号墳』一九九五年）や近傍で検出された建物（図31－3・福井県教育委員会編『安保山古墳群』一九七六年）などが発見されており、墳頂部で検出された柱穴も含め、殯に用いた殯屋と推定し、墳丘上で葬送儀礼が行われたとする見方がある（泉森皎「古墳と周辺施設」『近畿の古墳文化』学生社、一九九九年，土生田純之「古墳構築過程における儀礼」『黄泉国の成立』学生社、一九九八年）。

古墳時代の殯に関する遺構・遺物を古墳内・周辺（建物址、柱穴など）と古墳以外（導水施設（図23－2参照）、竪穴遺構など）の説に分類し、また、人物埴輪の配列による殯の推定および外来習俗や古墳時代の死生観などの視点から、殯についての課題が整理されている（寺前直人「モガリと考古資料」一瀬和夫・福永伸哉・北條芳隆編『古墳時代の考古学３　墳墓構造と葬送祭祀』同成社、二〇一一年）。

このような考古資料からの殯の理解に関しては、すでにふれたように『日本書紀』の天皇の殯宮と埋葬地は離れた場所にあるという点から、墳丘上や近傍の施設を単純に天皇の殯宮と同様に理解できるのかという疑義がのこる。そのほかに石製枕や古墳の石室内部の装飾、人物埴輪や供献に用いたとみられる土器・須恵器などを葬送や殯と関連づける見方（杉山晋作「古墳への死者送り」『歴博』一三八、二〇〇六年など）があり、また、古墳時代の湧水（導水）に関わる祭

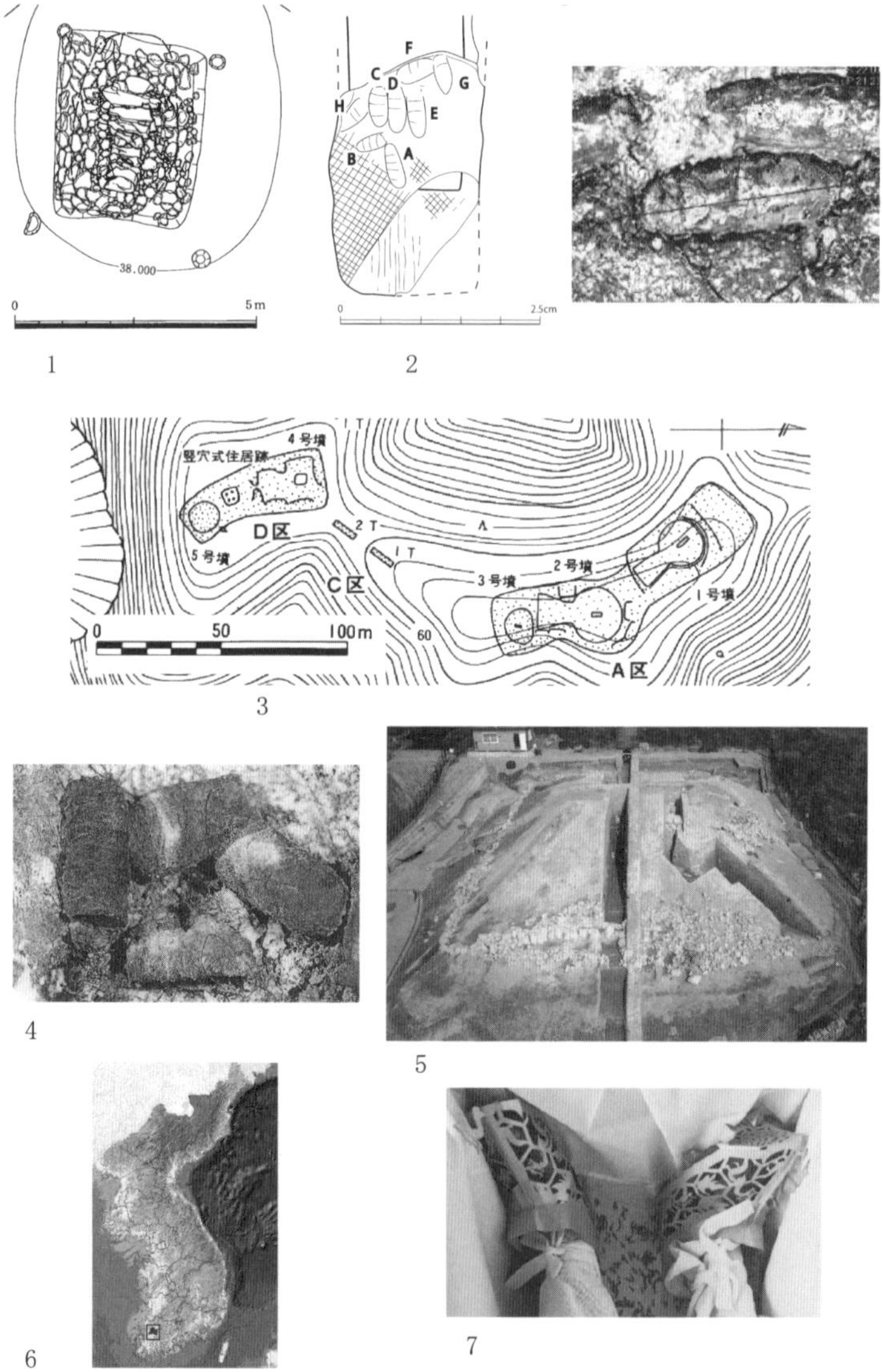

図 31
1：幣旗邸古墳 1 号墳埋葬施設周囲の柱穴、2：黒瀬御坊山 A2 号墳鉄剣のハエのサナギ（左・付着箇所 A ～ G、右・拡大写真）、3：安保山古墳群と竪穴住居址、4：葉佐池古墳 1 号石室 B 人骨眼窩上部のハエのサナギ、5：羅州・伏岩里丁村古墳（西から）、6：羅州・伏岩里丁村古墳の位置、7：丁村古墳の実験によって発生したハエのサナギ（両足の飾履の間）

祀を殯と関連づける説がある（穂積裕昌『古墳時代の喪葬と祭祀』雄山閣、二〇一二年）。

このような殯の考古学的検討では、殯をモガリとカタカナ表記することにより、在来習俗としての葬送儀礼であることを示そうとする傾向がある。本書では『日本書紀』や『古事記』にみえる葬礼としての殯を論じているため、むしろ、中国の喪礼に由来する漢字を用いたことに関心をおいている。

こうした喪礼としての殯に関して、『日本書紀』『万葉集』の殯や殯宮の記述と『礼記』などの経書および唐代皇帝（代宗）の喪葬に関する『大唐元陵儀注』の記述を参照し、百済・武寧王と王妃の殯の遺跡とされる艇止山遺跡（忠清南道公州市・図13－2、3参照）を介した検討から、上述の古墳時代の殯屋と埋葬地に関する疑点も含めて、殯宮と遺体の埋葬場所との関係についての検討があり（稲田奈津子「殯宮の立地と葬地―艇止山遺跡の評価をめぐって―」『東京大学日本史学研究室紀要』二一、二〇一七年）、これについては唐代の出土文字資料を含めて後述する。

自然科学からみた殯

殯という行為の直接の証左ではないが、遺骸を一定期間保管した痕跡として知られるのが葉佐池古墳（松山市）のハエのサナギの発見である。この古墳の埋葬施設（一号石室）で出土した人骨を実体顕微鏡で観察した結果、二種類のハエのサナギ（ニクバエ属とヒメクロバエ属）が付着しており、この二種類のハエの生態として、死後すぐに死体にたかり産卵する一般的な種類と、死体が腐敗した後にたかり産卵する種類であることで著名な事例となった（松山市教育委員会編『葉佐池古墳』二〇〇三年・図31－4）。これによって葉佐池古墳一号石室出土人骨は、死後少なくとも一週間前後はハエが活動するような明かりのある場所に置かれており、埋葬されていなかったと推定された。

同様に出土遺物などにハエのサナギが付着した事例は各地で発見されており、たとえば、島内地下式横穴墓（えびの市・古墳時代中期）で出土した鉄鏃にハエのサナギが付着しており、被葬者を埋葬した後に腹部に発生したガスによって骨盤腔外に排出された便が検出されていることから、ガスが腹腔内に充満する期間、おそらく二〜三週間の間には殯を終了し、埋葬されたことが推定された（田中良之「殯再考」『骨からみた古代日本の親族・儀礼・社会』すいれん舎、二〇一七年）。

その他の地域で古墳に埋葬された人骨や遺物にハエのサナギが発見された例は、黒瀬御坊山Ａ２号墳出土鉄剣（石川県加賀市・古墳時代中期）、姥ケ入南遺跡墳丘墓出土鉄斧（新潟県長岡市・弥生時代後期後半〜古墳時代前期）、結一一号墳出土蛇行状鉄剣（島根県出雲市・古墳時代中期）、那珂遺跡土壙墓出土剣状鉄器（福岡県福岡市・古墳時代後期）、羽根戸Ｎ二一号墳出土鑷子・刀子（福岡市・六世紀初頭）、鶴見山古墳出土銅鏡片（福岡県八女市・六世紀中頃）など広い地域に及んでいる。これらの多くは地域における大首長というよりも地域の中の有力者あるいは有力家族といった人々の墳墓とみられ、古墳時代に一般的に行われていた「モガリ」（殯）の姿を示しているとする見方が示されている（伊藤雅文「古墳時代モガリについての一思考─黒瀬御坊山Ａ２号墳出土剣の囲蛹殻をめぐって─」『石川県埋蔵文化財情報』四七、二〇二二年・図31－２）。

いっぽう、これらの墳墓では被葬者は地方の首長や有力階層に属する人々であり、自然学的な分析によって、古墳時代の葬送儀礼のなかで、遺骸を一定期間安置する儀礼が地方においても行われていたことが明らかになった。ただし、その期間については、被葬者の階層などによっても異なる可能性がある。

こうした古墳時代の葬送儀礼の知見の蓄積によって、『日本書紀』にみられる大王・天皇の殯やその実態と地方における葬送儀礼の共通性や違いを検討することが可能となろう。また、このような生物学的分析方法による葬送儀礼の研究は、韓国の三国時代の古墳でも行われている。韓国の西南部に位置する羅州・伏岩里丁村古墳（全羅南道羅州市・一辺三〇メートル、高さ七メートル・五世紀末〜六世紀初頭）では、複数発見された埋葬施設のうち、一号石室で発見された木棺の一基（木棺３）から出土した金銅製飾履にハエのサナギの殻が発見され、生物学的、科学的な調査分析が行われた。その結果、ハエのサナギは、死亡直後に埋葬されたのではなく、ハエが産卵できる程度の期間、露出されていたことを意味するとされ、殯が行われた可能性が指摘されている。その季節について、古墳の周辺でハエを捕らえる実験が行われ、捕らえたハエの種類の割合から、古墳築造当時と気候変化などが大きくなければ、現在の五月から九月を中心にして、十一月までが想定された。さらに古墳と同様な環境の再現実験による分析と考察から、丁村古墳の被葬者は死亡直後に埋葬されたのではなく、ハエが遺骸に十分に接近し、産卵できる季節と場所に五、六日以上置かれた後、古墳に埋葬されたと推定されている（羅州文化財研究所編『羅州伏岩里丁村古墳発掘調査報告書』二〇一七年＊・図31－5～7）。

ここにあげたように自然科学的な分析結果は、古墳時代と朝鮮三国時代の葬送に関して、考古学や古代史の研究に新たな視点をもたらしている。ただし、これらは被葬者が死亡した後、埋葬されるまでの時間的な差異を推定したのみであり、殯あるいは停喪とされたいずれの葬送儀礼の段階であるかなど、その間の具体的な儀礼や祭祀の行為については不明なままである。これらついては、中国の葬礼研究にみられるような考古資料をもとにした考察が今後も必要となろう。

中国の殯葬と考古資料

日本古代の殯に関して、さまざまな課題が提起されているが、その一つは殯が日本特有の葬礼であるかという点である。これについては、殯の字句の典故であり、儒教の経書・礼書である『儀礼』『礼記』では、具体的な葬礼のなかで殯の語がみられることが参考となる。たとえば『礼記』檀弓上に孔子の言として、「夏人は死者の亡骸を、殯宮の東の階段の上で殯し、周人は西の階段の上で殯し、殷人は二本の柱の中間で殯した」とあり、狭義の殯の際に遺骸を置いた場所が記されている。『儀礼』士喪礼には喪送の儀礼の順序と内容が記されており、唐代皇帝の喪葬の研究を参照すると、三日めに納棺にあたる「大斂」に続いて「殯」が行われるとされる（金子修一編『大唐元陵儀注新釈』汲古書院、二〇一三年）。また、『儀礼』士喪礼の研究では殯にいたる過程として、遺骸を衣裳で包んで縛る小斂が行われ、その後、再び遺骸を衣裳で包む大斂を経た後、西側の階段の上の棺を置くことが殯とされる（谷田孝之『中国古代喪服の基礎的研究』風間書房、一九七〇年）。このような経書の殯の大要は納棺から埋葬にいたる喪礼の過程の一つであることを確認しておきたい。

儒教の経書にみえる喪葬以外に、『日本書紀』編纂と時期的に近い唐代の皇帝に関しては、唐・代宗（在位七六二～七七九）の陵墓である元陵に関する喪葬儀礼の逸文である『大唐元陵儀注』の研究によって、殯宮の施設や器物・衣服などの様子が復原されている（金子修一編『大唐元陵儀注新釈』汲古書院、二〇一三年）。これと関連する考古資料としては、唐代の皇室の葬送儀礼に用いられ、故人を弔う誄・祭文、生前の行跡・宗族関係を記した哀冊が出土している（図32－3・陝西省考古研究院ほか『唐懿徳太子墓発掘報告』北京科学出版社、二〇一六年＊）。哀冊のほかに故人の諡とその由来を記す諡冊が伝世あるいは出土し、これらに基づき儀礼が考察されている（江川式部「唐朝の喪葬儀礼における哀冊と諡冊」『古代学研究所紀要』五、二〇〇七年）。そのうち、これまでふれてきた殯などの場所に対して、たとえば、睿宗の長子である李憲（六七九～七四二）の哀冊文（伝世）によれば、梓宮はその日に「寝門之西階」（大明宮紫宸殿南門の西側か）に遷された、という。皇帝薨去の場合、概ね梓宮は太極宮太極殿に設営されるが、李憲の場合は贈皇帝であり、皇帝に準ずる意から太極宮ではなく大明宮に設営された可能性があるとされる。また、哀冊文は喪葬儀礼においては殯（啓殯と記される）の後に埋葬にむかう前の段階で、柩前で故人及び参列者にむかって読誦され、その後、陵墓に埋納されるとする。このように中国では出土文字資料の研究により、時代・時期や対象となる階層などによる喪葬儀礼の詳細が明らかになってきている。

元来、殯は経書にみえる儒教の喪礼の過程の一つであって、これらを典故とした『日本書紀』の殯の語は、古墳時代に実修された実際の葬礼とは別の次元で検証すべきであり、その材料となる遺構や遺物についても有効な資料が模索されている段階であることは、ここまでふれてきたとおりである。

考古資料から葬送儀礼を考察する際に参考となるのは、漢代を中心とした喪礼の過程を反映した考古資料の研究である（高崇文「試論先秦両漢喪葬礼俗的演変」『考古学報』二〇〇六年第四期＊）。そのいくつかをあげると、馬王堆一、三号墓の錦飾内棺の蓋の上に置かれたT字形帛画（図32－1・湖南省博物館ほか編『長沙馬王堆一号漢墓』上集、文物出版社、一九七三

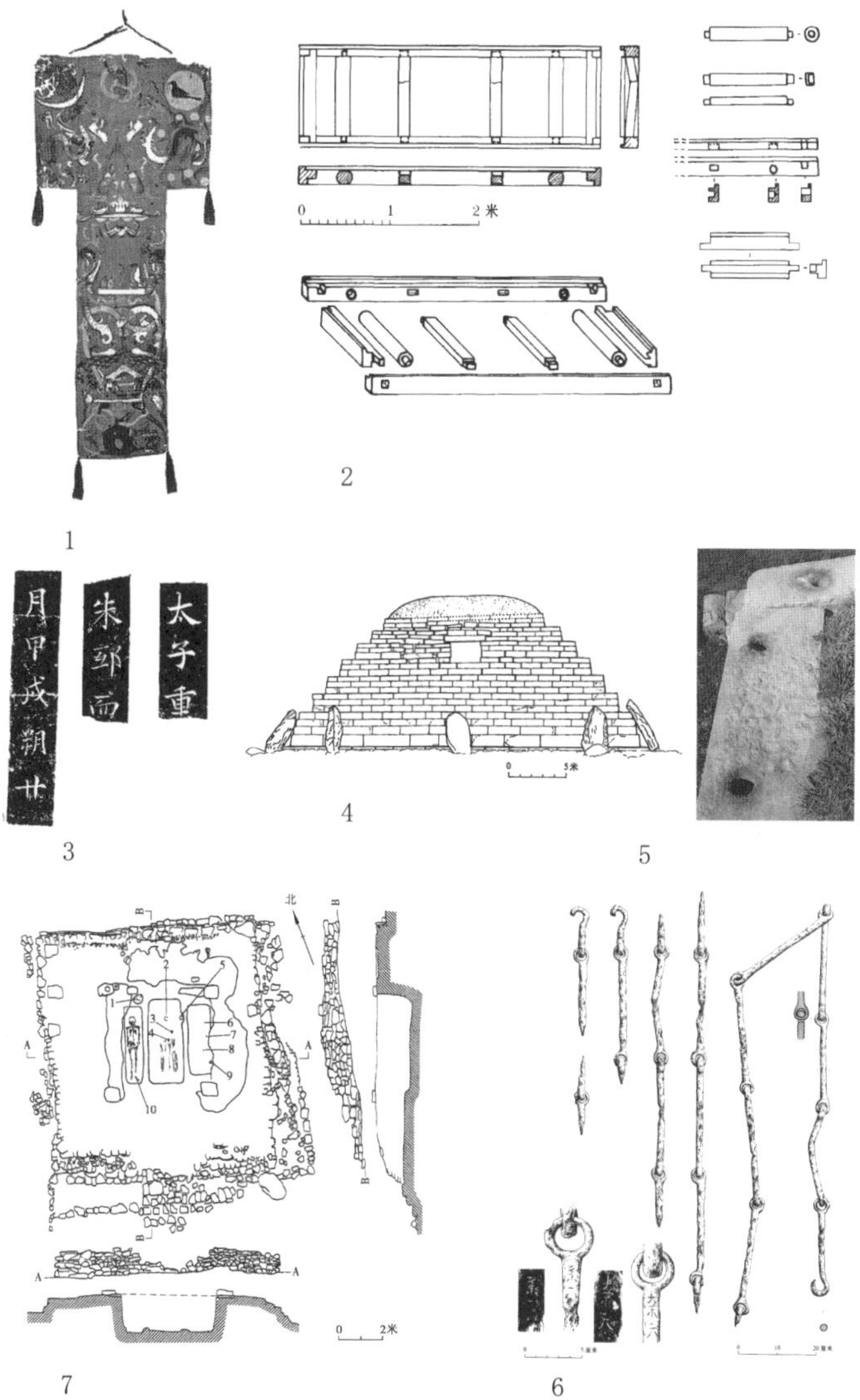

図 32
1：馬王堆 1 号墳帛画、2：湖南・虎渓山 1 号墓喪礼用具、3：唐・懿徳太子哀柵破片、4：将軍塚（南から）、5：将軍塚頂部の孔列、6：将軍塚鎖状鉄製、7：東寧・大城子 1 号墓（墓壙四周に礎石）

年＊）は『儀礼』士喪礼の「銘」であり、一般的には銘を記した旗として銘旌と呼ばれ、殯宮に掛けるなどした後に棺の上に掛け置かれた葬礼用具の一種とみている。ただし、この銘は独特の死生観を表現していることから、単純に銘旌とするよりは昇仙図と呼ぶことも提唱された（曽布川寛『崑崙山への昇仙』一九八一年、中央公論社）。

ほかにも、高崇文氏は湖南・虎渓山一号墓（湖南省懐化市・墓主は前漢長沙国第二代長沙王の子である沅陵侯呉陽・紀元前一六二年没）にみられる棺の下部にあった棺床の下部にはコロのような部材が用いられ、可動式であることから、これを『儀礼』士喪礼に「軸」の字句が用いられ、喪礼に際して棺を動かすための用具とみている（湖南省文物考古研究所ほか「沅陵虎溪山一号漢墓発掘簡報」『文物』二〇〇三年第一期＊・図32－2）。その他にも礼書などにみえる喪葬に用いられた器物や道具に比定される出土遺物はあるが、馬王堆の帛画のように諸説があり、用途や意味が確定しない場合もあるため、例示は上記にとどめておく。

殯と停喪

中国の考古資料の検討から知られるように、経書にみえる儀礼体系が儒教の喪礼である。これに対し、喪礼が行われない期間は停喪と呼ばれることがある。よく知られる例は魏志倭人伝には倭人の葬送に関して、「始め死するに停喪十余日、時に当たりて肉を食らわず、喪主哭泣し、他人就いて歌舞飲酒す。已に葬れば、挙家水中に詣（いた）りて、操浴し、以て練沐の如し」とある。その大意は、人が死ぬとまず、喪に服するのをやめて十余日、その期間は肉を食べず、喪主は哭泣し、他人は歌舞飲酒する。埋葬が終わると一家を挙げて、水中に詣で体を洗い、練沐のようにする、という内容である。この記述によると、倭では人が死ぬと、まず、十余日の間、喪礼を停止したようである。儒教の喪礼からするとこの間は儀礼を行わなかったと判断され、そのため停喪と表したとみられる。

停喪の語は、倭人以外にもみられ、たとえば『晋書』賀循伝には「後に武康の令と為る。俗に厚葬多し。及（ならび）に拘忌（忌みはばかること）して迴避し、歳月をも停喪して葬らず（停喪不葬）。（賀）循は皆禁ず」とある。すなわち、武康（浙江省湖州市）県令となった賀循は、この地では厚葬すなわち葬儀を壮麗に営む習慣があり、歳月がたっても喪礼を停止して葬らなかったが、賀循はこれらを禁止したことが記されている。この記述では地域的習俗として、「停喪不葬」があり、当該地を治めた賀循によって禁じられていることから、本来の喪礼に基づいた葬送とは異なる過度な葬礼として、「停喪して葬らない」ことを禁止した、とある。

おなじく『晋書』高崧伝によると、高崧は高悝の子で、太学博士まで務めたが、父が死去すると職を辞し、喪を五年停止して遺体を葬らず、父の汚名をそそぐために廷尉に訴え、数十回に及ぶ上疏の後、帝に訴えを認められて、父の名誉を回復し、爵位をついだことなどが記されている。ここでの停喪は、父の名誉を挽回するための方策の一つとして、あえて埋葬をせず、社会の判断に委ねるための行為である。これらにみられるように、「停喪不葬」つまり、喪を停止して、埋葬を行わないことは、本来の喪礼とは相いれないものであった。

時代は下るが元代の法令集である『元典章』巻三〇・礼部三・葬礼に「禁治停喪不葬」として、停喪を禁ずる規定がある。ここでは南方の福建地方の埋葬を遅らせる習俗が禁じられている。その大要は、この地方では、ややもすれば十年、二十年を経ても、家に三、四の柩が残っていることがあり、これを問いただすと、年月の巡りが悪く、埋葬地がみつからず、貧乏なので埋葬ができない、などと答えるが、貧乏であれば、薄葬しても礼を損なうことはなく、孝愛を全うすることができるのにもかかわらず、ただちに埋葬せず、えてして仏事を営み、みだりに死者の冥福を求めようとするが、いたずらに年月を重ねて虫がわき、汁が流れるにまかせ、道行く人は鼻をおおうという有様では心が休まらないとし、月日を限って期限内に埋葬させ、人倫の道を厚くし、孝愛の風を長じさせれば、教化のため裨益するところ大である、と述べ、地方の習俗としての停喪を禁じている（現代語訳は「元代の法制」研究班編「『元典章礼部』校定と訳注（三）：礼制三（婚礼喪礼葬礼祭祀）」『東方学報』八三、二〇〇八年を参照）。こうした停喪はあくまでも喪礼を一時停止することであるが、一定期間遺骸をとどめておくという行為や現象の面では殯に近い。

すでにふれたように殯は『儀礼』などの儒教の経書にみられる喪礼の過程を示す語であるにもかかわらず、大斂、小斂その他の喪礼に関わる語は『日本書紀』にはみられない。他の項（第三章第五節「礼俗の姿態と考古資料」）でふれたように『日本書紀』では礼俗にかかわる「跪拝」「哭泣」「拱手」などの語が散見されることから、これらと同様に殯の語も編纂過程で在来的な葬送に殯の語を用いた表現とみられる。

いっぽう、『日本書紀』の殯の語は儀礼の体系としては不明な部分も多いが、天皇によって期間が一定しないところをはじめとして、儒教における喪礼の一環としての殯とは異なっている。このことは中国の墳墓にみられる葬具や副葬品などの考古資料を、礼書にみえる喪礼の過程ごとに用いられた器物に比定するという研究方法の違いとして現われている。飛鳥時代以前の在来の要素を含む葬送儀礼として『日本書紀』では経書にみえる殯の語が用いられていることを踏まえつつ考古資料を検討すべきであろう。

東夷の殯と武寧王の殯所

こうした中国の殯と関連した朝鮮三国時代の殯のなかで、停喪は高句麗の習俗として現れる。『太平御覧』に引用された『魏略』に「高句麗人はその死に際して、埋葬する際に槨はあるが、棺はなく、停喪すること百日」とある（『太平御覧』巻三十五・四夷部四・東夷四・高句麗）。『隋書』高麗伝には「死者は屋内に殯し、三年経ったら吉日を択んで葬る。父母および夫が死んだら、三年間喪に服し、兄弟（の喪）は三ヶ月である」と記され、同様の記述は『北史』などにみられる。ただし、ここでも「停喪」と「殯」の語の示す内容の違いが明らかでなく、各々の文献の編纂側の認識として、これらの語句が用いられたとみられる。

墓に関わる建物についての東夷の記述としては、『魏書』勿吉伝に「父母が春夏に死ねば、たちどころに屍を埋め、冢の上に建物を作り（冢上作屋）、雨に濡れさせないが、秋冬であれば、その屍を用いて貂を捕る。貂はその肉を食べるので、（このようにすると）貂を多く捕ることができる」とあることから、北方民族には「冢上作屋」という習俗があるとし、高句麗でも同様に古墳の上に建物が建てられていたという見解がある（耿鉄華「高句麗墓上建築及其性質」耿鉄華・孫仁傑編『高句麗研究文集』延辺大学出版社、一九九三年＊）。この記述が史実の一端を伝えているかは別として、墓上の建物は死者に対する祭祀儀礼とは異なる施設として記されている。

こうした墳丘上の建物の痕跡として、高句麗王陵である将軍塚（吉林省集安市・五世紀末頃）にみられる墳頂部の柱穴状の遺構がある（吉林省文物考古研究所編著『集安高句麗王陵：一九九〇－二〇〇三年集安高句麗王陵調査報告』文物出版社、二〇〇四年＊・図32－4、5）。将軍塚では瓦が出土していることから、瓦葺きの建物の柱穴であり、他にも瓦が出土している千秋塚、西大塚、禹山墓区三三一九号墓、禹山墓区九九二号墓などにも同様の墓上の建築があったとし、このような高句麗古墳の墓上建築は先秦代の陵寝制度における寝殿にあたるとする見方がある（耿鉄華「高句麗墓上建築及其性質」耿鉄華・孫仁傑編『高句麗研究文集』延辺大学出版社、一九九三年＊）。

これに対し、墳丘上の孔列については、建物の柱穴としては直径が小さすぎることや、墳頂部から柵状の鉄製品が発見されている（吉林省文物考古研究所編著『集安高句麗王陵：一九九〇－二〇〇三年集安高句麗王陵調査報告』文物出版社、二〇〇四年＊・図32－6）ことなどから、建物の柱穴ではなく、柵状の施設があったのではないかという見解がある（永島暉臣慎「集安の高句麗遺跡」読売テレビ放送編『好太王碑と高句麗遺跡』読売新聞社、一九八八年）。

このような墓上の建物である「冢上作屋」と関連する遺構として、渤海の墳墓のなかには墓壙内部の四隅に礎石が設置される事例があり、墓壙周囲から瓦（吉林省敦化・六頂山第Ⅱ墓区二〇九号墓）、墓壙内から壁土や木材の炭化物などが出土する場合がある（黒竜江省東寧・大城子一号墓、黒龍省文物考古工作隊ほか「黒龍江東寧県大城子渤海墓発掘発簡報」『考古』一九八二年第三期＊・図32－7）。これらの類例から文献上の「冢上作屋」に該当する可能性が示唆されている（李強「勿吉与渤〝冢上作屋〟初識」『高句麗研究』二六、二〇〇七年＊）。この説では墓壙内四隅の礎石上に柱を据えて建物が造られ、場合によってはその屋根に瓦が葺かれたとするのであり、建物の下部には墳丘が存在することから、墳丘の上から出入りする構造を想定し、このように上部から出入りするのは靺鞨の同仁文化や渤海の住居址にみられる特徴と共通であることも傍証とされている。

高句麗古墳で出土する瓦については、戦前の報告では漢王墓で平瓦と丸瓦が墳丘に葺かれた状態で発見されており、その他の古墳で出土する瓦や塼についても、墳丘に直接葺かれていたとみてよい。これに対し、「冢上作屋」の語を参照して高句麗の積石塚に墓上の建物を想定する説では、葬礼の過程について推定する見解がある。その主な主張としては、積石塚の墓上建築は寝殿の可能性があり、儀礼や祭祀に関する建物とみる。とくに大型の高句麗積石塚にみられる墳丘の近くの石築の壇状遺構は墓前の祭祀を行った祭台とする。陪冢に関しては、死後の信仰と祭儀に関わる施設とする。また、「列種松柏」（『三国志』高句麗伝）などとして中国史料にみられる墓域内の樹木は厚葬の要素とする。さらに広開土王碑等にみえる守墓制を一種の追善供養とする（チョン・ホソプ「高句麗積石塚段階の祭儀様相」『先史と古代』二九、二〇〇八年＊）。遺構や遺物の使用法や意味についての推定が多く、追善供養など仏教儀礼が想定されていることなど、にわかには認めがたい点も多いが、殯などを含め、考古資料を用いた東夷の葬礼についての考古学からの推論の試行と位置づけられる。

いっぽう、別の項（第二章第一節「住居の文化とその広がり」）で述べた遺構としての「大壁建物」研究の画期となったのは、百済第二の都である熊津（忠清南道公州市）の艇止山遺跡（忠清南道公州市）の調査であった（図13－2、3参照）。この遺跡は方角的に武寧王陵から出土した武寧王と王妃の買地券に記された申地・酉地の方向と一致するとされ、武寧王陵に合葬されるまでの三年程度の間、王妃の遺骸が安置されていた殯殿という説が出された。その根拠の一つが大壁建物であり、建物の柱を支える礎石がないことなどから短期的な使用を想定し、遺骸を安置し、葬礼を行う殯に使われたとするのである。この他には、柱穴などの施設のない竪穴遺構（六基）を氷の保管施設とみて、殯殿に安置された遺骸の保存に使われた氷を保管した場所とするなどの見方もある（艇止山遺跡の概要と諸説は李漢祥著、稲田奈津子訳、三上喜孝解説「発掘から解釈まで―艇止山遺跡の事例」『山形大学歴史・地理・人類学論集』一八、二〇一七年）。

このような武寧王の殯に関連しては、『隋書』高麗伝には高句麗では屋内での三年の殯が行われるとされ、百済に関しては『周書』百済伝に「父母や夫が死んだ場合は、三年の間、喪に服し、それ以外の親族の場合は葬が終わると喪の期間が終わる」とあることから、三年間の喪を想定することがある。ただし、このような中国史書にみえる高句麗や百済の殯や三年の喪は、高句麗や百済の地域で行われてきた同様の儀礼に対して、編纂者の解釈によって記述している可能性があり、これらの記述のみでは葬礼実態を明らかにするのは難しい。

高句麗、百済、倭などの葬送の内容に関して、史書が語るところは多くはないが、東アジア古代の国や地域にみられる葬送儀礼・祭祀について、儒教的礼俗を規範とした記述や描写がみられることは確かである。これに対して、殯の過程を直接的に示す考古資料は明らかではない。しかしながら、近年では三国時代の殯に関する自然科学的な視点からの検討が行われている。同様に『日本書紀』でも経書を典拠として殯の語が用いられており、その実態の解明についいては蓄積されていく考古資料により進展しつつある。ここでは近年の東アジアの考古資料とその分析から、葬送儀礼としての古墳時代の殯を検討するための論点を示した。

第五章　宗教と信仰の実相

第一節　神仙思想・初期道教と雲母

『日本書紀』の神仙思想・道教的要素と雲母

『日本書紀』には神仙思想や道教的な内容や字句もみられる。なかでもよく知られるのが垂仁紀九十年条に天皇の命により、田道間守が非時香菓《ときじくのかくのこのみ》を求めて常世の国に遣わされ、十年後に「非時香菓」と八竿《やほこ》などをもって帰った際には、すでに垂仁天皇は崩じており、天皇の陵墓のそばで嘆き悲しんで死んだ、という伝説である。同様の説話は『古事記』にもみられるが、『日本書紀』では常世の国は「神仙の秘区」と表現され、中国の神仙思想の影響を受けたとされる。神仙思想は不老不死を目指し、その状態となった仙人や異界に住む神人などの神仙に託して不老不死を希求することを一義的な内容とする。道教は時期によって変化するが、一般的な説明では、道教とは中国固有の生活文化のなかの生活信条、宗教的信仰を基礎とした民族宗教とされ、その淵源は漢時代以前の巫祝の信仰や神仙方術的信仰および民衆の土俗的習俗などが基盤となって、おおむね後漢末から六朝時代にかけて形成されたと説明されることが多い。道教もその形成期においては神仙思想の影響を受け、同様に不老不死・長生が眼目の一つとされる。

『日本書紀』を含む古代の道教については、福永光司氏による詳細な研究がある（『道教と古代日本』人文書院、一九八七年など）。また、これを含めた現代における道教研究を学史的に整理する方向性もみられる（佐藤明「福永光司氏の「道教」と「日本文化」に関する一連の研究をめぐって」『中国哲学論集』一四、一九八八年）。日本古代における宗教としての道教の存在やその位置づけは、こうした専門の論著に委ね、ここでは『日本書紀』とそれを媒介とした考古資料と関連する事象に限定してふれてみたい。

これまで指摘された『日本書紀』の道教的要素として、象徴的なものとしては、天皇の漢風諡号にみられる道教の用語である。たとえば、天武天皇の諡は「天渟中原瀛真人天皇」であり、そこにみられる「瀛真人」（おきのまひと）は道教では「瀛州」という海中の神山に住む高位の仙人を意味する。天皇の諡を選定する際には道教的な字句を参照する場合があるとされるが、これのみでは当時の道教の浸透や理解の検証は難しい。

道教的信仰と関連する行事に関しては、『日本書紀』などにみられる五月五日の薬猟について、古代中国に民間で行われていた同日の採薬習俗に起源があり、あわせて典薬寮で本草の基本書とされた『本草経集注』（本草集注）の分析から、これらには民間道教における神仙思想的要素や道術の影響があると考えられている（和田萃「薬猟と本草集注」『日本古代の儀礼と祭祀・信仰』中、塙書房、一九九五年）。このほかにも『日本書紀』には神仙思想を含む道教的信仰に関係する記述が散見することが指摘されている（和田萃「日本古代の道教的神仙思想」『日本古代の儀礼と祭祀・信仰』中、塙書房、一九九五年）。そのうち端的な例として、聖徳太子が片岡に遊行した際に飢人の屍骨が消え失せたという伝承（推古紀二十一年十二月庚午朔条）は屍解仙と関係するとされ、仙薬に関する内容は、倭国の菟田郡の押坂直がキノコ（原文は紫菌）を採取し、家に戻って食べたところ、病気にかからず長命を保ったと、とあり、そのキノコについては芝草かと述べられている（皇極紀三年三月条）ことなどがあげられる。

上清派（茅山派）道教を大成した陶弘景の編になる『本草経集注』との関連では、天武紀十四年（六八五）十一月丙寅（二十四日）条に法蔵法師と金鍾は白朮《びゃくじゅつ》（おけら）の煎じたものを天皇に奉り、同日に天皇のために招魂（鎮魂祭。魂が遊離していかないように、身体の中に鎮め長寿を祈る）をした、とあり、白朮は『本草経集注』に草木の薬としてあげられていることから、この記事の道教との関連が示唆されている（新川登亀男『道教をめぐる攻防』大修館書店、一九九九年）。この記事にさきだって、天武紀十四年冬十月庚辰（八日）条には法蔵法師と優婆塞益田直金鍾とを美濃に遣わして白朮を煎じさせ、よって絁・綿・布を賜った、とある。「白朮」は藤原京出土の木簡にも「白朮四□」とあり、薬として用いられていたとみられる。その他では藤原京出土木簡には「急々如律令」という道教的文言がみられることもよく知られている。

このような『日本書紀』の内容にみられる神仙思想や初期道教の影響については、これまで主として史料や文献の記述をもとに行われてきた。筆者はこれに対し、考古資料で道教・神仙思想の要素を示すものとして古墳から出土する雲母に着目した。雲母は鉱物であり、古墳の副葬品としての雲母片は、井出二子山古墳（群馬県高崎市・五世紀後半）、珠城山古墳一号墳、三号墳（奈良県桜井市・六世紀後葉）、星塚二号墳（奈良県天理市・六世紀前半）、ウテビ山二号墳（奈良県天理市・六世紀中頃〜後半）、湯山古墳（大阪府堺市・六世紀後半）、和田一号墳、一一号墳（滋賀県栗東町・六世紀後半）、甲山古墳（滋賀県野洲町・六世紀中葉）などが知られ、五世紀後半から六世紀代の古墳を中心に出土例がある（門田誠一「古墳出土の雲母片に関する基礎的考察」『古代東アジア地域相の考古学的研究』学生社、二〇〇六年、図33－3、6）。とくに甲山古墳では出土状況から玄室内に雲母がまき散らされたものと推定されている（野洲町教育委員会編『史跡大岩山古墳群天王山古墳・円山古墳・甲山古墳調査整備報告書』二〇〇一年）。また、井出二子山古墳では孔のある遺物が出土しており、装飾に用いられたとみられる（高崎市教育委員会編『史跡保渡田古墳群井出二子山古墳：史跡整備事業報告書 第2分冊（遺物・分析・考察編）』二〇〇九年）。

古墳以外では飛鳥寺塔心礎から雲母片が出土しており、装飾品の可能性が指摘されている（石橋茂登「飛鳥寺塔心礎出土の雲母」『奈良文化財研究所紀要』二〇二一、二〇二二年）。雲母に孔が確認されるかどうかで機能は異なるにしろ、次にのべるような中国や朝鮮三国時代の雲母出土例を勘案すると、装飾として使用の可能性もあるが、それに加えて本来は墳墓で行われていた雲母の埋納や散布を伴う儀礼が仏教的荘厳に変容した可能性などが考えられる。

中国出土の雲母

東アジアでは中国および朝鮮半島とくに新羅の墳墓・古墳で雲母が出土する。そのうち、中国では漢代以降の墳墓で雲母が出土しており、史上、著名な人物の墓では、三国魏の曹操の高陵とされる西高穴二号墓（河南省安陽市）で長

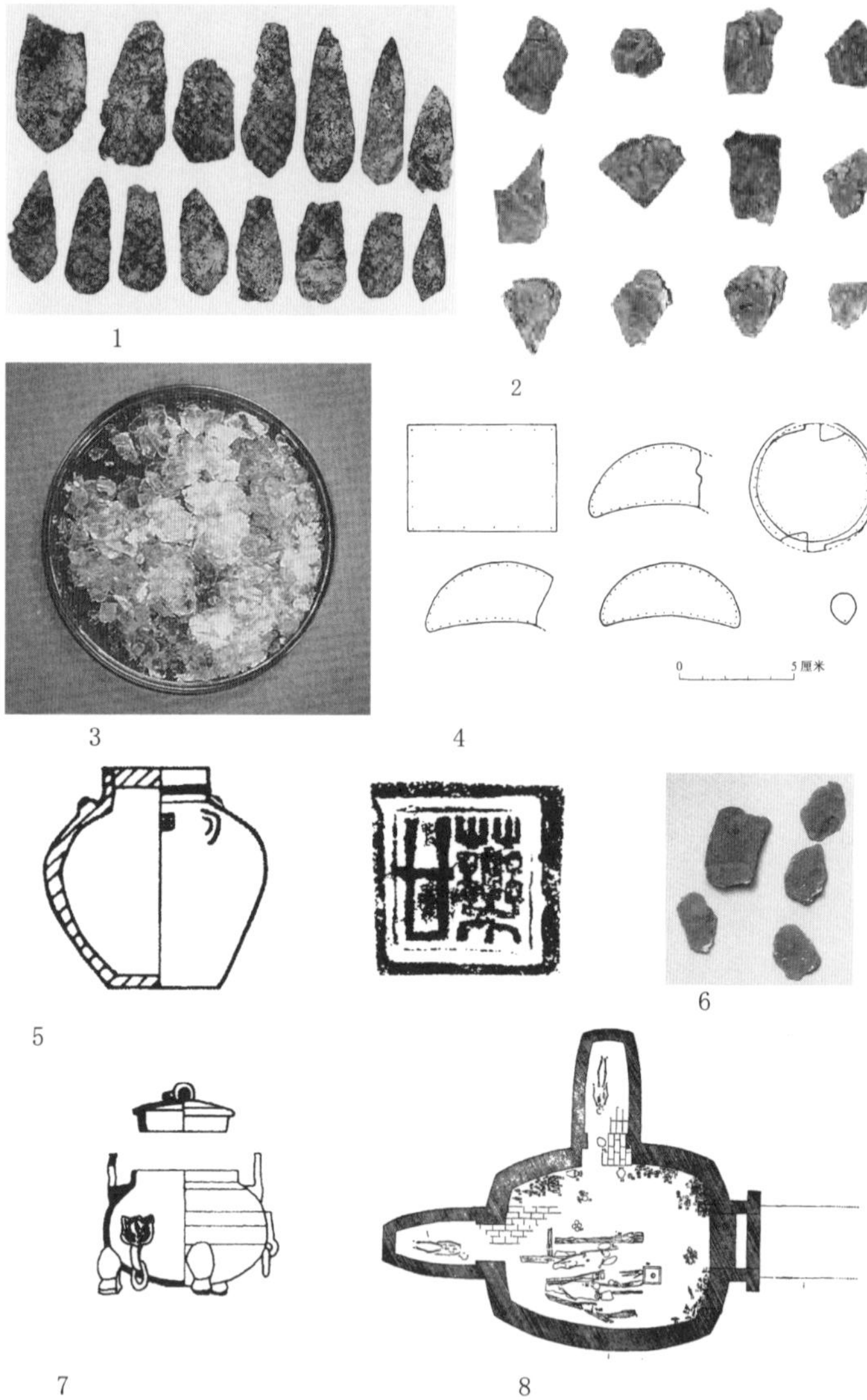

図 33

1：皇南大塚北墳雲母、2：慶州・チョクセム 44 号墳雲母、3：和田 1 号墳雲母、4：西高穴 2 号墓（曹操高陵）雲母、5：曹植墓「丹薬」銘四耳罐（左）と銘部分（右）、6：湯山古墳雲母、7：南京・仙鶴観 6 号墓雲母入銀製鼎、8：河北・景県高雅墓（人骨周囲に雲母片）

方形・円形・三日月形（報告書では月牙形）・水滴形などの雲母片が出土した。いずれも周囲に円形の綴じ孔があることから、衣服に縫い付けたものと推定されている（河南省文物考古研究院編『曹操高陵』中国社会科学出版社、二〇一六年＊・図33－4）。このように何らかの装飾に用いられた雲母も存在した。

曹操の子息である曹植の墓である山東・曹植墓（山東省東阿県）では棺の内部には底部に木炭の灰や朱砂を敷き、その上に日月星辰の模様を造って薄く切られた雲母片を置き、その上に遺体が安置されていた。副葬品の陶器のなかには肩の部分に「薬廿」と釈字できる印刻銘の四耳罐があり、報告ではこれを「丹薬」と釈読している（劉玉新「山東省東阿県曹植墓的発掘」『華夏考古』一九九年第一期＊・図33－5）、「丹薬」とは、神仙思想や道教で不老不死の薬とされるもので、この墓の葬送思想には神仙思想および道教的信仰が存在し、棺の内部に敷き置かれた雲母も、次にふれるような遺骸保存の目的があったと考えられる。

東晋前期頃とされる南京・仙鶴観六号墓（江蘇省南京市・四世紀前半～中頃）では磚室墓から発見された東西の二基の木棺のうち、被葬者が女性と推定される西棺から、細金粒細工の蝉形冠や鎏金銀鼎をはじめとする多数の金銀製品、漆器、青磁、玉器、カットグラス碗、水晶玉、銀鈴、金鈴などの豪奢な品々とともに陰刻で周囲に圏線と小孔が施された雲母片が出土している。また、雲母片は副葬された鎏金の施された蓋付の小型銀製鼎（口径二・三、高さ二・七センチメートル）の内部からも出土した（南京市博物館「江蘇南京仙鶴観東晋墓」『文物』二〇〇一年三期＊・図33－7）。銀製鼎の内部から出土した雲母は砕片の状態であることから、後にふれる文献記載にみえる雲母粉に該当するとみられ、仙薬として副葬された可能性がたかい。また、西棺の内部から出土した雲母は装飾として、器物か有機質の布や皮などの製品に付けられたものと考えられる。この墓は東晋の名臣である高悝とその妻の合葬墓と推定されている。

北朝墓での雲母出土例をあげると、河北・景県北朝墓一三号墓（河北省邯鄲市・天平四年〔五三七〕改葬）は高雅夫婦と彼の娘たちあわせて四人を合葬した墓であり、金箔とともに雲母片が発見されている（河北省文物管理所「河北景県北魏高氏墓発掘簡報」『文物』一九七九年第三期＊・図33－8）。雲母は平面形が扇形で紙のように薄く、その出土状態について、報告者は後述する『太平御覧』や『西京雑記』にみられるような墓内に撒かれた雲母の記述と一致するとし、雲母片と金箔は本来これらを綴じつけて衣服の形態に仕立て、死体に着せ掛けたものであって、漢代に盛行した玉衣に類似し、その意味が残ったものかもしれないと述べている。

東アジアの墳墓出土雲母と文献記述

朝鮮三国時代ではとくに皇南大塚北墳（図33－1・韓国文化財管理局文化財研究所編『皇南大塚北墳発掘調査報告書』一九八五年＊）、天馬塚や近年の慶州・チョクセム四四号墳（図33－2・国立慶州文化財研究所編『慶州チョクセム四四号墳—二〇二三発掘調査資料集』二〇二三年＊）などの新羅古墳で雲母片が出土することが知られている。近年の集成的研究によって、新羅古墳出土の雲母は五世紀前半から六世紀中頃までの二〇例が報告されており、その多くは外形が三角形などに整形され、有孔の例があることから、初期道教・神仙思想における雲母の意味を加味し、装飾用に加工した雲母の存在が指摘された（金恩鏡「新羅古墳出土雲母の性格」『韓国考古学報』七七、二〇一〇年＊）。

このように古墳時代と並行する朝鮮三国時代や魏晋南北朝代の墓では、孔を開けた装飾品の一部としてや、遺骸の下に雲母を敷いた例や周囲に散乱した例がみつかっており、このような雲母については、中国の文献・史料にしばしば現れる棺に敷かれたり、あるいは遺骸と接する雲母が参考になる。また、本質的に雲母は不老不死を目的とする神仙思想や初期道教と関連するとみられる。

たとえば、前漢代の『西京雑記』などにみえる墳墓に関係する説話では、次のような雲母の使用法がでてくる。春秋時代の晋の幽王の冢は高く壮大であったが、墓門はすでに開いていた。石や漆喰を取り除いて一丈余りの深さに達すると雲母が深さ一尺あまり積もっており、百余りの遺骸が縦横に重なりあっているのが見えたが、すべて腐乱しておらず、ただ一人のみが男性であとはすべて女性であった。ある者は座り、ある者は臥し、またある者は立っており、衣服や容貌、顔色は生きている人と異ならなかったという（『西京雑記』巻六）。同様な記述として、戦国時代の魏の王子である且渠の家は墓穴が浅くて狭く、棺や柩はなかったが、ただ幅六尺、長さ一丈ばかりの石の寝台と石の屏風があって、それらの下にはいずれも雲母があった。寝台の上には男と女の二つの屍があって、どちらも年は二〇歳ばかりで、ともに東枕であって、裸で衣服はなかった。肌艶や顔色は生ける人のようで、鬢や髪の毛、歯や爪もまた生きているようであった。魏王はこれを恐れ怪しんで敢えて近づかず、元のように扉を閉ざして帰った（『西京雑記』巻六）。

また、『太平御覧』に引く「東園秘記」という逸書には、雲母で死体を覆うと、死体は朽ちはてないと述べ、その例として以下の話をあげている。国中で第一等の美人であった馮貴人（皇后につぐ女官）が亡くなって十数年後に盗賊が墓をあばいたところ、容貌は生前のようであり、ただ体が冷たくなっていただけであったので、盗賊はみなで貴人の体を犯したが、後に捕らえられた。この賊が言うには貴人の棺には数斛の雲母があったという（『太平御覧』巻八〇八・珍宝部七・雲母）。

このような遺骸を保存するための雲母とは別に、神仙思想とこれをうけた道教では、仙人になるための薬すなわち仙薬としての雲母の使用方法がある。仙薬とは不老不死の仙人となることを目的として服用するもので、仙人になるためには良き師によって精勤に学び、また、名山に入ってさまざまな修行を行わねばならないが、これらの目的は仙薬をつくることにある。仙人には段階があって最上のものとして、肉体はそのままで虚空に昇る天仙、次に名山に遊び、あるいは名山に入ってから昇仙する地仙、その下位には肉体としての屍体から抜け出した魂のみ昇仙し、屍がなくなる屍解仙がある。仙人として最上の天仙になるための仙薬として不可欠のものが丹と金液であって、これらによって不老不死を得ることができる（アンリ・マスペロ『道教―不死の探求―』川勝義雄訳、東海大学出版会、一九六六年，大形徹『不老不死―仙人の誕生と神仙術―』講談社、一九九二年など）。

中国文献にみられる雲母について、たとえば本草書として知られる『神農本草経』ではそれまでの薬物を上薬、中薬、下薬に分類しているが、雲母はこのうち百二十種の上薬のなかにあげられている。雲母を含む上薬とは「養命」すなわち命を養う仙薬とされている。同じく、「軽身延年」すなわち雲母を服すると身が軽くなって、長生するとしており、これに集解を加えた陶弘景の『本草集注』には雲母の効用として、「耐寒暑」「不老」「軽身」「延年」「志高神仙」などがあげられている。

晋代の葛洪の『抱朴子』（内篇第四）では「金丹編」に仙薬についての記述があり、そこに出てくる丹には多くの種類があるが、ほとんどが丹砂すなわち、硫化水銀を主成分として、これに砒素化合物や硫黄などを加えたものである。また、金液とあるものは黄金を主成分とした化合物であるから、いずれにしても丹や金液の精製には莫大な費用が必要となる。また、『抱朴子』（内篇第十一）にみえる「仙薬」の一種としての雲母は五種類あり、みかけでは区別がつかないという。また、雲母はそのままではなく、他の鉱物等と混ぜ合わせたり、加熱したり、土中に埋めるなどしてから一年間服用すれば、あらゆる病気を除き、三年間服用すれば老翁が童子にもどり、さらに五年間欠かさず服用すれば、鬼神を使役できるようになり、火に入っても焼けず、水に入っても濡れず、棘を踏んでも膚に傷がつかず、仙人と会い見えることができる、と述べられている。さらには雲母を十年間服用すると、その人の上に常に雲気が覆うなどと述べられている。これら五種類の雲母は猛火の中において時を経ても燃えず、また、水に永く入れておいても腐らず、それゆえに人をして長生させられるのであるとされる。

このような雲母を用いて仙人になった例として、『抱朴子』（内篇第十一）に中山（現在の安徽省）の衛叔は久しく服用して雲に乗って飛べるようになった、とある。さらに、その処方を玉匣に入れて封じておいたが、本人が仙人になったあと、その子である度世と漢の使者である梁伯がこの処方を手に入れ、そのとおりに服用してみると二人とも仙人になって昇仙した、という話が載せられている。おなじく葛洪の『神仙伝』にも雲母を服用して仙人になった例として衛叔があげられており、ここでも衛叔が梁伯に神仙になるすべを教えた時に、梁伯が玉匣から取り出したのは「飛仙の香」というもので、それは五色の雲母であって、梁伯と衛叔の子の度世はこれを調薬して服用し、仙去したという。前漢末の劉向の撰と仮託される『列仙伝』（三国時代から南朝頃の編纂か）の、雲母を服用した仙人の説話として、「堯の時の隠人」である方回は堯に閭士として招かれると雲母を練って食べ、人民の中で病ある者にも与えたとされる。

梁の武帝が篤く敬い信じた鄧郁は年若くして衡山の峻峰に隠棲し、二間ばかりの板小屋を建てて住み、山を下りずに穀類を断つこと三十年以上、その間、谷水と雲母屑だけを口にし、日夜、大洞経を誦した。鄧郁は武帝のために丹薬を調合したが、帝はこれを服さず、楼閣にこれを貯え置いた、という（『南史』鄧郁伝）。

仙薬としての雲母は詩文のなかにもとりあげられ、一例をあげれば中唐の詩人・白楽天は道教に傾倒したことで知られ、たとえば「簡寂観に宿す」という詩のなかに「何を以てか夜の飢を療さん、一匙の雲母粉」とあり、唐代に雲母が服用される時は「雲母粉」あるいは「雲母散」などのように、散薬や粉末の状態のものを用いる認識があったことを示している。

雲母は神仙思想における不老不死をもたらす仙薬であり、その系譜が初期道教にもみられ、このような雲母の意味が遺骸の保存などに結びつき、墳墓への仙薬としての副葬や棺や遺骸の周囲への埋納につながったとみられる。古墳時代の日本列島において考古資料の面からは、符籙や複文（呪術的記号文字）、神仙の図像や表現、仙薬などの初期道教や神仙思想に由来する要素が複合的あるいは包括的にみられるわけではないため、道教や神仙思想としての体系とは別に、埋葬に関わる習俗として、おそらくは朝鮮三国時代に雲母が多く出土している新羅を経て六世紀頃の古墳の副葬品として中国の雲母副葬が移入されたと考えられる。その後、『本草経集注』にもとづく薬や採薬習俗が行われるにいたったとみられ、古代における神仙思想やそれに基づく道教などの展開が物質面から推測できる。

第二節　日本古代仏教の淵源

飛鳥寺と百済の仏教儀礼

日本で最初の本格的な寺院として知られる飛鳥寺は『日本書紀』用明天皇二年（五八七）の蘇我馬子による発願建立の記事その他では「法興寺」とあり、推古天皇十四年（六〇六）の丈六仏完成の記事などには「元興寺」と表記され、斉明、天武、持統紀の記事では「飛鳥寺」「明日香寺」などの表記がみられる。

崇峻紀元年（五八八）是年条に百済から仏舎利、僧、寺工、瓦博士、画工が来朝し、蘇我馬子が飛鳥衣縫造の祖である樹葉の家を壊してはじめて法興寺を造る、とあり、百済の技術によって造営されたとされる。また、欽明紀十三年（五五二）冬十月に百済の聖明王（聖王）が使いを遣わして「献釈迦仏金銅像一躯・幡蓋若干・経論若干巻。仏像、経論、幡蓋」を伝えたとする記述があり、その紀年については疑義があるとしても、これらによって日本古代の初期寺院と仏教は百済の系譜であるとされてきた。これに対し、一九九〇年代以降には、こうした寺院や仏教の次元での百済と倭国の関係について検証できる考古資料の発見が相次いだ。

まず、飛鳥寺について概観すると、発掘調査によって塔の三方に仏像を安置する金堂が配置された一塔三金堂と呼ばれる伽藍配置であることが判明し、塔跡からはガラス玉・硬玉製勾玉・管玉・水晶製切子玉・琥珀玉などの玉類や金銅製耳飾り、銀製空玉、馬鈴、金・銀製板状品、円形・杏葉形打出金具、瓔珞、刀子、蛇行状鉄器、挂甲、雲母片などの多くの遺物が出土した。これらは古墳の副葬品と類似することが定説となっていた（奈良国立文化財研究所編『飛鳥寺発掘調査報告』一九五八年・図35－3）。その他には、金銀の小粒や延板など以降の寺院で鎮壇具として用いられる遺物が出土した。

こうした飛鳥寺の属性や出土遺物の系譜を検討するための重要な資料を提供したのは、ここまでの記述でも関連する内容でふれてきた陵山里寺址（忠清南道扶余郡）・王興寺址（忠清南道扶余郡）・弥勒寺址（全羅北道益山市）などの百済寺院址の発掘成果である（図34－1）。以下での百済と倭の古代仏教の検討に際して基礎資料とするため、まず飛鳥寺と重要な点で関連性をもつこれらの百済寺院址について考古学的知見を摘要しておきたい。

陵山里寺址に関して、ここまでの記述でもふれることがあったが、王城である扶余を囲む羅城と陵山里古墳群の間にある百済時代の寺址で、中門、塔、金堂、講堂を南北一直線に配置した一塔式伽藍であることがわかり、塔心礎上から出土した石製舎利龕には「百済昌王十三季太歳在／丁亥妹兄公主供養舎利」の銘文があった（図34－4・韓国国家遺産庁サイト）。ここに現れる百済昌王は欽明紀に百済王子余昌としてみえる聖王の子であり、即位して威徳王となり、その十三年すなわち五六七年に創建されたとみられている。伽藍建物跡のほかに西北側にガラスや銅製品などの工房とみられる遺構が発見されている。金銅製大香炉をはじめとした多くの遺物や木簡の出土で知られる。

王興寺址は百済最後の王城である扶蘇山城址から錦江を挟んで北側の対岸にある。『三国史記』百済本紀では法王二年（六〇〇）に創建され、その後、武王三五年（六三四）に完成したと記されている。戦前から「王興」銘文瓦が収拾され、寺名が推定されていたが、調査で検出された建物址としては南北に並んだ木塔・金堂・講堂があり、木塔址と金堂址の東西に廻廊をもった建物が存在することが判明している。塔址からは外側から青銅製外盒に銀製舎利壺を入れ、その内部に金製舎利容器を入れ子状に納めた舎利埋納容器が出土した。とくに青銅製外盒外面には「丁酉年二月十五日百済王昌為亡王子立刹本舎利二枚葬時神化為三」の線刻銘文があり、「丁酉年二月十五日に百済王昌（威徳王）が、亡き王子のために刹（塔）を立てた。本（この）舎利は埋納した時は二枚であったが、神力によって化し、三（枚）となった」と解されている。銘文にみえる百済王昌は『三国史記』や『日本書紀』にみえる記事から、威徳王の諱であり、治世の丁酉年は五七七年であって、『三国史記』の王興寺創建記事よりも実際の年次がさかのぼることが判明した。舎利容器にともなって、金製装飾品、金製耳飾り・銀製環・銀製銙板・銅製釧などの装身具、常平五銖銭、銅製箸、鉄製刀子、鉄製鑷子、雲母装飾、冠の鉄製芯、硬玉製勾玉・ガラス玉などの玉類、饕餮文玉製品、玉笄その他が出土した（国立扶余博物館編『百済王興寺』国立扶余博物館、二〇〇八年＊・図34－2、3，図35－4）。

弥勒寺址（前羅北道益山市）は『三国遺事』に百済武王とその王妃である新羅の善化公主が龍華山麓の池から弥勒三尊が現れたため、池を埋めて伽藍を作ったという創建譚が伝わることで知られる。伽藍配置は三塔三金堂という稀有な伽藍配置をとり、三塔のうち、中央が木塔址で東西には石塔があったが現状では西塔が残存する。

弥勒寺西塔址の解体修理過程で二〇〇九年一月に心礎の調査が行われ、金銅製・金製の二重の舎利容器とともに金製舎利奉迎記（以下では弥勒寺西塔址出土舎利奉安記を舎利奉迎記と略称）と、銀製冠飾、金製小板、金銅装飾片、金箔、ガ

1

2・

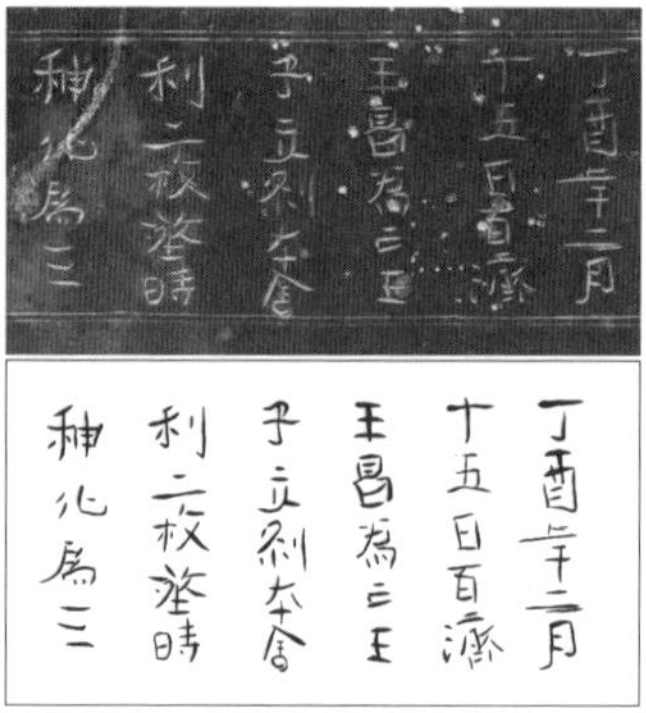

3

4

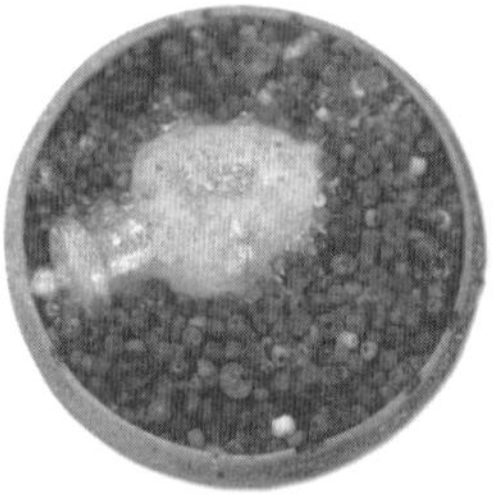

5

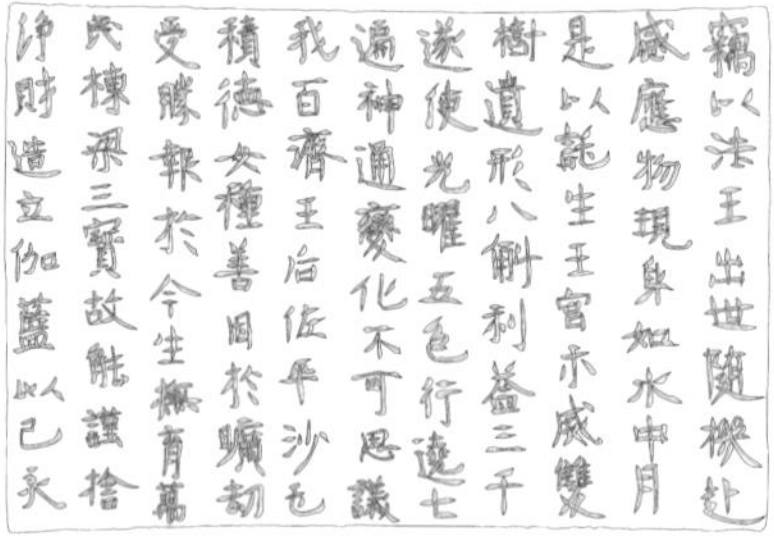

6

図34

1：百済王室寺院址の位置、2：王興寺塔址舎利容器・舎利壺・舎利盒（左から金製・銀製・銅製）、3：王興寺銅製舎利盒銘文（上・写真、下・書き起こし）、4：陵山里寺址石製舎利龕、5：弥勒寺西塔址金銅製舎利外壺と内部の金製舎利容器、6：弥勒寺西塔址舎利奉迎記

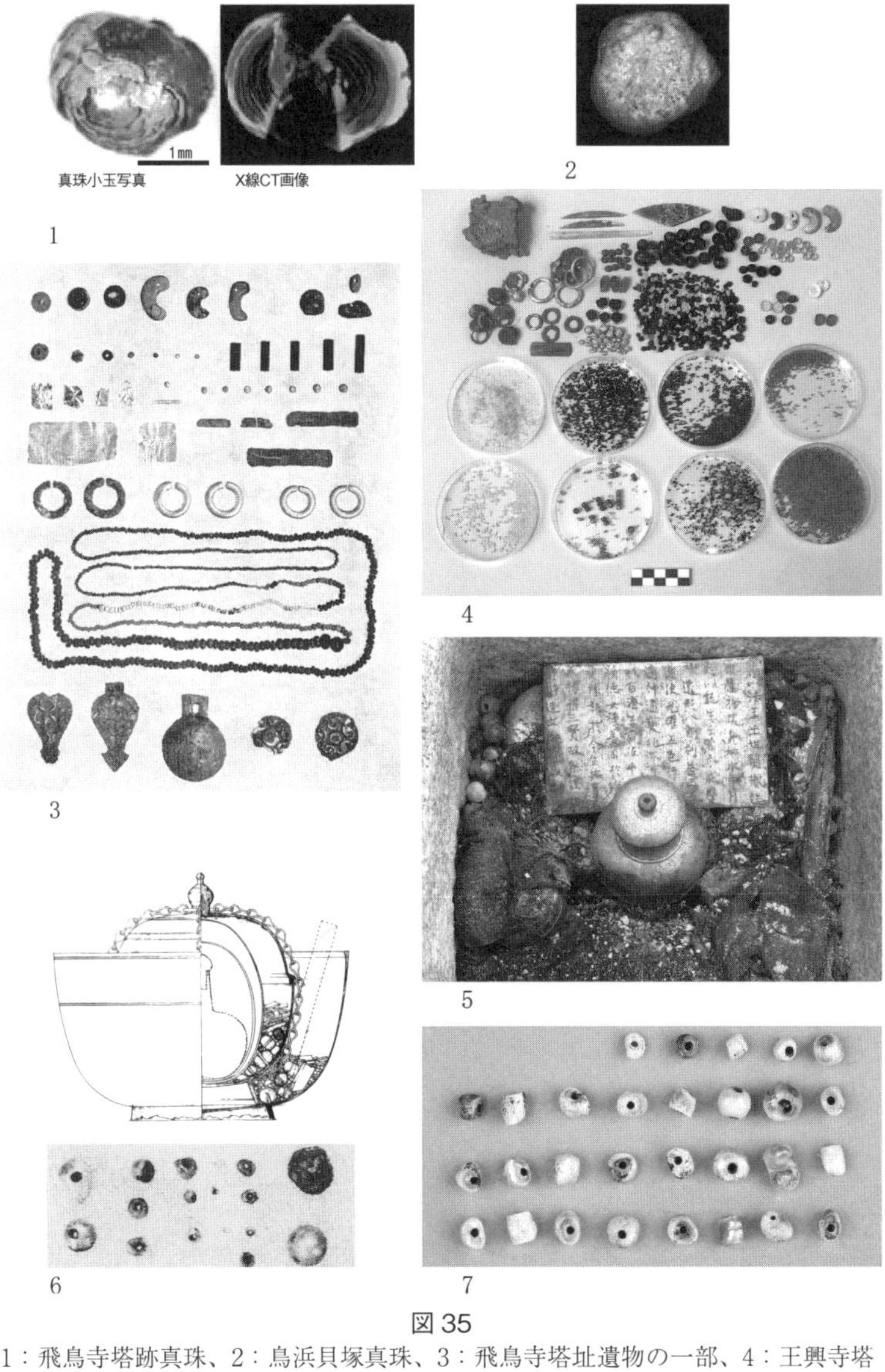

図 35
1：飛鳥寺塔跡真珠、2：鳥浜貝塚真珠、3：飛鳥寺塔址遺物の一部、4：王興寺塔址遺物の一部、5：弥勒寺西塔址遺物出土状況、6：法隆寺五重塔心礎舎利容器（上）真珠の一部（下）、7：弥勒寺西塔址真珠（一部）

ラス玉類、青銅簪、青銅玉などの青銅製品、鉄刀子、金釘、真珠、土製螺髪など個体数としては一万点近くの遺物が出土した。舎利奉迎記は横長（縦一〇・五センチメートル、横一五・五センチメートル）の金板に表裏あわせて一九三字からなる銘文がある。銘文の文字は陰刻された後に朱漆で彩色されている。銘文は「竊以法王出世随機赴感応物」という文章から始まり、前半の内容は釈迦の出世と入滅、仏舎利の奇瑞、後半では百済王后である沙宅積徳の娘が伽藍を造立し、己亥年（六三九）正月廿九日に舎利を奉迎し、大王陛下の年寿が久しく、仏法が弘通し、衆生を教化することと、王后の身体が不滅であり、永く子孫に福利があり、衆生とともに仏道を成さんことを願うという内容である（国立文化財研究所編『弥勒寺石塔舎利荘厳』二〇一四年＊・図34－5、6，図35－5）。この銘文により、百済王と王后の身体の不滅と家系の福徳および仏道の成就を願目として舎利の供養と塔の建立を行ったことがわかった。本書で何度かふれたように、舎利函とともに出土した金鋌には「中部徳率支受施金壹両」（筆者注・銘文では両は異体字）「下卩」（筆者注：部の略字）非致夫及父母妻子」「同布施」などの刻銘があり、舎利函の埋納された品々が百済の高位階層に属する人士の布施によるものであることがわかった（図19－8参照）。

これらの寺院址は出土文字資料によって百済王室が建立に関わったことが明らかなため百済王室寺院址と呼ばれることが多い。百済王室寺院址や飛鳥寺の舎利埋納にかかわる出土遺物を理解する際に参考になるのが、百済が普通二年（五二一）の武寧王による入貢以来、朝貢を重ね、聖王代には四度（五二四、五三四、五四一、五四九）にわたって朝貢した南朝・梁の舎利埋納に関する記事である。

仏教移入の前提となる梁と百済の関係を端的に示す記述として、『梁書』侯景伝に太清三年（五四九）十二月に梁の都であった建康に百済の使者がやってきた際（建康は侯景の乱により戦火に見舞われた）、城邑が廃墟となっているのを見て、端門の外で号泣し、これを聞いた侯景が激怒して、使者の身柄を小荘厳寺に送って拘禁し、出入りを許さなかった、とあるほど、百済は梁の文化を憧憬していた。また、百済と梁の仏教を介した関係として、『梁書』百済伝には、百済・聖王は梁に対して中大通六年（五三四）、大同七年（五四一）の両度にわたって、涅盤等経義、毛詩博士、工匠、画師などを要求し、これらを授けられている。

百済が重ねて通交した梁では武帝が揚州（江蘇省揚州市）の長干寺の阿育王塔を改修した際の記述が残っている。武帝は長干寺に二基の塔を建て、金罌（かめ）・玉罌に舎利と仏の爪髪を盛り重ねたものを七宝塔のなかに入れ、七宝塔を石函に盛りおいて、これらを両塔の下に分かち入れた。この時に王侯、妃主、百姓および富める者たちは、金・銀・鐶・釧等を喜捨して珍宝が充積した（『梁書』扶南国伝）。ここでは舎利容器としての塔そのものがおそらくは七宝で荘厳されたと解され、王侯をはじめとした諸人が、そこに珍宝を喜捨したと記されている。

このような記述によって、弥勒寺址西塔出土遺物を典型とする舎利に関する埋納品は、塔を造営する際の儀礼に参与した供養人たちが自身の所持品を奉安し、その淵源は百済が遣使し、仏典などを得た南朝・梁の仏教儀礼によるものと考えられている（周炅美「百済の舎利信仰と弥勒寺址出土舎利荘厳具」円光大学校馬韓百済研究所編『大発見舎利荘厳　弥勒寺の再照明』円光大学校馬韓百済研究所、二〇〇九年＊）。

飛鳥寺出土遺物は従来は古墳の副葬品との類似が強調され、古墳造営から寺院築造への過渡的様相を呈すとされてきた（奈良国立文化財研究所編『飛鳥寺発掘調査報告』奈良国立文化財研究所、一九五八年）。しかしながら、王興寺址や弥勒寺址などの百済王室寺院址塔心礎埋納品に系譜があることから、文献にみえる南朝・梁の塔と舎利に関係する儀礼が、朝貢を行っていた百済を経て、飛鳥寺に示される草創期の古代寺院にもたらされたものと推定される。百済と倭の舎利に関係する説話や考古資料については、以下で百済王室寺院址と飛鳥寺の関係をもとにふれることとしたい。

百済寺王室寺院と飛鳥寺の出土遺物と仏典

百済と倭の仏教儀礼のもとになった仏典に関しては、いわゆる仏教の公伝に関する欽明紀十三年（五五二）冬十月条には、百済の聖明王（聖王）が使いを遣わして「献釈迦仏金銅像一躯・幡蓋若干・経論若干巻。仏像、経論、幡蓋」を伝えたとする記述がある。いっぽう、『元興寺縁起』、『上宮聖徳法王帝説』ではその年次を宣化天皇三年（五三八）

と記す。これらのうち『日本書紀』の記事には、その時点では漢訳されていなかった経典に関わる記述があることから、信憑性が議論された。また、『元興寺縁起』も複数の時期にわたる編纂の過程が推定されるなど（吉田一彦「元興寺伽藍縁起幷流記資財帳の研究」『仏教伝来の研究』吉川弘文館、二〇一二年）、単純にこれらの史料のみから仏教伝来を検討することに疑義が呈されている。

その後も敏達紀六年（五七七）冬十一月庚午朔（一日）条に百済国王は還使の大別王に付して、経論を若干、律師、禅師、比丘尼、呪禁師、造仏工、造寺工の六人を献上し、これを難波の大別王の寺に配置した、とあり、百済から仏典や僧およびさまざまな工人を受け入れたとする記事がみえる。

これらを嚆矢とする『日本書紀』に記された仏教伝来期の考古資料として、寺院遺構やそれに用いられた瓦などが取り上げられてきたが、それら以外に塔址の出土遺物から、百済から伝わったとされる仏典を特定できる。その重要な資料の一つは、これまで何度もふれてきた百済王室寺院である王興寺塔址の発掘調査で出土した舎利容器であり、青銅製外盒の中に銀製外壺をいれ、さらにその中に金製瓶を入れるという、金・銀・銅の容器のいわゆる入れ子状をなしていた（図34－2参照）。もう一つは弥勒寺西塔址では出土した金銅製・金製の二重の舎利壺である（韓国国立文化財研究所編『益山弥勒寺石塔舎利荘厳』二〇一四年＊・図35－5）。ともに出土した舎利埋納と奉迎に関する銘文を記した金板の銘文によって、百済王と王后の身体の不滅と家系の福徳および仏道の成就を願目として舎利の供養と塔の建立を行ったことが記されている

これらの百済王室寺院址から出土した金・銀・銅あるいは金・金銅の多重の入れ子状の舎利壺は三世紀以前にさかのぼるインドの仏塔にみられ、以下にふれる仏典に説かれる釈迦の棺との関連があり、これに通ずる規範が存在したことが推測されている（加島勝「中国・シルクロードの舎利容器」『日中古代仏教工芸史研究』雄山閣、二〇一六年）。

こうした金・銀・銅などの多重の舎利壺の所依経典としては原始仏典の『大般涅槃経』（以下では大般涅槃経類は涅槃経と略称）にみえる釈迦の般涅槃の供養にみえる記述があげられる。すなわち、阿難が釈迦に般涅槃の供養の法を問

うたのに対し、釈迦は自らの般涅槃は転輪聖王を供養する法によることを述べた。これは端的には、身を新しい細氎（織り目の細かい毛布）に包み、金棺に入れ、これを銀棺に入れ、さらに銅棺、鉄棺に入れ、最後に衆妙すなわち多くの優れた物で荘厳する、という方法である。そして、涅槃の後、釈迦は、このような法をもって供養され、荼毘に付された、と記される。ここに示された金銀銅鉄による入れ子状の棺や荘厳具は、『涅槃経』では他にも、諸力士たちは七日七夜釈尊の遺体を供養し、日が満ちて金棺に納め、棺内には牛頭栴檀香屑及び諸妙華を散じ、金棺を銀棺に、銀棺を銅棺に、銅棺を鉄棺に入れて、鉄棺を宝輿の上に置いたとあり、複数回にわたって現れる。『涅槃経』には大乗仏典と原始仏典があり、それぞれの内容は大きく異なり、こうした釈迦入滅に関する同様の内容はここであげた仏典を含めた原始『涅槃経』の類にみられる。以上のように王興寺および弥勒寺などの百済寺院址出土の金・銀・銅入れ子の舎利函から原始『涅槃経』に所依するものであり、飛鳥寺の舎利函は後世の火災によって失われたとしても、塔址出土の舎利関係遺物の様相が類似することから、同様の経典による信仰にもとづいて造営、供養されたとみられる（門田誠一「仏教伝来期の経典とその系譜―出土文字資料による検討―」『出土文字資料と宗教文化』思文閣出版、二〇二一年）。

仏典の系譜

王興寺址と同時代における同様の舎利容器の記述としては、すでにふれた梁の長干寺の阿育王塔の舎利の由来譚にみえる金銀鉄の舎利函が知られる。すなわち、大同四年（五三八）のこととして、慧達（俗名は劉薩何）が阿育王の古塔を探し求めていたところ、長干里に異気が立ち上っており、そこを掘ると、地中から長さ六尺になる三つの石碑が現れ、中央の石碑は方形の孔を穿ち、その中に鉄・銀・金の三つの函が重なっており、金函の中には、三つの舎利と爪髪各々一点が、髪は長さ数尺であった。慧達は北側に塔を造り、これらを遷した（『梁書』扶南国伝）、とある。さきにふれた『涅槃経』の記述では鉄・銅・銀・金などの容器を入れ子にして舎利などを納めるとあり、王興寺塔址や弥勒寺址西塔出土の舎利函が金・銀・銅などの入れ子であることは、釈迦入滅に伴う入棺の記述との共通性から涅槃経を所依経典とするだけでなく、梁の影響によると思われる。

中国で最初期に舎利の発現と供養を行った梁・武帝は周知のように数々の信仰の実修をなし、そのなかでも武帝が肉食の禁を記す「断酒肉文」（『広弘明集』巻二六）の文章は、『涅槃経』（南本）巻四「四相品」の「それ肉を食するは、大悲の種を断ず」という内容による（鎌田茂雄『新中国仏教史』大東出版社、二〇〇一年）。武帝の『涅槃経』に対する信仰として、天監八年（五〇九）には、武帝が宝亮に『涅槃経疏』を編纂させた際に、自らその序を記しており、武帝の奉じた仏教信仰の実修のなかでも、殊に重要な経典として大乗仏典の根幹たる『涅槃経』があった。

こうした梁・武帝の舎利供養と造塔に関する事跡や所依経典は、梁に朝貢し、その強い影響を受けた百済の仏教にもたらされる。梁に対して百済は聖王が中大通六年（五三四）、大同七年（五四一）の二度にわたって、涅盤等経義、毛詩博士、工匠、画師などを要求し、これらを授けられており（『梁書』百済伝）、この時に百済王が将来を乞うほどに重視したのは涅槃経を中心とした経典であり、涅槃経（大乗）の解説書である涅盤等経義がみられることを勘案すると、百済王室寺院址の舎利壺・容器の様相とあわせて、原始および大乗『涅槃経』が百済王室の仏教信仰の重要な経典であったことがわかる。

日本における寺院始原期の仏教および『日本書紀』欽明十三年に百済から伝えられたとされる「経論」は、この記事の潤色の有無とは異なる考古資料からは、六世紀代に南朝梁から百済を経た舎利信仰の所依経典であった原始および大乗『涅槃経』の類とその注釈書を含む可能性がたかいと考えられる。

舎利関係遺物と施主

これまでもふれたように弥勒寺西塔址遺物の由来に関しては、出土した金鋌刻銘の「中部徳率支受施金壹両」から百済の貴族の中部徳率支受なる人物がこの「金壹両」を「施」したことや「下卩（注：部の略字）非致夫及父母妻子」「同布施」銘金鋌から、百済の行政区画である五部の一つである下部の非致夫および彼の父母妻子が布施を行ったことがわかる。これらのことから、弥勒寺址のみならず、出土遺物の様相が類似することから、陵山里寺址、王興寺址などの王室祈願寺院址の舎利埋納に関係する遺物も百済貴族が布施を行い、喜捨したとみられる。従来は古墳出土遺物との類似がいわれた飛鳥寺塔址出土舎利関係遺物は在来祭祀と同根で、『日本書紀』にみえる「仏神」祭祀の寺であったなどとされることもあったが、百済王室祈願寺の舎利関係遺物と同様の類型であり、それらは高位階層人士の布施によるものであって、百済における舎利に関する荘厳や供養が、ほぼそのまま移入され、飛鳥寺の塔でも実修されたと考えられる。このことは後述するように飛鳥寺塔心礎埋納遺物のなかに真珠玉がみられることとあわせて、飛鳥寺塔心礎出土遺物が、従来いわれてきたような古墳副葬品との関連ではなく、布施による仏教的荘厳具であることは明らかである。このように百済寺院出土遺物と飛鳥寺の塔心礎埋納遺物は個々の種類の類似よりも、仏教儀礼の実修という次元での共通性がある。

このように儀礼等の実修を伴う仏教信仰が百済から倭国へ伝えられたのであって、百済王室祈願寺の塔心礎出土遺物は上位階層である五部を中心とした百済の高位階層の布施によるものを主体とすると考えれば、この影響を受けたとみられる飛鳥寺塔心礎出土遺物も同様に、その創建に関わった豪族等の布施によるものとみてよかろう。百済と倭の寺院址とくに塔址から出土した舎利関係遺物は、ともに貴族などの喜捨によるとみられることから、塔址出土遺物の種類や数量などの点のみから論じられてきた双方の違いについて、単純な物質資料の比較のみからでは理解できない仏教儀礼による同一の行為であることがわかってきた。

第三節　仏教遺物と地域交渉

舎利の奇瑞譚とその系譜

『日本書紀』には仏教の伝来や創始に関わる仏舎利にまつわる奇瑞譚がある。たとえば、敏達紀十三年（五八四）秋九月条に次のような記述がある。鹿深臣と佐伯臣が弥勒の石像二体を携えて百済から帰国し、蘇我馬子宿禰は宅の東に仏殿を作って、これら二体の石像をまつるとともに、鞍部村主司馬達等と池達直氷田とを各地に使わし修行者を求めた。求めに応じた高麗人の僧恵便と司馬達等の娘、善信尼とその弟子、禅蔵尼・恵善《えぜん》尼を、先の仏殿に招き法会を行った。そのおり、司馬達等の斎食の上に舎利が現れた。この舎利を馬子に献ったところ、馬子はこれを鉄の質《かなとこ》の上において、鉄の槌で打ったが、舎利は壊れず、質と槌が砕けた。また、舎利を水の中に入れたところ、心の願いに従って水中を浮遊した。これによって馬子や池辺氷田・司馬達等が仏法を深く信じて、修行することを怠らなかった。馬子は石川の宅に仏殿を造った。仏法の初めはここから始まった、とされる。

このような奇瑞によって得られた舎利は、敏達紀十四年（五八五）春二月戊子朔壬寅（十五日）条に蘇我馬子が大野丘の北に塔を立てて、奉安したとされている。いっぽう、飛鳥寺の舎利については、崇峻紀元年に百済から二度にわたって献上されたとある舎利であって、推古紀元年（五九二）春正月壬寅朔丙辰（十五日）条に「仏舎利を以て法興寺刹柱礎中に置く」とあり、これが飛鳥寺の塔心礎に埋納されたと記載されている。

敏達紀にみえる我が国における舎利の出現については、その奇瑞譚が取り上げられているのであって、奉安に関する記載としては、すでに出現の段階で塔に納めるという認識が存在した（岸田知子「日中文献にみる舎利の奇瑞」『文芸論叢』〈大谷大学文芸学会〉六八、二〇〇七年）。敏達紀の舎利の奇瑞譚については、はやくに津田左右吉が、『高僧伝』のなかの「康僧会伝」に、飛鳥寺の舎利の奇瑞譚とほぼ同じ内容の記述があると指摘した（津田左右吉『日本古典の研究』下、津田左右吉全集第二巻、岩波書店、一九四八年）。その後も、景山春樹氏は梁『高僧伝』より早く成立した『出三蔵記集』（巻一三）に類話があることを示した（景山春樹『舎利信仰：その研究と史料』東京美術、一九八六年）。そのほかにも編纂年次は下るが唐・道宣の『集神州三宝感通録』にある類話が飛鳥寺の舎利の奇瑞譚との関係を推定する見方がある（吉田一彦『古代仏教をよみなおす』吉川弘文館、二〇〇六年）。こうした飛鳥寺の舎利奇瑞譚に関しては梁『高僧伝』『出三蔵記集』などの系譜にあることを基本として、『冥報記』『法苑珠林』『集神州三宝感通録』などにも同類の説話があることが知られている（寺川眞知夫「日本における舎利伝承の展開―敏達紀から『今昔物語集』まで―」『万葉古代学研究所年報』四、二〇〇六年，吉田一彦『仏教伝来の研究』吉川弘文館、二〇一二年）。このように『日本書紀』の舎利の奇瑞譚は仏典を典拠とするとされてきた。

いっぽう、百済王室寺院である王興寺塔址の青銅製舎利外盒銘文には「丁酉年二月十五日に百済王昌（威徳王）が、亡き王子のために刹（塔）を立てた。本舎利は埋納した時は二枚であったが、神力によって化し、三（枚）となった」（図34－3参照）とあり、百済王昌すなわち『三国史記』『日本書紀』にみえる威徳王の代の丁酉年に該当する五七七年に造営された木塔舎利に関する奇瑞譚が記されている。

このような舎利の奇瑞譚や霊性の発現について、その系譜に関しては飛鳥寺塔心礎の舎利埋納行為が王興寺址塔址と類似し、なおかつ舎利の奇瑞譚の淵源も王興寺址の青銅製舎利外盒銘文にあるとみられることから、飛鳥寺塔心礎の舎利信仰の系譜は王興寺址を典型とする百済王室寺院に求められる。さらに王興寺址から約一〇〇年後の弥勒寺西塔址でも、舎利を供養し、荘厳するための多くの宝物が発見されたことによって舎利に対する信仰が跡づけられた（門田誠一「王興寺址塔心礎出土舎利容器銘文にみる舎利の奇瑞」『東アジア古代金石文研究』、法藏館、二〇一六年）。

飛鳥寺出土の真珠

『日本書紀』にみえる真珠に関する記述としては、別の項（第四章第一節「桃の儀礼と祭祀」）で若干ふれたように、允恭紀十四年秋九月癸丑朔甲子（十二日）条の、天皇の淡路島での狩りを成功させるために、阿波の海人の男狭磯が赤石（明石）の水深六〇尋《ひろ》（一〇〇メートル以上）の海にもぐり、島の神にそなえる桃ほどの大きさの真珠をもった大蝮《あわび》を抱きあげ、直後に死んだがこの真珠を供え、島の神のお祀りをして猟をすると、沢山の獲物が捕れた。天皇はその死を悲しみ、墓をたてさせたという説話が知られる。ここみえる阿波の海人の男狭磯が命がけで採取した明石の大真珠は、神に対する供物として記され、古代人の真珠に対する認識の一面を示している。

いっぽう、百済王室寺院の影響を受けた飛鳥寺塔心礎出土遺物に白色不透明で材質不明の小玉が少なくとも十三点以上含まれることがわかった。これらは近年の科学的調査で真珠であると判明した。玉の大きさは直径一・五～二ミリメートルと極めて微小であるが、径が〇・五センチメートルにも満たない非常に微小な孔があけられていた。これらの遺物をマイクロフォーカスX線CT撮影や蛍光X線分析およびX線回折分析で材質調査をおこなった結果、層状を呈し、炭酸カルシウムを主体とする物質であり、孔の形状は類似の方法で穿孔された真珠製の玉が正倉院宝物にみられることから、真珠製の玉であることがわかった。これによって、従来、飛鳥寺塔心礎埋納物は古墳時代的な遺物から構成されるとされてきたのに対し、この遺物が真珠玉であることから、古墳文化とは異なる仏教の荘厳具としての意味が指摘された（田村朋美「飛鳥寺塔心礎出土の真珠製小玉」奈良国立文化財研究所編『奈良文化財研究所紀要』奈良国立文化財研究所、二〇一七年・図35－1）。

飛鳥・奈良時代の寺院の発掘で、真珠は法隆寺五重塔（奈良県斑鳩町、図35－6・法隆寺国宝保存委員会編『法隆寺五重塔秘宝の調査』法隆寺、一九五四年）、興福寺中金堂（奈良市）、東大寺金堂（奈良市）、元興寺塔基壇址（奈良市）などで知られ、朝鮮三国時代の寺院址では、すでにいくどかふれた「己亥年」（六三九）銘の金製舎利奉迎記が出土した弥勒寺西塔址（全羅北道益山市）で二つの青銅盒から七八二点の真珠玉が発見されている（国立文化財研究所編『弥勒寺石塔舎利荘厳』二〇一四年＊・図35－7）。

飛鳥・奈良時代寺院の鎮壇具等が所依する仏典の研究からは、『陀羅尼集経』（唐・永徽四年（六五三）阿地瞿多訳）にみえる寺院建築に際する真珠を含む鎮壇具の埋納にもとづくとみられている（森郁夫「地を鎮めるまつり」金子裕之編『日本の信仰遺跡』雄山閣、一九九八年)。『陀羅尼集経』巻第一二・仏説諸仏大陀羅尼都会道場印品にみえる仏堂建立のための最良の壇法は七日間にわたって続けられる。三日めに行われる内容を摘要すると、儀式の場に阿闍梨が縄を引き、交差したところに小穴を掘って、七宝と五穀を絹に包んでそれを五色の糸で結び、糸の先端を地表に出したまま穴に埋め、これらの品々は以後、永く掘り出すことがあってはならない、とされている。ここにみられる七宝は金・銀・真珠・珊瑚・琥珀・水晶・瑠璃であり、真珠が含まれている。正倉院文書によると『陀羅尼集経』は天平九年(七三七)には書写されていたとされ(森郁夫『日本古代寺院造営の研究』法政大学出版局、一九九八年)、七宝として真珠を用いる壇法の年代の一端を示している。

このような鎮壇具あるいは舎利埋納に伴う七宝の一つとされる真珠は、飛鳥寺と時期的に関連する朝鮮三国時代の寺院址に知られることがわかってきたが、これらの真珠がどこからもたらされたかについては、弥勒寺西塔址出土の真珠玉に関して、三国時代の朝鮮半島南部では真珠は産出せず、当時の真珠の産地であった東南アジア・ベトナム地域との直接の交流を想定する見方がある(周炅美「弥勒寺址石塔舎利荘厳の性格と意義」国立文化財研究所編『弥勒寺石塔舎利荘厳』二〇一四年*)。ただし、弥勒寺西塔址出土の真珠は科学的分析によって産地同定等がなされていないため、実際の産出地については不明である。

縄文時代から奈良時代までの日本列島では真珠は十八遺跡で出土しており、それらは①装身具②宝物・信仰品③副葬品に大別されている(中津由紀子「伊是名貝塚の真珠玉」沖縄県伊是名村伊是名貝塚学術調査団編『伊是名貝塚』勉誠出版、二〇〇一年)。また、真珠の出土傾向としては縄文時代が七遺跡三十八点と多くの事例があり、古墳時代は三遺跡三点で、使用法が判明する例は(谷口古墳〔前期・佐賀県〕、沖ノ島〔後期・福岡県〕)頸飾りを構成する玉とみられている(玉城一枝「古代真珠考」石野博信編『古代近畿と物流の考古学』学生社、二〇〇三年)。

縄文時代の真珠では、時期のさかのぼる鳥浜貝塚(福井県若狭町・縄文前期、図35-2・福井県編『福井県史』通史編1原始・古代、一九九三年)などの出土例のなかで科学的分析の行われた茶津貝塚(縄文中期末〜後期初頭・北海道古宇郡泊村)

では人工的に穿孔された二六個体の真珠が出土し、エゾヒバリガイなどの在地の二枚貝によって生成された可能性が指摘されている（小松博「茶津貝塚より発掘された真珠様物質の分析報告」北海道文化財研究所編『茶津貝塚：泊発電所建設に伴う埋蔵文化財包蔵地の発掘調査』一九九〇年）。また、南西諸島では伊是名貝塚（沖縄県伊是名村）の発掘報告書で沖縄貝塚時代前Ⅳ～Ⅴ期（縄文後・晩期併行）の真珠玉が出土している。このように真珠は日本列島で産出し、縄文時代から利用されてきた。

弥勒寺址西塔址塔心礎出土の真珠に関しては、『三国史記』では百済・腆支王の五年（四〇九）に倭国が遣使して、夜明珠を送り、王はその使者を厚くねぎらった、とあり（『三国史記』巻二五・百済本紀第三・腆支王）、新羅・憲康王の八年（八八二）に日本国王が遣使して、黄金三百両と明珠十一個を貢進した（『三国史記』巻一一・新羅本紀第十一・憲康王）とある。ここにみえる「夜明珠」「明珠」は真珠であって、弥勒寺址西塔址出土の真珠の産出地を倭国として、舎利奉迎記にみえる発願者が「百済王后佐平沙乇積徳女」であることから、百済の大姓八族として有力な「沙乇」すなわち砂宅氏が媒介して日本列島の真珠を将来したことを推定する見方がある（申淑「百済弥勒寺址石塔舎利供養品の宝石と交易」『美術史研究』三一、二〇一六年＊）。

真珠を含む飛鳥寺塔心礎出土遺物に関して、再三ふれているように、これまでは古墳の副葬品と類似した点が強調され、古墳造営から寺院築造への過渡的様相を示すとされてきたが、真珠も含めた飛鳥寺の塔心礎に関わる仏教儀礼の系譜が百済王室寺院にあることや、飛鳥寺と百済王室寺院である王興寺・弥勒寺の塔心礎から出土した舎利荘厳具は玉類を多用するという共通点から飛鳥寺にみられる舎利信仰は百済に系譜をもつとみられる（周炅美「弥勒寺石塔舎利荘厳の性格と意義」国立文化財研究所編『弥勒寺石塔舎利荘厳』二〇一四年＊）

弥勒寺西塔址心礎から出土した多数の真珠に関しては、具体的な産地は不詳であるが他地域産とみられているのに対し、こうした産地に対する議論とは別の仏教信仰の実修という観点から、飛鳥寺出土の真珠は弥勒寺西塔址と類似する塔心礎埋納品として位置づけられる。こうして日本列島において縄文前期より用いられた真珠は、飛鳥寺ではじめて仏教儀礼に用いられたのである。

第四節　葬送と荘厳にみる仏教信仰

武寧王の墓誌と仏教

欽明紀十三年（五五二）冬十月条に百済の聖明王（聖王）が使いを遣わして「献釈迦仏金銅像一躯・幡蓋若干・経論若干巻」すなわち、仏像・幡蓋・経論を伝えたとする内容があり、一方、『元興寺縁起』、『上宮聖徳法王帝説』ではその年次を宣化天皇三年（五三八）とする。これらのうち『日本書紀』の記事には、その時点では漢訳されていなかった経典に関わる記述があることから、内容の信憑性が議論された。また、他の項（第五章第二節「日本古代仏教の淵源」）でもふれたように『元興寺縁起』も複数の時期にわたる編纂の過程が推定されるなどから、単純にこれらの史料のみから仏教伝来を検討することに疑義が提起されている（吉田一彦「『日本書紀』仏教伝来記事の研究」「元興寺伽藍縁起幷流記資財帳の研究」『仏教伝来の研究』吉川弘文館、二〇一二年）。

倭に仏像や仏典などを伝えたとされる聖明王は、『三国史記』では聖王と表され、武寧王の子であって、五三八年に王都を熊津（忠清南道公州市）から扶余（忠清南道扶余邑）に遷都した点でも百済において画期となる時代の王であった。日本の仏教の展開と深く関わる武寧王・聖王の頃すなわち六世紀前半頃の百済仏教を直接的に示す確実な考古資料はそれほど多くない。扶余に遷都した聖王の陵墓は扶余・陵山里古墳群のなかでもっとも古いとみられる二号墳（中下塚）にあたると考えられているが、確定をみていない（ソ・ヒョンジュ「百済泗沘期王陵の新たな発掘成果と歴史的解釈」『韓国古代史研究』八八、二〇一七年＊）寺院址としては聖王五年（五二七）に梁・武帝のために造られたとされる大通寺（『三国遺事』巻三・興法三・原宗興法猒髑滅身条、ただし、原注には五二九年説を併記）は、百済寺院の中で最古の創建縁起説話を有する寺院である。早くから銘文瓦が知られたことや瓦・鴟尾・塼・塑造仏などが出土しており、場所の推定は試みられてきたが、伽藍の遺構は確定されるにいたっていない。

いっぽう、ここまでにもふれてきたが、聖王の父である武寧王の墓は墓誌の発見によって陵墓が確定した。そこから、出土した仏教関係の遺物としては、蓮華文装飾塼・宝珠形壁龕・金製冠飾の文様（火焔文、忍冬唐草文、七葉蓮華文）・王妃の木枕（亀甲文区画に蓮華化生、鳳凰、飛天など）・銅托銀盞・銅盞などがあり、これらの遺物は文様や器種に仏教的な要素が認められる。

これらの遺物のほかに、武寧王陵出土の墓誌の文章そのものに当時の様々な教養や思想が盛り込まれている。墓誌は石製で（縦三五×横四一・五×厚さ五センチメートル）、一方の面に陰刻の銘文があり（韓国文化財管理局編『武寧王陵発掘調査報告書』三和出版社、一九七三年＊・図36－1～3）、もう一面には周囲に十干十二支の文字（申・庚・酉・辛・戌の五字分は記されていない）が陰文で記されている。別にもふれたように（第一章第一節「文物交流とその背景」）『日本書紀』百済系史料に武寧王の名が「斯麻王」とされることから墓主が判明した銘文を以下に示す。

寧東大将軍　百済斯
麻王年六十二歳癸
卯年五月丙戌朔七
日壬辰崩到乙巳年八月
癸酉朔十二日甲申安厝
登冠大墓立志如左

墓誌銘の語句について、同時期の魏晋南北朝時代の墓誌にみえる用例と比較することにより、それら語句の史的背景と意味とをさぐってみたい。

まず、「安厝登冠大墓」にみられる「安厝」の語句については東晋・義煕三年（四〇七）銘の謝球墓誌に「安厝丹楊郡秣陵県頼郷石泉里牛頭山」（阮国林・李毅「南京司家山東晋、南朝謝氏家族墓」『文物』二〇〇〇年第七期＊・図36－4）とある

1

2

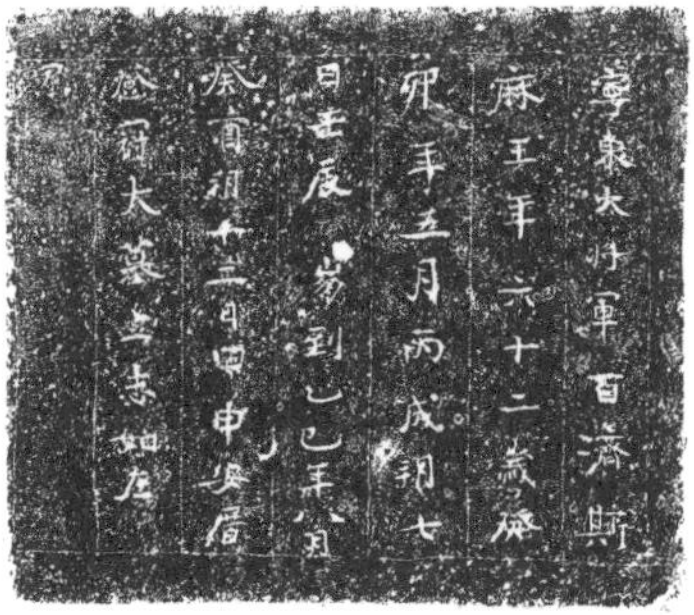

3

4

5

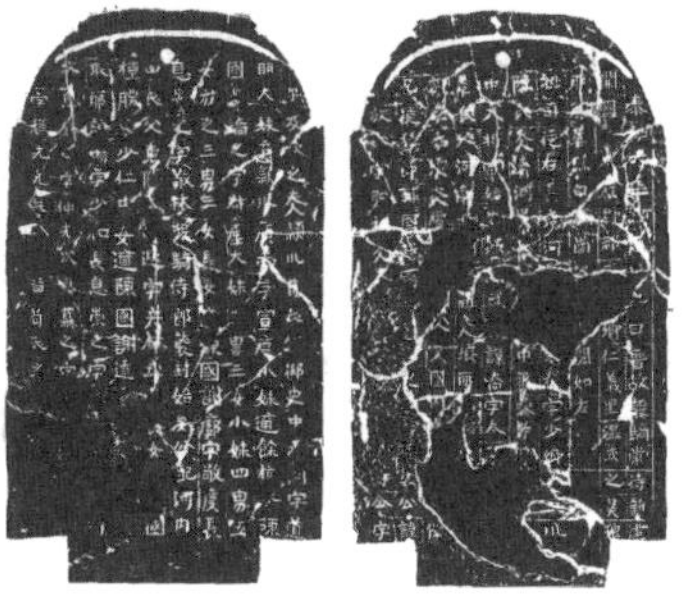

6

図 36

1：武寧王陵墓室内部、2：武寧王陵墓誌出土状況（墓誌上にあるのは五銖銭）、3：武寧王墓誌（表）、4：東晋・謝球墓誌、5：西晋・荀岳墓志、6：東晋・温式之墓誌

ように、東晋・南北朝期の墓誌に散見され、正式な埋葬とするほかに仮埋葬とする見方があった。

このような「安厝」について、用例をもとに検討すると、たとえば『三国志』蜀書・二主妃子伝では、劉備の陵園の完成に関して、「安厝」の時期であるとされているから、仮埋葬や臨時の埋葬ではないことがわかる。また、西晋の太原裂王瓌の死（二七四）に際する武帝の詔のなかに「不幸にして早くに薨じ、朕は甚だこれを悼む。今近い場所に安厝し、前将軍を追贈せよ」とある（『晋書』太原烈王瓌伝）。「安厝」はここでも都の近くに埋葬することを指しており、仮の埋葬ではない。

また、『魏書』胡国珍伝には霊太后の父で孝明帝の外祖父として北魏の外戚たる故国珍（五一八年没）は、当初、祖父につき従って西のかたの旧郷に葬られることを望んでいたが、その後、都で生を終える心をもっていたところ、崔光が太后の前で胡国珍に対して、公は万年の後ここにあって安厝をなすか、長安に帰ってなすのかと問うと、胡国珍はまさに天子の山陵に陪葬すべしと言った、とある。この内容では安厝を都で行うか否かが話題となっていることから、仮の埋葬ではなく、本格的な埋葬である。ほかにも隋の献皇后が崩じた際の記述に「塋兆安厝」すなわち、塋域に安厝し、楊素にその経営を委ねたとあるから（『隋書』楊素伝）、これも仮の埋葬ではないことがわかる。

これらの墓誌銘文の語に加えて、「安厝」と同義の「安措」は『孝経』喪親章に「その宅兆（柩を置くべきところ）を卜（ぼく）して安措し、宗廟《そうびょう》をおこして鬼（き）を以てこれを祭り、春秋に祭祀して、適当な時節に亡親を思う」とあることからも、正式な埋葬とみられる。

「立志」の語については、西魏・張惇墓志（五五三年銘）には「乃立誌焉」とあり（馮莉「西魏張惇墓志考」『文博』二〇一四年第六期＊）、墓誌を立てた、という意味であって、武寧王墓誌の「立志」と同義である。同様の語として、裴松之の曾孫であり、『南史』にみえる裴子野の死に関して「列誌」の語がみえ、裴子野の葬送に際して邵陵王が墓室につながる通路である羨道に墓誌を立て、埋葬を行ったと記されている。また、「立志如左」の「如左」については、西晋・荀岳墓志（元康五年〔二九五〕）に「写詔書如左」（王利娜「荀岳墓誌銘考―兼論西晋時期潁川荀氏家族」『中原文物』

二〇一五年第三期＊・図36－5）、南京・温式之墓志（東晋・太和六年〔三七一〕）に「□閲如左」とあり（岳涌・張九文「南京市郭家山東晋温氏家族墓」『考古』二〇〇八年第六期＊・図36－6）、同様の意味として用いられている。ただし、中国の用例では、「如左」とは後の文章を指すのに対し、武寧王墓誌銘は「立志如左」として文末に用いられており、同時期の中国とは用法は異なるとしても、これらの中国の同時代の用例から「立志如左」は魏晋南北朝期の墓誌に用いられた語であり、武寧王墓誌銘は同時代の文章表現を用いて撰文されたことがわかる。

「登冠」については埋葬地の異称や冠を奉ずる墓とするなどとみられてきた。この「登冠」の語は同時代の中国の墓誌にはみられず、『続高僧伝』にみえる南北朝から隋唐代を中心とした高僧の説話に散見される。たとえば、釈靖嵩（六一四年遷化）の伝には都の鄴に行って、必ず大成しようとして、「登冠」して、「具」（具足戒）を受けるとある（『続高僧伝』釈靖嵩）。また、釈智満（六二八年卒）伝には「年登冠にして、肇めて進んで具戒を受ける」とあり、「登冠」の年になって、具足戒を受けたとある（『続高僧伝』釈智満）。釈警韶（七五六年遷化）伝には「年登冠にして、肇めて郷に還り、戒を受ける」とあることから（『続高僧伝』釈警韶）、この戒も具足戒であり、「登冠」はこれを受ける年齢であろう。同様の用例として、慧藏（六〇五年卒）は十一歳にして出家し、「未だ登冠せずに具足戒を受け、しばしば涅槃経を講じた」とされている（『続高僧伝』巻第九・隋西京空観道場釈慧藏伝九）。具足戒は出家した比丘・比丘尼が遵守すべき戒であり、具戒、大戒などともいわれ、出家者としての生活に入ろうとする者は、この具足戒を受けて、初めて出家者の集団（僧伽）に入ることができた。

このような「登冠」の語は、梁・慧皎の撰で、後漢の永平十年（六七）から梁・天監十八年（五一九）までの高僧の事績が記されている『高僧伝』にはみられず、同様の意味をもつ語句として一般的な「弱冠」などの語がみられることから、「登冠」は天監十八年から『続高僧伝』が撰述された貞観一九年（六四五）にいたる間に用いられ始めた語句とみられる。すなわち、武寧王と同時期の南朝にみられる新たな仏教語であったとみてよく、武寧王墓誌銘はこうした同時代の語句を使用していたことになる。

これらの「登冠」の用例を参考とするならば、武寧王墓誌では、仏教語としての本来の意味を敷衍し、また用法を異にして用いられている。よって、武寧王墓誌では本来的な「登冠」の意味をもとに独自の用法によって、武寧王が仏教信仰を修めるなかで一定の状態にいたったことを表す語と解しておきたい。このような観点から、「登冠大墓」とは、登冠して大いなる墓をなす、のような文意と思われる。すなわち、本来の意味とは異なるが登冠するほどの仏教への理解にもとづいて造墓されたことを示し、武寧王陵の造営と葬送儀礼に関して、墓主たる王が一定の仏教的な儀軌をもって大きな墓に埋葬されたことを意味するとみておきたい。

このように武寧王墓誌銘では、南北朝を中心として同時代に用いられた正式な埋葬である「安厝」や「立誌」「如左」などとともに仏典にみえる同時代の高僧が出家する段階としての年齢階梯を示す「登冠」の語が用いられている。すなわち武寧王墓誌銘は同時代の中国の墓誌にみえる当代的な語句を盛り込むとともに、高僧の事績に用いられる仏教語も取り入れることによって、仏教信仰に基づいた葬送と造墓がなされたとみられる。これらのことから、武寧王陵の構造や出土遺物のみならず武寧王墓誌銘はきわめて同時代的な南北朝期の葬送と信仰とを取り入れたことを示している（門田誠一「武寧王墓誌銘の文化史的検討—同時代の墓誌・文献との比較を通して—」『学術財研究』一、二〇一九年）。いわゆる仏教の公伝として周知される『日本書紀』欽明十三年に僧や経典を伝えた記述の主体である百済・聖明王（聖王）の父である武寧王代の仏教の実態は、記事の信憑性とは異なる次元の実物資料である武寧王陵や百済寺院址の出土遺物だけでなく、出土文字資料である武寧王墓誌の文章に込められており、日本古代仏教の展開を知るうえでの重要な資料である。

千仏信仰の広がり

孝徳紀白雉元年（六五〇）冬十月条には、「この月、丈六の繡仏、脇侍、八部（八部衆）などの三十六体の像を造りはじめた」とあり、是年条には「漢山口直大口は詔を承って、千仏の像を刻した」と記されている。また、二年（六五一）

春三月甲午朔丁未（十四日）条には、先に記述のあった丈六の繍仏が出来上った、とある。関連して、仏事としては二年冬十二月の晦日、味経宮で二千百余人の僧尼を招いて、一切経を読ませ、この夕に二千七百余の灯を朝の庭にともして、安宅経、土側経などの経を読ませた、とある。

これらの記事では千仏像や丈六繍像など仏像や仏典などの具体的な記述がみられる。このような『日本書紀』にみられる仏教経典や仏像に関しては、文献史学や仏教史の観点から論じられることが多かったが、近年では考古資料との関連で検討できるようになった。たとえば、「千仏像」に関わる遺物としては塼仏がある。塼仏とは型に粘土を入れた後にそれを抜いて、焼きあげて作った板状の仏像であり、近畿地方を中心に七世紀後半から奈良時代にかけて多くみられる（図37－3・ColBase）。塼仏のなかには裏側に壁土の付着した例（崇福寺〔滋賀県大津市〕、小山廃寺〔奈良県明日香村、別名は紀寺〕出土例など）があることから、主な用途は壁などにはめ込んで、寺院の内部を荘厳いることにあり、そのありさまは、法隆寺玉虫厨子の扉や内部の仏像装飾から推定される。そのほかの使用法として塼仏は厨子に入れて礼拝されることもあった。塼仏の出土例のなかには、たとえば夏見廃寺（三重県名張市）の「甲午年□□中」（甲午年は六九四年にあたる）の文字が読み取れる出土資料があるように年代に関する記述を含むものもみつかっており、寺院造営の年代の一端とされる場合もある（名張市教育委員会編『夏見廃寺』一九八八年・図37－2）。

出土遺物のほかに千仏に関わる資料としては、長谷寺銅板法華説相図が知られる。これは長谷寺（奈良県桜井市）に伝わる工芸品で、銅板の表面に『法華経』見宝塔品に説かれる宝塔出現の光景が図像として表現され、宝塔の周囲には多数の仏像が配置されている（図37－4・天沼俊一撮影「法華説相銅板」『東洋美術』一三、一九三一年）。銅板下方の銘文には、この銅版を作成した由来などが陰刻で記されており、その文章のなかに「敬造千仏多宝仏塔」とあることから、銅板に表現された多数の仏像が「千仏」であることがわかる。この銅板は伝世資料であるため年代については諸説あるが、銘文の「降婁年（戌年）の七月に僧道明が飛鳥清御原大宮治天下天皇の奉為に敬造した」という内容に関して、近年では文武二年（六九八）説が最も妥当とみて、銅板にみられる「天皇」の語を持統天皇とし、その病気平癒のために

制作されたという見解が有力とされている。（片岡直樹『長谷寺銅板法華説相図の研究』中央公論美術出版、二〇一二年）

このように銅板法華説相図の制作年代は一般的には七世紀末とみられ、遅くみる見解では八世紀前半または後半とする見解もあるが、いずれにしても『日本書紀』編纂と時期的に近いことから、塼仏とともに孝徳天皇紀白雉元年の漢山口直大口が制作した千仏像を推定する重要な実物資料であることは間違いない。

東アジアにおいても千仏に関する資料が知られており、朝鮮古代の仏像としては、延嘉七年銘金銅仏（慶尚南道宜寧郡発見）光背に「延嘉七年歳在己未、高麗国楽良東寺主敬弟子僧演師徒卌人共造賢劫千仏流布、第廿九因現義仏比丘法頴所供養」とある（図37－1・韓国古代金石文データベース）。ここにみられる延嘉は高句麗の年号とされ、その七年は五三九年または五九九年に比定されており、どちらであっても朝鮮三国時代では最古の元号とされている。銘文の大意は「延嘉七年、己未年に高句麗の楽浪東寺の住持で、（仏を）恭敬する弟子である僧演をはじめとした師徒四〇人が一緒に賢劫千仏をつくり、（世に）流布した二九番目の因現義仏を比丘である法頴が供養する」（韓国古代金石文データベース）となる。楽浪は現在の平壌と推定され、東寺が寺の名前なのか、あるいは「楽浪東側の寺」という意味なのか明確ではないが、楽浪の地に関連した寺院であることは間違いない。数多ある千仏を説く経典および仏名経類のなかで、銘文の「因現義仏」は西晋・竺法護訳『賢劫経』の賢劫千仏のうち二十九番めに現われる仏名であることから、この金銅仏を造像する際の所依経典であり、銘文に「千仏流布」の語がみられることから、高句麗では『賢劫経』にもとづく千仏信仰が行われていたことがわかる（門田誠一「高句麗千仏信仰の系譜―延嘉七年造像銘の検討―」『東アジア古代金石文研究』法藏館、二〇一六年）。高句麗では、この仏像のほかにも六世紀代のものとみられる金銅仏や光背銘文の内容から、弥勒信仰・阿弥陀信仰などが行われていたことがわかっており、これらとともに千仏信仰も行われていた。千仏信仰の具体的な実修に関しては銘文に「楽浪東寺」の語がみえることから、楽浪の故地である高句麗の王都である平壌に所在した寺院で行われたことがわかる。

ここにみえる「千仏」の語については、北朝を中心に墨書傍題や図像などに類例がみられる。北朝石窟の千仏図像

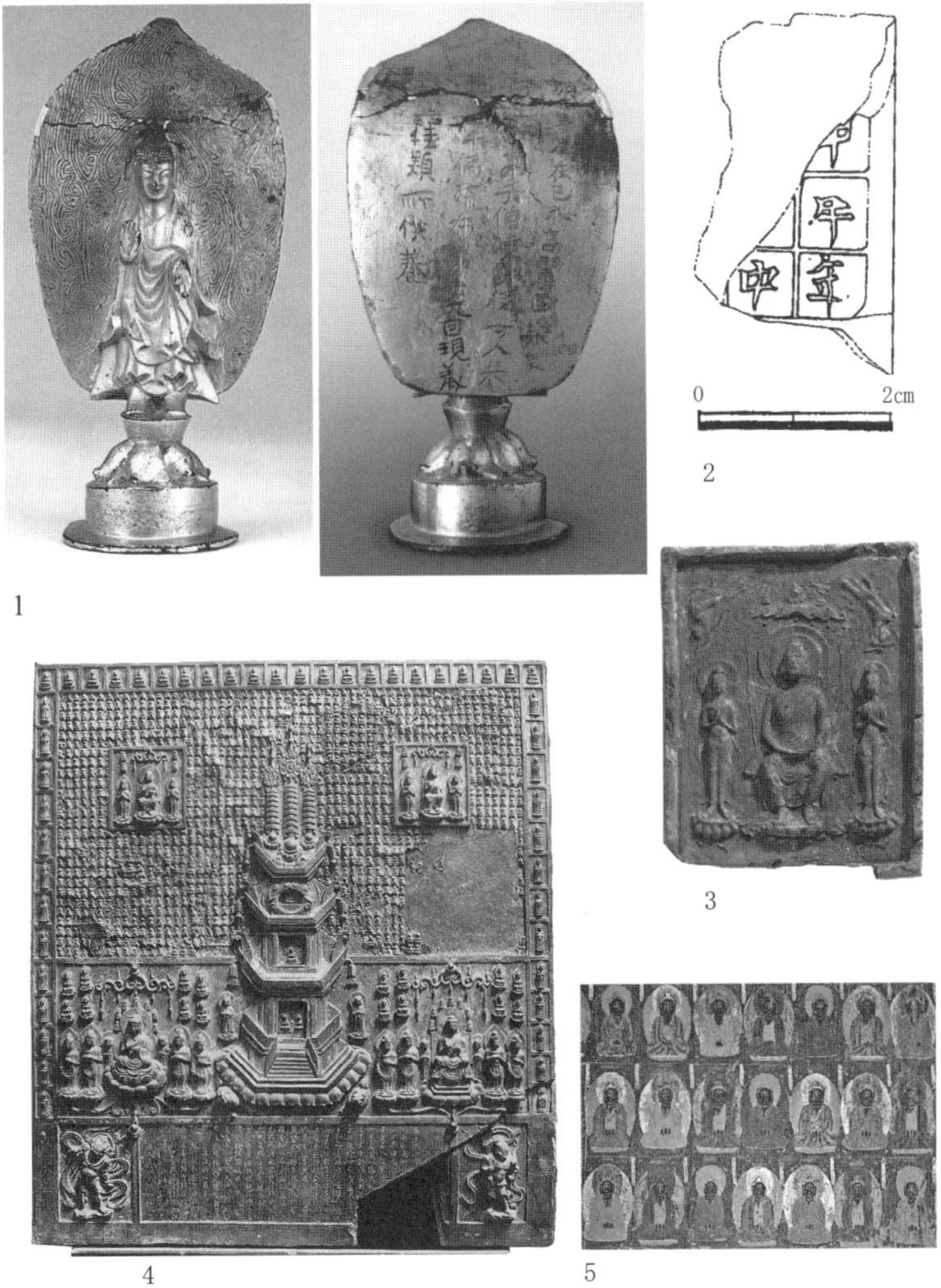

図 37

1：延嘉七年銘金銅如来立像（左・正面、右・背面銘文）、2：夏見廃寺「甲午年」塼、3：南法華寺塼仏（奈良県高取町・七世紀）、4：長谷寺銅板法華説相図、5：敦煌莫高窟第 254 窟千仏図（部分）

は西秦・建弘元年（四二〇）の墨書銘のある炳霊寺第一六九窟を嚆矢として五・六世紀頃に盛行する。北朝代の千仏図像のある主要な石窟として、敦煌莫高窟・炳霊寺・文殊山（酒泉）・金塔寺（張掖馬蹄寺石窟の一つ）・麦石山・雲崗・洛陽・龍門・鞏県・響堂山などがある（賀世哲「関于北朝石窟千仏図像諸問題」『敦煌研究』一九八九年第三期＊）。そのうち敦煌莫高窟ではほぼすべてに千仏図（図37－5・張元林『敦煌石窟　莫高窟第二五四・二六〇窟』文化出版局、二〇〇二年）がみられることが指摘されている（末森薫『敦煌莫高窟と千仏図：規則性がつくる宗教空間』法藏館、二〇二〇年）。これらの敦煌莫高窟の千仏表現は北朝代の五世紀後半から六世紀末頃にかけて盛行する（寧強・胡同慶「敦煌莫高窟第二五四窟千仏画研究」『敦煌研究』一九八六年第四期＊、劉永増「〝千仏囲繞式説法図〟与《観仏三昧経》」『敦煌研究』一九九八年第一期＊）、

北朝代の石窟寺院では千仏図は壁面や塔柱など壁画や塑像として多数の小仏で構成され、造形表現の背景となった仏教信仰を示す作例として、北魏代の敦煌莫高窟第二五四窟（北魏中期の四六五～五〇〇年頃）では、壁面や窟頂部などに表現された千仏のうち六一四体の傍題の分析から『過去荘厳劫千仏名経』にみえる仏名が約三分の二を占め、『未来星宿劫千仏名経』にみえる仏名が約三分の一であるという（梁曉鵬『敦煌莫高窟千仏図像研究』民族出版、二〇〇六年＊）。このように敦煌莫高窟第二五四窟では仏名の墨書傍題によって、この千仏の図像が『過去荘厳劫千仏名経』『現在賢劫千仏名経』『未来星宿劫千仏名経』などのいわゆる三劫三千仏名経に依拠した仏名信仰であったことが判明している。

いっぽう、同時期の南朝では北朝に比して石窟そのものの少ないうえに、南朝には国家権力と結びついた石窟の造像が盛んとはいえない状況において、千仏図像は北朝に比すと、質量ともに多くはなく、そのため傍題などによる所依経典の研究は顕著ではない（長興「栖霞寺千仏岩石窟滄桑」（『江蘇地方志』二〇〇二年第五期＊，宿白「早期仏教遺跡与石窟寺遺跡的分布」『中国仏教石窟寺遺跡：三至八世紀中国仏教考古学』文物出版社、二〇一〇年＊）。

そもそも千仏図や千仏信仰の依拠経典を含めた仏名経の淵源に関しては、大乗仏教の教壇において仏の姿に精神を集中する念仏修行とは別に、仏名の読誦が始まって以降、仏名が崇拝の対象とされ、仏名を扱った経典の特徴は信者が仏名を読誦し、崇めることはもとより、それらを聞くことによって前世の罪が清められ、功徳をえられるばかりか、

即座に救済されると説かれていることであるとされる。こうした仏名読誦の意味は、これを行うことによって、仏を身近に呼び寄せて、加護を願うことにあり、それは呪句である陀羅尼を唱えて、その崇拝対象を呼び寄せるのと同様の行為であると説かれる。実際に仏名の羅列はいわば音節の連続に過ぎず、読誦する者にとっては、何の意味も持たず、その点は陀羅尼と変わるところがない。中国では五世紀代には仏名に対する信仰が始まり、六世紀代に盛行したとされる。仏名信仰の仏教史上の位置づけに関して、仏名経類の成立についての先学の文献学的研究によれば、五・六世紀頃の経典目録において、仏・菩薩の名号に関する相当数の経典の題名が記載され、あわせて、特定の経典から抜粋された仏の名号の目録が掲載されており、仏名経類は、おそらく、このような名号の目録などをもとに作成されたとみられる。（郭麗英原著：京戸慈光訳「中国ならびに日本における仏名の読誦」落合俊典編『中国撰述経典（其之三）』七寺古逸経典研究叢書第三巻、大東出版社、一九九五年）。

唐代頃までの仏名信仰に関して、六・七世紀頃の僧伝にみえる称名による奇瑞譚の例をあげると、隋から唐初にかけての僧である徳美（？～六三七）という僧は、懺悔の儀式に際して仏名を一つ唱えるごとに一回ずつ跪拝して、十二巻からなる『仏名経』の読誦を完遂したという。徳美は夏安居における懺悔式の最後の七日間に一日一回、一万五千の仏名を唱えた。このように仏名を唱えることを繰り返した徳美が、会昌寺に懺悔堂を建立した時に、儀式に欠けていた水を求めて祈ると、久しく涸れていた井戸から水が湧きだしたという（『続高僧伝』徳美）。徳美に関わる奇瑞譚は、この他にもみえるが、いずれも仏名経を読誦したことによる。このような仏名に対する信仰は皇帝にもみられ、その典型として南朝では梁・簡文帝が千仏を対象とした誓願を行っていることがあげられる（『広弘明集』巻第一六所収・梁簡文帝千仏願文「而善生一念敬造千仏」）。

いっぽう、北朝造像の題記にみられる千仏としての仏名信仰は山西・河南地方を中心として展開し、なかでも山西地方には千仏造像碑の類例が多く、北魏の東西分裂以降に増加するとされる。その背景としては民衆の仏教理解が進み、教化僧がより高度な仏教儀礼を造像と関連づけて民衆に広め、比丘・比丘尼の指導のもとに地域単位で仏名を唱えて、礼拝・行道・懺悔し、時には菩薩戒を授けるなどの儀礼が行われていたとみられ、道俗がともに行う礼懺が刻文の内容から推定されている。北朝における多仏名の刻された造像碑は千人に及ぶ事例もあるように、概して多人数が供養者として造立に関与しており、こうした造像の方法は寄進者を募るために有効であって、寄進者は供養主として名が刻まれることによる功徳の実感が影響したとされた（倉本尚徳「北朝時代の多仏名石刻―懺悔・称名信仰と関連して―」『北朝仏教造像銘研究』法藏館、二〇一六年）。このような造像銘や題記の研究によって、北朝の千仏造像の背景となった仏名信仰の実態が明らかにされている。

現状で傍題の残存する千仏図像は、すでにふれたように敦煌莫高窟に顕著であって、それらは『過去荘厳劫千仏名経』などによっており、傍題の書写と朗唱図像の描写には功徳や功用があり、これを行うことによって僧侶や衆生が供養礼拝を実修したとみる（梁曉鵬「莫高窟第二五四窟千仏文本的符号学分析」『敦煌学輯刊』二〇〇五年第二期＊）。

このように五・六世紀の東アジアにおいては北朝を中心として千仏信仰の盛行し、その影響は、『賢劫経』に依拠した仏名信仰とそれを「千仏流布」として記した高句麗・延嘉七年銘金銅仏にみられる高句麗の千仏信仰に象徴されるように、朝鮮半島にも広がっていった。

孝徳天皇紀白雉元年にみられる「千仏図」については、出土資料としての塼仏との関係のほかには、これまでほとんどふれられることがなかったが、以上のように出土資料としての仏像や石窟・造像などとその傍題によって、北朝から高句麗へ伝わった仏名信仰にもとづく千仏信仰があり、東アジアにおける千仏表現の主流であった。いっぽうで長谷寺銅板法華説相図の『法華経』に所依する千仏表現もみられ、図像や彫刻の表現としては、ここまで述べてきた中国から高句麗などの朝鮮半島を経た千仏信仰にもとづく造形との重層や複合も想定される。このように『日本書紀』の「千仏像」という語句の背景には東アジアにおける仏教の流れが秘められている。

第五節　仏教・儒教と孝の展開

威徳王の孝養と文字資料

『日本書紀』にみられる思想と文化には、仏教のほかに儒教的思想が含まれることは、文献史学や日本文学を中心にこれまでもふれられており、後に詳述するように始祖とそれに近い天皇や政治的画期となる天皇には孝思想による儒教的天子としての位置づけが指摘されている（田中徳定『孝思想の受容と古代中世文学』新典社、二〇〇七年）。

『日本書紀』にみえる儒教の徳目としての孝に関して、これまでの研究でもふれられることがなかった記述として、朝鮮三国時代には百済王子を主人公とした孝養の物語がある。すなわち、欽明紀十五年（五五四）に百済王子の余昌が新羅討伐のため出征した際に、父の（聖）明王（『三国史記』などでは聖王）は息子の身を案じ後を追い、新羅の手に落ち殺されたという記述がある。この時、余昌は敵に囲まれるが、筑紫国造の活躍によって逃げることができた。そして、翌年二月に余昌は息子の恵を遣わし、欽明天皇に聖明王が賊に殺されたことを報告した後、八月に余昌は悔いて出家しようとするが、臣下や百姓に止められ、臣下の進言に従い民一〇〇人を出家させるなどの功徳を施した。この後、欽明紀十八年（五五七）三月条には余昌が王位を嗣ぎ、威徳王となった、とある。聖王の死とそれに対する威徳王の信仰や行動に関しては『三国史記』に記述はなく、ただ百済本紀には聖王がその三二年（五五四）七月に、新羅を襲撃しようと、自ら歩騎五十を率いて、夜に狗川で新羅の伏兵と戦った際、乱兵に害されて王が死んだことが記されているのみである。

聖明王の冥福を祈るための出家という威徳王の行為は端的にいえば亡父に対する追善である。追善とは追福作善または追福修善の略で、追福を行って善事を追修し、死者の悪業を軽減し、あるいは除去することや死者の冥福のために営む仏事法要なども含む。もともと儒教において、亡親などの尊属に対する死後の孝行やその行為を追孝としたが、中国に仏教が流入してからそれが取り入れられ、追福という行為となった。仏教的な追福と追善はほぼ同義であるが、追善の方が仏教的な善事を行うことに重きをおいている。

亡父に対する威徳王の追善行為は『日本書紀』のみに記されており、『三国史記』などの史料には記されていない。この記事の内容については、これまでほとんど言及されることがなく、また、類似の記述がないため吟味が難しい記述であった。

いっぽう、威徳王に直接的に関係する考古資料がいくつか知られている。いずれも寺院址の発掘調査で出土した遺物で文字が記されており、本書でも折にふれて論じてきたが、とくに威徳王の名を記した資料としては、一九九三年に百済王陵とみられる陵山里古墳群（忠清南道扶余郡）の西側で発見された陵山里寺址の塔跡から出土した石造の舎利龕がある。そこには「百済昌王十三季太歳在／丁亥妹兄公主供養舎利」という銘文があり、昌王十三年つまり威徳王代の五六七年に、王の妹である公主（または妹兄公主）が舎利を供養したことが記されている。この銘文によって、この寺はさきにふれた百済と新羅の戦いで死んだ聖王の追善のために建てられた王室寺院と推定されている。地名をもとにした遺跡名としては、陵山里寺址と呼ばれるが、王陵群に隣接した立地とこの寺院の建立の意味から陵寺と呼ばれることもある。

こうした亡き父王に対する孝の思想をもとにした追善は、さきにふれた欽明紀六年条などにみえる余昌すなわち威徳王が戦死した父のために出家を企て、翻意して仏教的事績を行ったとする記事に対し、考古資料からは、陵山里寺址で出土した舎利関係銘文には公主が亡親を含む一族の供養のために建立したことが記されており、百済王周辺における親族に対する追福の実態が考古資料によって明らかになった。

このような百済の追福を含めた孝思想に関して、南朝・梁の武帝が父母のために大愛敬寺や大智度寺を建立した孝思想の直接の影響であり、具体的には武帝による「孝思賦」などの文献が百済にもたらされたことによるとみられている（近藤浩一「百済・威徳王の寺院建立と孝思想：陵山里寺院・王興寺よりみた東アジア仏教文化交流の一側面」『京都産業大学日本文化研究所紀要』一八、二〇一三年）。

考古資料のみから百済に将来された仏典の詳細まで推定することは難しいが、亡親の冥福を祈るための造寺の例としては、仏教の篤信によって史上に著聞する梁の武帝が亡父母のため追福のために、さきにあげた大愛敬寺や大智度寺、皇基寺（後に皇業寺と改名）などを営んだことがあげられる。このうち、大同一〇年（五四四）には武帝は、父の文帝夫妻の建陵と妻の郗皇后を葬った修陵に謁陵し、皇基寺で法会を設けており、亡親や亡妻のために供養を行っている（『南史』武帝紀下）。このように亡き親族の追善に努めた武帝代の梁に対し、百済は普通二年（五二一）にはじめて梁に遣使して以降、遣使を重ねており、聖王は中大通六年（五三四）、大同七年（五四一）の二度にわたって、涅盤等経義、毛詩博士、工匠、画師などを要求し、授けられていることからも（『梁書』百済伝）、追善を含めた梁代の仏教が百済にもたらされたとみてよい。

このように梁から伝わった孝と追善を実修した百済王族の仏教信仰が陵山里寺址出土の石造舎利龕銘という実際の考古資料によって明らかになった。これをうけて、欽明紀のみにみえる威徳王の追善の記事については事実とはいえないまでも、百済王族に関わる孝に基づく追善について、『日本書記』編纂段階では、未だ記憶や認識があったことを反映している可能性がある。

孝の思想と広がりを示す遺物

孝の思想と文化は儒教における基本的な徳目の一つで、子供が自身の親を敬い支えるべしと説く道徳的概念である。すなわち儒教では親を敬い、親の心を安んじ、礼に従って奉養祭祀すべきことを説き、家庭における道徳的秩序の維持とそれを敷衍した国家社会運営を行う徳治という考え方を導く。

中国では漢代以降の考古資料に忠孝を含めた広義の孝の思想や文化を示す事例が増えてくる。たとえば、漢代の墓の構築材である画像石には、孝子として知られた人物やその逸話が表現された。その事例は多いが、日本でもよく知られる画像石による石祠堂である武氏祠には「李善哭墳図」とされる画題がある（李発林「山東漢画象石内容考釈七則」

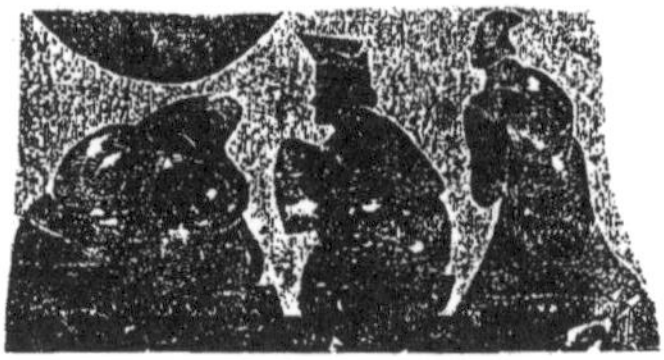

1

2

3

4

5

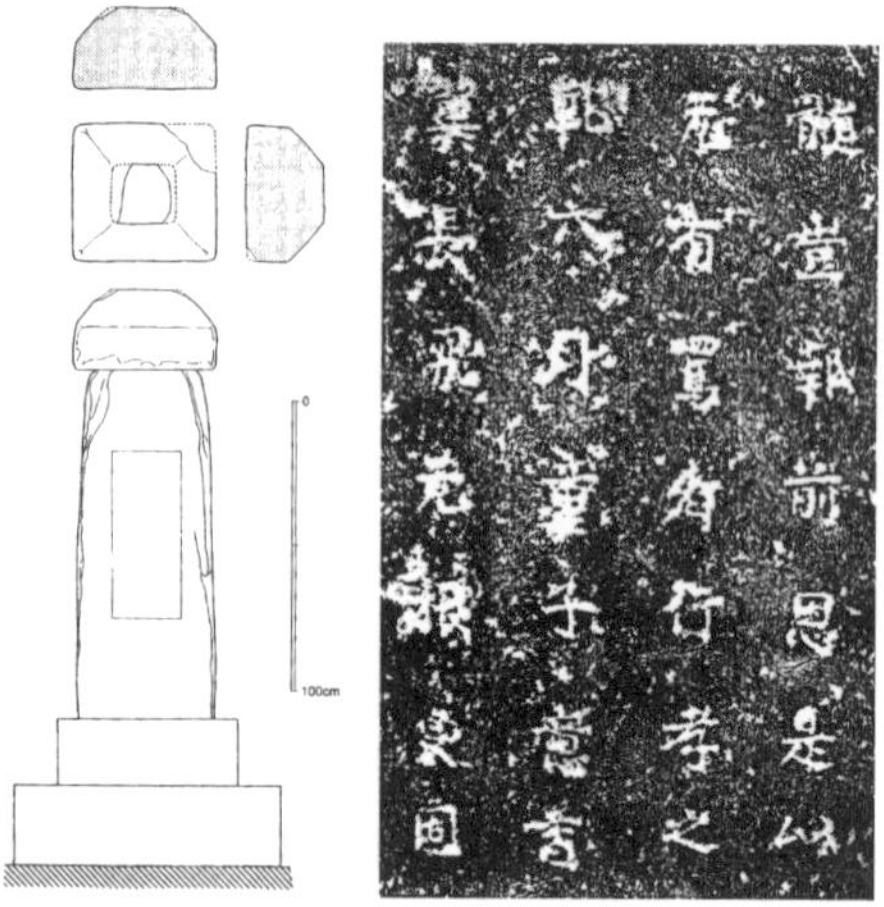

6

図 38

1：武氏祠・李善哭墳図、2：南井里 116 号墳彩篋の孝子図（部分）、3：西高穴 2 号墓（曹操高陵）画像石孝子伝図（書き起こし・部分）、4：固原・北魏墓漆棺画孝子伝図（部分）、5：美努岡万墓誌『孝経』関連部分（右）と「孝」を含む文字部分（左）、6：那須国造碑（左・正面）と碑文の「孝」を含む文字部分（右）

『中国歴史博物館館刊』一九九一年版＊・図38－1）。李善は主家の幼児を養い、その忠誠が天を感動させ、乳が出るようになった、という事績で忠孝の人として著聞した。彼の事績は『後漢書』独行伝や『孝子伝』にみられるが、墳墓に対して、李善が哭泣する場面の典拠となる内容は『後漢書』独行伝の「墓を拝するに及び、哭泣し、甚だ悲しむ」を典拠とし、これをもとに画像石の図像は李善が亡き主人の李元の墓前で墓に向かって哭泣する情景を表現し、その忠孝を顕揚している。

漢代画像石には孝や忠に関する画題がしばしばみられ、孝子の説話は楽浪郡へも伝わったことは、漢人文化の影響を受けた墳墓という意味で楽浪漢墓と総称される墓のなかにもみられる。南井里第一一六号墳（北朝鮮・平壌市・三世紀後半）は、華麗な彩画のある籃胎漆器の篋（長さ四十センチメートルほどの長方形の箱）によって、彩篋塚と呼ばれる。この篋には孝子伝を主題とした人物像が描かれている（平壌名勝旧蹟保存会編『楽浪彩篋塚：遺物聚英』便利堂、一九三六年・図38－2）。

その後の三国・南北朝期も孝子図像は表現されるが、史上に知られる人物の墓としては魏・曹操の高陵とされる西高穴二号墓（河南省安陽県）の画像石の孝子図があげられる（河南省文物考古研究院編『曹操高陵』中国社会科学出版社、二〇一六年＊・図38－3）。孝子図は北魏代にも石棺の画像としてしばしば表現され（寧夏固原博物館編『固原北魏墓漆棺画』寧夏人民出版社、一九八八年＊・図38－4）、その後の孝子に関わる副葬品として宋代には、二十四人の孝子を取り上げた二十四孝の説話に現れる人物を表現した俑や塼が墓に副葬されることもある。このように中国では孝子の説話は副葬品の図像に表現されるほどに広まった。

『日本書紀』の孝と奈良時代の孝の顕揚

孝の思想や孝子については、仁徳天皇の仁孝を説いた記述などをはじめとして『日本書紀』には関連する語句や内容が現れ、『日本書紀』やその後の『続日本紀』に通底する『孝経』に代表される儒教の孝の思想については、文献史学や文学の研究がある。とくに『日本書紀』では神武・綏靖天皇などの始祖や、それに近い天皇像の政治的画期となった天皇に孝思想による潤色が施され、儒教的天子として描かれていることが指摘されている。たとえば神武紀四年春二月壬戌朔甲申条には神武天皇の詔として、「わたしの皇祖の霊は天より降りて来て、私の体を照らしたもうた。今、もろもろの賊を平定して、海内は平穏になった。そこで天神を祀って、大孝を申し告げよう（可以郊祀天神、用申大孝者也）」とあり、皇祖神たる天神に対する祭祀を大孝と表現している。「大孝」は儒教の経書である『礼記』中庸篇や祭儀篇にみられる語であり、これを用いて、神武天皇自らが儒教における祖先祭祀としての孝を尽くしたことを語るという内容である（田中徳定「『日本書紀』にみる天皇と孝思想」『孝思想の受容と古代中世文学』新典社、二〇〇七年）。『日本書紀』には、上述の神武天皇から孝徳天皇にいたるまで一一か所に孝の語がみられ、とくに天皇の資質や信条に関わって「孝」の語が用いられているとされる（高松寿夫「『日本書紀』の「孝」―「孝」をめぐる歴史叙述―」『国文学研究』一八一、二〇一七年）。

『日本書紀』にみえる孝の語のすべてを検討するのは、本書の趣旨からはずれるため、天皇の資質や信条に関わる典型となる記述をあげると、よく知られる例として、仁徳即位前紀（応神四十一年）春二月条には太子であった菟道稚郎子が、応神崩御後に兄の大鷦鷯尊（後の仁徳天皇）に対し、自分に代って皇位に就くことを勧める発言の中に現れる。大王たるべき者の条件として、「仁孝」として仁と孝が挙げられている。顕宗紀二年秋八月己未朔条の顕宗天皇の言葉の一節には、父を弑した雄略天皇の墓を暴き遺骨を粉砕することで亡父の讎（あだ）に報いようという主張の末尾に、「今、これによって報いるならば、また孝になるのではないか（今以此報、不亦孝乎）」という文章があるが、先にあげた研究によると、この顕宗天皇の発言全体には『礼記』曲礼上、檀弓上による引用がみられ、『日本書紀』編纂段階の儒教や孝の認識が反映されている。継体元年紀（五〇七）春正月辛酉朔甲子（四日）条には大伴金村大連の言として、「男大迹王はその性が情け深く、孝行であり、皇位につかれるのにふさわしい方である」とあり、帝位につくことを勧め、皇統をさかえさせる旨を述べている。ここでは後に継体天皇となる男大迹王の性質を「性慈仁孝順」と表現しており、儒教の徳目に関わる字句をあげている。これらによって、伝承としての神武天皇、仁徳天皇の項の脚色や顕宗紀にみる儒教の経書の引用による文飾さらには継体天皇の即位に際して、その資質の孝による強調など編纂過程による儒教的要素の修飾が看取される。

儒教思想の影響の端的な例として、推古紀にみえる冠位十二階は、儒教の徳目である人のおこなうべき五つの道たる仁・義・礼・智・信の五常の筆頭に徳を加えて六つとして、それぞれ大小にわけて十二階にしたとされる。また、いわゆる乙巳の変までの過程として知られた法興寺の槻の木の下で出会った中大兄皇子と中臣鎌足が、南淵請安のもとに書物を持ってともに通い、ともに儒教を学んだという記述にも「周孔之教」（皇極紀三年〔六四四〕春正月乙亥朔条）として現れる。

その他にも『日本書紀』には儒教や経書に基づく語は多いが、考古資料と密接に関連する物質資料の観点からは、たとえば儒教の祖先祭祀にもとづく「廟」にまつわる語として、『日本書紀』には「宗廟」（崇神、景行、神功皇后、仁徳、允恭、継体、舒明紀）、「宗廟社稷」（継体紀）、「社稷宗廟」（舒明紀）、「祖廟」（皇極紀）などが散見される。そのうち、皇極紀元年（六四二）是年条には、蘇我蝦夷が祖廟を葛城高倉に造営し、八佾の舞を舞わせたという有名な記述がある。ここでは祖先を祭る廟に対して、天子にのみ許された祖先を敬う儀式を行ったと解されているが、『論語』八佾篇に魯の季孫が大夫であるにもかかわらず、天子にしか許されない八佾の舞を設けたことを孔子が批判した内容を典拠としている。このように祖廟や八佾の舞という語句だけでなく、この部分の記述そのものが『論語』を典拠としている。『日本書紀』が編纂された奈良時代には早い時期から孝を顕揚する政策があり、令などを含め、それを示す記述は多い。それらの詳細な検討は専論にゆずるが、そうした研究では『続日本紀』の孝に関しては、奈良時代には国家の政策の一環として、孝子の顕彰なども行われ、地方官人や官衙の次元でも、孝を宣揚する動向があったことが説かれている（笠井昌昭「続日本紀にあらわれた孝の宣揚」『古代日本の精神風土』ぺりかん社、一九八八年）。

こうした孝の宣布の典型として、『続日本紀』には「古（いにしえ）は、国を治め民を安んずるに、必ず孝をもって治む。百行の本、これより先なるはなし。宜しく天下をして家ごとに孝経一本を蔵せしむべし」という詔が記され、家ごとに『孝経』を常備してこれに学ぶように説かれている。この記述は当時の中国で『孝経』を一家に一冊ずつ置いて学ぶことが命じられており、これに倣ならったものとみられている。奈良時代における孝の思想の展開において、『孝経』は大学で必修の経書であり、養老学令経周易尚書条には周易・尚書・周礼・儀礼・礼記・毛詩・春秋左氏伝のなかから一つを選択し、『論語』と『孝経』とは必修の科目とされていた。同・教授正業条には『孝経』のテキストとして『古文孝経』と『今文孝経』があげられている。

孝と出土文字資料

孝の内容を示す金石文としては、銘文から「庚子年」（七〇〇）に立碑され、日本古代における初期の石碑として周知される那須国造碑（眞保昌弘『侍塚古墳と那須国造碑』同成社、二〇〇八年・図38－6左）の文章に「孝之子」（田熊清彦「那須国造碑」『墨美』二五四、一九七五年・図38－6右）、「仲尼」（孔子）、「曾子」（孔子の弟子）などの儒教や孝に関する語句がみられる。また、『孝子伝』を典拠として撰文されている箇所（「銘夏堯心、澄神照乾、六月童子、意香助坤」）があることが指摘されている（東野治之『日本古代金石文研究』岩波書店、二〇〇四年）。この碑は持統天皇三年（六八九）に那須評督に任ぜられた那須直葦提のためにその遺児らによって立碑されたとみられていることから、遅くとも七〇〇年頃には『孝子伝』の内容が那須地域にまで流布していたことがわかる。

また、銘文から神亀五年（七二八）に没したことが知られる美努岡万墓誌（銅製・奈良県生駒市）の文章（図38－5・ColBase）は『古文孝経』と『論語』にもとづいて撰文されていることが指摘されている（東野治之「美努岡万墓誌の述作―『古文孝経』と『論語』の利用をめぐって―」『日本古代木簡の研究』塙書房、一九八三年）。明治初年に発見された地点の発掘調査により、人骨片とともに木炭片が出土したことから、墓そのものは火葬によるものであることがわかっている（奈良県立橿原考古学研究所編『生駒市美努岡万墓発掘調査概報』生駒市教育委員会、一九八四年）。すでに入れ墨の項でもふれたように『孝経』では身体を損なうことが孝行に反するとされていることから、原則として火葬は行われないのに対し、この墓では墓誌の孝や儒教の思想と火葬とが混交している。

『孝経』に関しては、東北の城柵遺跡である胆沢城（政庁内郭南東地区土坑ＳＫ八三〇、九世紀半ば・水沢市教育委員会編『胆沢城跡―昭和五八年度発掘調査概報』一九八四年）から出土した漆紙文書に古文孝経の注釈書である『古文孝経孔氏伝（孔伝）』が書写されていた。この『古文孝経孔氏伝』は書体から推定される年代が八世紀半ばから後半とされ、廃棄までに一〇〇年ちかくの長期間にわたって使用されたことや書写年代、訓点その他の書き込みがないことなどから、釈奠の儀をはじめとする公的な儀式に使用されていたとみられている（平川南「古文孝経写本―胆沢城跡第二六号文書」『漆紙文書の研究』吉川弘文館、一九八九年）。また、東北地方経営の拠点として国府・鎮守府が置かれた多賀城に近接する山王遺跡（溝一〇二〇、八世紀半ば～後半）で出土した漆紙文書は『古文孝経孔氏伝』の断簡であることが判明している（宮城県教育委員会編『山王遺跡Ⅳ―多賀前地区考察編―』一九九六年・図39－1）。これらの出土文字資料によって、奈良時代には東北の城柵遺跡とその関連遺跡に、『孝経』とそこに記された孝の思想が展開していたとみられる。

『孝経』とともに古代における孝の宣揚の根本となる経書である『論語』は、地方で出土した木簡などに書写された事例が増えている。『論語』木簡は約三十例にのぼり（三上喜孝「論語木簡と古代地方社会：日本古代木簡の系譜―韓国出土木簡と比較検討を通して」『日本古代の文字と地方社会』吉川弘文館、二〇一三年）、七世紀代の石神遺跡第一五次調査や飛鳥池遺跡（奈良県明日香村）などの飛鳥古京関係遺跡や藤原京からの出土が知られ、また、大和でも平城京から離れた阪原阪戸遺跡で『論語』の習書木簡が出土している。そのほかにも屋代遺跡群（長野県千曲市）、城山遺跡（静岡県浜松市）、袴狭遺跡（兵庫県豊岡市）、柴遺跡（兵庫県朝来市・八世紀後半～九世紀前半、兵庫県教育委員会編『柴遺跡』二〇〇九年・図39－3）、勧学院跡（滋賀県近江八幡市）、観音寺遺跡（徳島市）などの地方の遺跡で出土が知られている（石川泰成「日本出土木簡・漆紙文書を用いた『論語』『古文孝経孔氏伝』の隋唐テキストの復原」『九州産業大学国際文化学部紀要』五六、二〇一三年）。これらのうち、観音寺遺跡出土例は角柱状の四面のうち一面に『論語』学而篇の墨書があり、七世紀後半頃のものと考えら

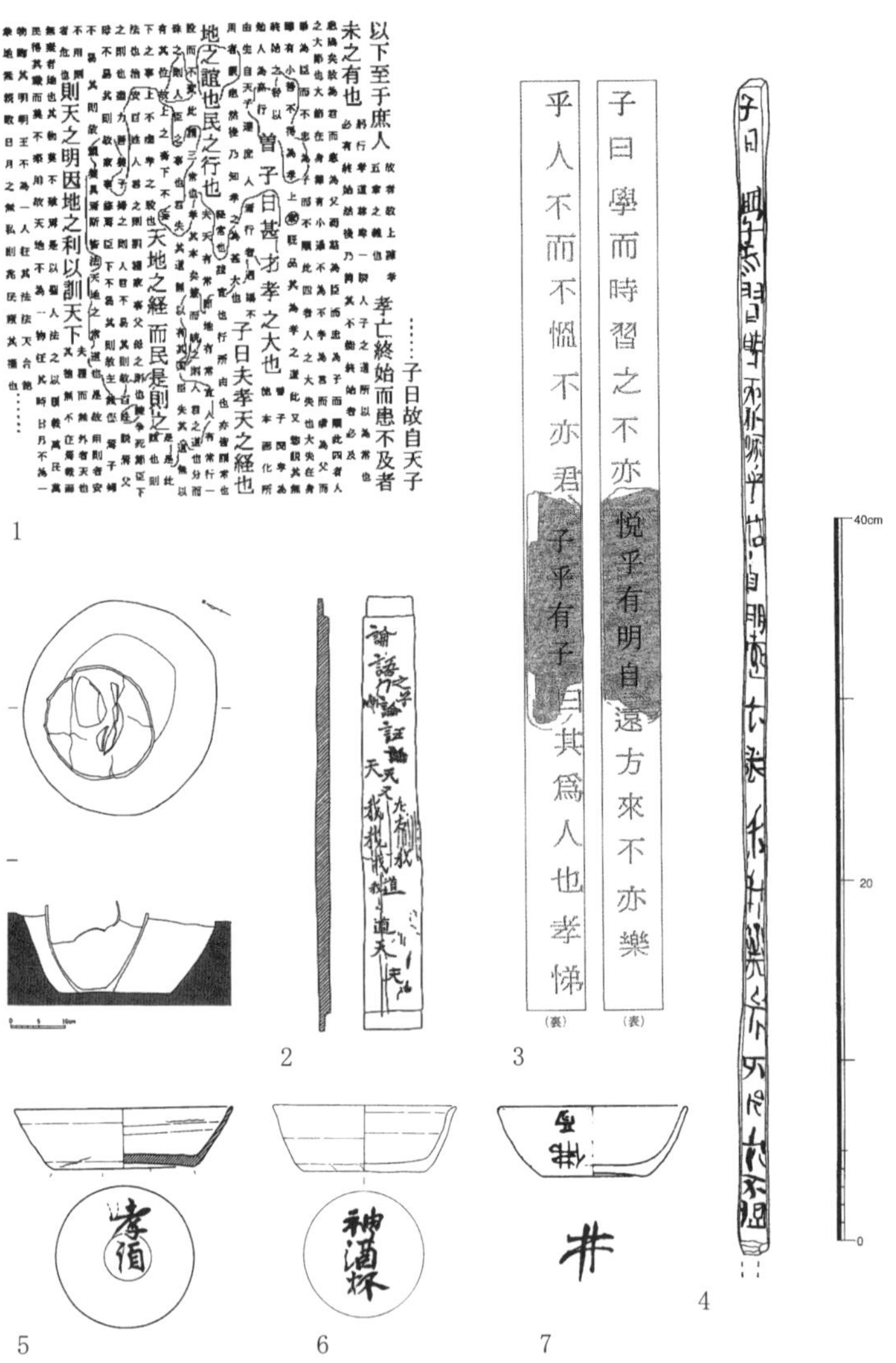

図 39

1：山王遺跡漆紙文書『古文孝経孔氏伝』（該当部分を漆紙残存と重ねて表示）、2：勧学院遺跡木簡、3：柴遺跡木簡、4：観音寺遺跡木簡（多面体の一部分）、5：「孝酒」墨書土器（下）と出土遺構（上）、6：和洋国分校地「神酒坏」墨書土器、7：庄作遺跡「佛酒」墨書土器

れており、地方で出土した『論語』木簡になかでは、もっとも時期がさかのぼる。出土地点は阿波国府に近接することから、当時の官人が習書に用いたテキストとみられている（徳島県埋蔵文化財センター編『観音寺遺跡１（観音寺遺跡木簡篇）』二〇〇二年・図39－4）。また、『論語』の名そのものが記された木簡として勧学院遺跡出土例があり、筆跡の違いから二人の下級役人の手習いに『論語』の名がみえる事例とされる（滋賀県近江八幡市・奈良時代中期、仲川靖「滋賀・勧学院遺跡」『木簡研究』八、一九八六年・図39－2）。

このように『孝経』や『論語』という儒教道徳の規範となる経書が、遅くとも七世紀代には、すでに地方に流布していたことが明らかになった。これらの『孝経』や『論語』の写本や断簡の地方官衙や鎮守府等における出土からは、奈良時代における地方官衙における儒教儀礼の実修や儒教思想の浸透が知られるとともに孝の宣揚が国府や地方官衙およびその周辺で実践されていたことがわかってきた。

いっぽう、古代社会における孝思想の流布を示す考古資料は稀であるが、そのなかで注目されるのが、武蔵府中関連遺跡（高倉・美好町地域M33区・東京都府中市・八世紀半ば頃）で出土した「孝酒」と墨書された土器である。この遺物は土師器瓶の内部に納められた須恵器坏に墨書されており、報告書では火葬骨を納めた蔵骨器と推定されている（府中市教育委員会ほか編『武蔵国府関連遺跡調査報告21―高倉・美好町地域の調査5』一九九九年・図38－5）。この須恵器坏「孝酒」墨書の「酒」字は一般的なものとは字形が異なっているが、中国でも用いられた異体字とみられる。

墨書土器の「酒」を含む語句としては「神酒杯」（和洋学園国分校地遺跡土坑ＳＲ35・八世紀末～九世紀初頭、見留武士「火を用いた祭祀についての一考察―和洋国分校地遺跡出土の「神酒杯」墨書土器の検討から」『房総文化』二二、二〇〇〇年、ただし、本書では「神酒坏」と釈字・図39－6）や「佛酒」（庄作遺跡・千葉県芝山町・九世紀前半頃、小原子遺跡調査会ほか編『小原子遺跡群』一九九〇年、芝山町教育委員会・図39－7）などがあり、古代の東国では、神仏をはじめとした信仰の対象に酒を供する習慣があり、「孝酒」も同様に親族に対する孝養のために捧げられた酒とみられる。

このような「孝酒」の語を解する際に参考となるのが、儒教の経書などにみられる孝に関する酒の記述である。たとえば、『孟子』離婁章句上の、一般には孝子の例話である「請與養志」として流布する説話の大要は次のようである。周の曾子は父の曾晳の世話をしており、食事には必ず肉と酒を出した。酒の残りがなくても、「余りはあるか」と父に聞かれれば、曾子は必ず「あります」と答えて酒肉を勧めた。その後、曾晳が死んで、曾子の息子の曾元もまた曾子孝養を尽くす時必ず酒と肉を用意した。そして、曾子が、余りがあるかと問うと、いつも曾元は、よければもっとさしあげましょう、と答えた。曾元のようなやり方は、いわばたんに親の口と体を養っており、一方、曾子のようなやり方は、いわば親の心を養っているのである。親につかえる時には、曾子のようにしなくてはならない。この記述はなかなか難解であるが、つまるところ孟子は、曾元が父母の体を養う事はできたのに対し、曾子は体のみならず父母の思いをも養う事ができたと酒食を媒介として述べている。

いっぽう『孝経』とともに奈良時代の大学における必修の経書であり、儒教の忠孝の基本を説いた『論語』にも孝と酒に関する記載がみられる。『論語』泰伯に、夏の禹王は自分の食事は粗末にしても、「鬼神」すなわち祖先や神を祀る際にはできるだけの飲食をもって尽くす、という内容があり、この孝は饗食の意味である。具体的には祖先や神を祀る際にできるだけの酒食のもてなしをすることが孝の原義とされることを含め、『論語』を中心とした儒教における孝は、父母に孝養を尽くすことはもちろんであるが、それだけでは不十分で敬意をもって、生前だけでなく、死後も父母につかえることであるとされる（宇野精一『儒教思想』講談社、一九八四年）。

「孝酒」墨書の字義や背景については、儒教の経書の内容からみてきたように『孝経』や『孝子伝』などに代表される孝そのものを説いた文献そのものよりも、儒教の基本となる孝養や尊老の要件や行為として、上述の経書に記されている。このような『孝経』や『論語』という儒教道徳の規範となる経書は、七世紀代には、すでに地方に流布し、奈良時代には国府や郡衙などの地方官衙の次元でも、孝が宣揚されたことは、すでにみた木簡・漆紙文書などの出土文字資料からも裏づけられる。そして、奈良時代には、国政のうえでも、地方政治においても孝が宣揚され、とくに地方での孝悌の賞揚は、国府や郡衙推定地などにおける『孝経』や『論語』の教学と深く関連する。

「孝酒」墨書土器の存在は、ここで瞥見してきたように、遅くとも七世紀代には『論語』や『孝経』などの儒教経典が流布した地方における思想の教学的状況を背景とし、かつ八世紀代においても地方の次元で行われていた孝の宣揚と関連していることが想定される。すなわち「孝酒」墨書土器は、こうした地方における孝思想の展開と宣揚に立脚した葬送習俗として位置づけられる。このような意味をもつ「孝酒」墨書は、例示したように「神」「佛」などに酒を捧げるという東国における墨書土器の習俗および文化を基盤としている。さらに、この土器が火葬骨を納めたとみられることは、奈良時代の孝の宣揚を背景として、それが仏教的な葬法である火葬と混交した在地の葬送習俗の実態を示している（門田誠一「「孝酒」墨書土器の史的環境—武蔵国府関連遺跡出土資料の検討—」『出土文字資料と宗教文化』思文閣出版、二〇二一年）。『日本書紀』編纂と同時代的な孝の実態について、出土文字資料からは奈良時代までには地方にまで広がり、ここにふれた「孝酒」の墨書がある火葬蔵骨器にみられるように、仏教的な追善行為としての側面をもつまでに流布していったことが知られた。

あとがき

当今の大学・大学院の授業は、前年度に策定した綿密な授業回ごとの計画に基づいて、それをこなしていくことが大きな眼目であり、授業内容は変更できないのが大原則となっている。受講する学生との一種の契約に基づいているという考え方によるものであり、合理性にもとづいた考え方である。

私が学生時代を送った一九八〇年代の授業では、たとえば「日本考古学の諸問題」などの玉虫色の講義題目を掲げる場合が多かったように思う。受講する学生にとって、まことに漠たる内容ではあるが、その頃はどの大学でも各回の授業内容を事前に開示することはなかった。こうした授業のやり方では、教員の恣意的な運営に任されている一面があるが、逆にいえば教員の熱意の発露ともなった。恩師である森浩一先生（一九二八〜二〇一三、同志社大学名誉教授）の大学院の講義では、毎回ご自身で記された調査ノートを参照しつつ、最新の考古学成果を提示し、それに対する考古学的な考え方だけでなく、文献や仏像、民俗資料なども含め時代を超えた多様な史・資料による地域の歴史的背景や文化的特色を包摂した内容が説かれ、いつも心躍る思いで授業に臨んだことを鮮明に覚えている。大学教員という同じ立場を経た今になって敬服するのは、毎週、新たな知見を提示できるほどに、遺跡や博物館に足を運んでいた点である。その頃は開発に伴い膨大な件数の発掘調査が行われており、日常的に考古学の記事が新聞紙面をにぎわしていたが、話題となったほぼすべての遺跡に足を運ぶ学問的情熱には驚嘆するしかない。その背景として、戦中に青春時代を送り、死をも現実として認識していた若き日の思いがあったことは『わが青春の考古学』（新潮文庫、二〇〇二年）に綴られている。

森先生は常々「体を動かせばいろいろなことがわかってくる」と言われた。これは単に遺跡に行ったり、博物館で遺物をみることにとどまらず、さまざまな地域で自分の専門外を含めた多様な史・資料を実地に見て、考え方の幅を広げることを意味している。森先生の授業で実践を示されていたこの言葉が、本書の執筆にいたる筆者自身の研究の根幹を形作る理念となった。大学院では、古典や仏像さらには思想におよぶまで広範な研究から日本文化を俯瞰するために、史料・文献の読解と仏像・絵巻物などを包括した研究を教え導いていただいた笠井昌昭先生（一九三四〜二〇一三、同志社大学名誉教授）が常々言われていた「頂点は高く、裾野は広く」という言葉が、さきの森先生の言葉と共通することは、年を重ねるごとに実感した。その後の筆者の研究において、ある程度の広がりを目指せたのは、若き日にこうした先学の深遠な知的好奇心に接し、感銘に受けたことによっている。

考古学的、歴史学的に「体を動かす」「裾野を広げる」という点で、もう一つの規範となったのは、民俗学者である宮本常一（一九〇七〜一九八一、武蔵野美術大学名誉教授）の学問方法と姿勢である。いうまでもなく、宮本は日本全国を自らの足で歩き、民家に泊まり込んで多様な人々の話を聞き、誰にも知られていない古文書を読み、民具などの物質資料も実査して、地域とそこに暮らす人々の生活を把握する独自の学問を形成した。その足跡は全国におよび、総移動距離はおよそ十六万キロメートルにも達し、地球四周分にも及ぶという。このような宮本の生涯は体を動かす人文学研究の一つの典型であった。さらに、東北地方の民間信仰の対象であるオシラサマに着せ重ねられた衣の素材の変化から、地域の産業・経済・社会の変容をあとづけた点（『庶民の旅』八坂書房、一九八七年）などは考古学と通じる方法がみられる。宮本は筆者が大学三年生の時に亡くなっており、直接謦咳に接することはなかったが、学際的な研究の嚆矢として知られる九学会連合による調査（九学会連合対馬共同調査委員会編『対馬の自然と文化』古今書院、一九五四年として刊行）を担当していた宮本との対馬での偶然の邂逅について森先生に伺ったことを懐かしく思い出す。

こうした先学たちが津々浦々の村々や遺跡、博物館・美術館、寺社など数知れぬ対象に赴き、和漢の書を渉猟した研究のありようは、まさに「万巻の書を読み、万里の路を行く」（明代後半の文人画家・董其昌『画禅室随筆』巻二）を体現している。この言葉は独自の画境に達する方途を示したもので、「万里の路」は自然の豊かさにふれることをいうが、敷衍すれば人文学の境地を希求する至言となる。

先学の研究に対する姿勢と方法の影響のもとに、東アジア考古学の研究を志して以来、目的としたのは、中国や朝鮮半島の各地のうち、少なくとも日本列島と考古学的に関係する主要な地域について、地図上だけでなく、足を運んで実際の把握を試みることであった。国際関係の悪化や経済状況の影響を受けにくい時代であったこともあり、幸いにもその所期の目的の多くを達成することがかない、東アジア各地の人文学的知見を得ることができた。これによって得られた成果は専門書として上梓したが、こうした論著の周辺には、参照した多くの考古資料や関連研究があり、その大部分は『日本書紀』の時代と関連している。このような「体を動かして」得た資料や知見を用いて、歴史事象や地域の特性を描きだすべく、これまでにない東アジア考古学からみた『日本書紀』とその時代の読み方を提示したのが本書である。こうした本書の構想には森先生の著された『記紀の考古学』（朝日新聞社、二〇〇〇年。二〇二四年に角川新書として復刊）や編集された『万葉集の考古学』（筑摩書房、一九八四年）に大きな示唆と刺激を受けている。

本書の内容は考古資料から検証できる『日本書紀』に現れる事物に偏り、記述は遺物や遺構に対する史的位置づけに終始した点などを含め、物質的側面からの読解という限界があることは否定できない。そのため、本書で取り上げた内容は、考古資料そのものの属性が、政治面より文化的な事象の考究に適していることからも、多くは文化史的な観点に収束している。これらは考古資料から史書・文献を読み解く際の特質でもあるが、いっぽうで『古事記』の内容と比較したうえで、人や氏族を介した物語として読解することは、東アジアの考古資料を用いた検討からは難しく、一定の限界がある。

こうした方法的な特質を踏まえつつ『日本書紀』を考古学的に理解する試みが本書であり、執筆に際しては、専門的な記述内容を許容する読者の皆様に近年の東アジアの考古学成果に気軽に接していただくことも意図した。多様性が求められつつも、考え方や立場の違いが軋轢を生むことも多い人間の営みに対し、視点を変えて再考することの意義を確認することも含め、新たな視座を提供できれば、これにすぐる喜びはない。

京都・御所西の鶏窓にて

門田誠一

■著者紹介

門田 誠一（もんた せいいち）

1959年　大阪府に生まれる
1984年　同志社大学大学院文学研究科博士課程前期修了
　　　　佛教大学名誉教授、博士（文化史学）

〈主な著書〉
『古代東アジア地域相の考古学的研究』（学生社、2006年）、『文学のなかの考古学』（思文閣出版、2008年）、『高句麗壁画古墳と東アジア』（思文閣出版、2011年）、『はんこと日本人』（復刊、吉川弘文館、2018年）、『海からみた日本の古代』（復刊、吉川弘文館、2020年）、『魏志倭人伝と東アジア考古学』（吉川弘文館、2021年）、『出土文字資料と宗教文化』（思文閣出版、2022年）など。

〈受賞歴〉
1989年　日本海文化研究論文優秀賞（富山市）
2007年　第5回佛教大学学術賞
2023年　第13回日本考古学協会賞　大賞

2024年10月25日　初版第一刷発行　《検印省略》

日本書紀《にほんしょき》と東《ひがし》アジア考古学《こうこがく》

著　者　門田誠一
発行者　宮田哲男
発行所　株式会社 雄山閣
〒102-0071　東京都千代田区富士見2－6－9
TEL 03-3262-3231㈹／FAX 03-3262-6938
振 替 00130-5-1685
https://www.yuzankaku.co.jp

印刷・製本　株式会社 ティーケー出版印刷

ISBN978-4-639-03010-2　C0021
N.D.C.220　240p　21㎝